冷链物流骨干网规划、建设与运维

PLANNING, CONSTRUCTION, OPERATION AND MAINTENANCE OF COLD CHAIN BACKBONE NETWORK

策划 邓伟华 谢 华
主编 余地华 叶 建
审定 倪朋刚

中国建筑工业出版社

图书在版编目（CIP）数据

冷链物流骨干网规划、建设与运维 ＝ PLANNING, CONSTRUCTION, OPERATION AND MAINTENANCE OF COLD CHAIN BACKBONE NETWORK / 余地华，叶建主编 . — 北京：中国建筑工业出版社，2023.7
 ISBN 978-7-112-28917-2

Ⅰ. ①冷⋯ Ⅱ. ①余⋯ ②叶⋯ Ⅲ. ①冷冻食品－物流管理－研究 Ⅳ. ①F252.8

中国国家版本馆 CIP 数据核字(2023)第 130803 号

本书从冷链物流骨干网的规划、设计、施工、运维全周期、全角度进行总结，包括冷链物流骨干网概述、规划与布局、建筑与结构设计、制冷与自动化控制系统设计、结构工程施工技术、保温工程施工技术、制冷与机电工程施工技术、冷链系列工程总承包管理、冷链骨干网智慧运维技术等方面。

本书编写融合了中建三局工程总承包公司近年来在广东省冷链系列项目中的技术难题及管理方法，可为各省份冷链物流基础设施骨干网的规划布局、建造及运维提供参考借鉴。

责任编辑：朱晓瑜
责任校对：张 颖

冷链物流骨干网规划、建设与运维
PLANNING, CONSTRUCTION, OPERATION AND
MAINTENANCE OF COLD CHAIN BACKBONE NETWORK
策划 邓伟华 谢 华
主编 余地华 叶 建
审定 倪朋刚

*

中国建筑工业出版社出版、发行（北京海淀三里河路9号）
各地新华书店、建筑书店经销
北京红光制版公司制版
建工社（河北）印刷有限公司印刷

*

开本：787毫米×1092毫米 1/16 印张：18 字数：415千字
2023年9月第一版 2023年9月第一次印刷
定价：**75.00元**
ISBN 978-7-112-28917-2
（41277）

版权所有 翻印必究
如有内容及印装质量问题，请联系本社读者服务中心退换
电话：（010）58337283 QQ：2885381756
（地址：北京海淀三里河路9号中国建筑工业出版社604室 邮政编码：100037）

本书编委会

策　　划：邓伟华　谢　华
主　　编：余地华　叶　建
执　　笔：陈刘庆　娄　璘　金　晖　黄　烨
　　　　　蔡革华　李报春　姜经纬　陈　浩
　　　　　刘　玮　谢　曦　蔡攀攀　范国军
　　　　　刘增雨　潘雅芬　李柔锋　黄晓程
　　　　　冯　时　杨　旭　胡驰宇　伏耀东
　　　　　禹祥华　唐　波　孙　波　陈　鹏
　　　　　李志宏　龚　梁　周文波　姚金豆
　　　　　张峻哲　戴　标
审　　定：倪朋刚

前言

随着我国经济的高速发展、人民生活水平不断提高，老百姓对于食品的新鲜度、多样性等有了更高的需求，对冷链的依存度也越来越高。2021年12月，国家发展与改革委员会发布的《"十四五"冷链物流发展规划》中明确，展望2035年，我国将全面建成现代冷链物流体系，现代化冷库迎来建设高潮。冷链物流规模总量的逐日攀升和冷链模式的不断创新，随之而来的是冷链基础设施需进一步完善、冷链智慧物流系统有待进一步研究开发。

本书从冷链物流骨干网的规划、设计、施工、运维全周期、全角度进行总结，包括概述、冷链物流省级骨干网规划与布局、建筑与结构设计、制冷与自动化控制系统设计、结构工程施工技术、保温工程施工技术、制冷与机电工程施工技术、工程总承包管理、冷链骨干网智慧运维技术等方面。其中第8章以广东省冷链系列项目为例详细介绍了在点多面广、高频次开发、施工周期短等客观条件下如何进行平面管理、进度管理、设计与技术管理、合约与供应链管理等内容。

本书的编写融合了中建三局工程总承包公司近年来在广东省冷链系列项目中遇到的技术难题及管理方法，可为各省份冷链物流骨干网基础设施的规划布局、建造及运维提供参考借鉴。限于编者经验和学识，本书难免存在不当之处，真诚希望广大读者批评指正！

目 录

第1章 概述 — 1
1.1 冷链物流骨干网发展历程及现状 — 1
1.1.1 国家骨干冷链物流基地发展现状 — 1
1.1.2 省级冷链物流骨干网发展现状 — 2
1.2 政策环境与发展趋势 — 3
1.2.1 政策环境 — 3
1.2.2 发展趋势 — 5
1.2.3 冷链物流骨干网目前存在的问题 — 6

第2章 冷链物流省级骨干网规划与布局 — 8
2.1 冷链基础设施的分类及特点 — 8
2.2 冷链基础设施的规划与布局 — 11
2.2.1 冷链物流基础设施布局现状 — 11
2.2.2 冷链物流基础设施规划与布局的原则与思路 — 12
2.2.3 "1+2+3"冷链物流省级骨干网的规划布局 — 13

第3章 建筑与结构设计 — 16
3.1 冷链物流园分类 — 16
3.2 冷链物流园规划设计 — 18
3.2.1 冷链物流园选址 — 19
3.2.2 冷链物流园功能分区 — 20
3.2.3 冷链物流园平面布局原则 — 22
3.2.4 冷链物流园竖向设计 — 23
3.2.5 冷链物流园交通组织 — 24
3.2.6 冷链物流园市政配套 — 27
3.3 冷库建筑设计 — 27
3.3.1 冷库的建筑分类 — 28
3.3.2 冷库建筑基本功能分区及构成要点 — 29
3.3.3 冷库建筑的设计原则及处理手法 — 34
3.3.4 冷库建筑竖向设计 — 35
3.3.5 冷库建筑主要节点设计 — 36

3.4 结构设计 49
　3.4.1 荷载分析与取值 50
　3.4.2 地下结构设计 54
　3.4.3 地上结构设计 56
　3.4.4 其他关键设计 58
3.5 其他设计 60
　3.5.1 边坡设计 60
　3.5.2 海绵城市设计 62
　3.5.3 景观设计 63

第4章 制冷与自动化控制系统设计 65

4.1 制冷系统选择与设计 65
　4.1.1 制冷系统方案设计的内容与意义 65
　4.1.2 制冷系统方案设计的基本原则 65
　4.1.3 冷库制冷系统方案设计要点 65
　4.1.4 冷库制冷设备及管道布置 75
4.2 自动化控制系统设计 77
　4.2.1 自动化系统简介 78
　4.2.2 监控系统功能 79

第5章 结构工程施工技术 83

5.1 地基处理技术 83
　5.1.1 溶洞处理技术 84
　5.1.2 强夯法 84
　5.1.3 水泥搅拌桩 85
5.2 基础施工技术 86
　5.2.1 独立基础 87
　5.2.2 筏板基础 88
　5.2.3 预制管桩 91
　5.2.4 旋挖灌注桩 92
5.3 钢结构冷库安装施工技术 93
　5.3.1 施工重难点 93

5.3.2	钢结构吊装施工技术	95
5.3.3	防火涂料施工技术	98
5.3.4	围护结构施工技术	99
5.3.5	验收要点	100

5.4 混凝土冷库结构施工技术　　100
　5.4.1　高大模板施工技术　　100
　5.4.2　架空层施工　　101

第6章　保温工程施工技术　　104

6.1 冷库保温地坪施工技术　　104
　6.1.1　施工重难点　　104
　6.1.2　预埋PE管地坪加热施工技术　　105
　6.1.3　XPS保温板施工技术　　108
　6.1.4　SBS防水卷材施工技术　　109
　6.1.5　钢纤维耐磨地坪跳仓施工技术　　110
　6.1.6　验收要点　　112

6.2 聚氨酯夹芯板保温施工技术　　113
　6.2.1　施工重难点　　113
　6.2.2　聚氨酯夹芯板安装施工技术　　115
　6.2.3　验收要点　　121

6.3 聚氨酯喷涂保温施工技术　　121
　6.3.1　施工重难点　　121
　6.3.2　聚氨酯喷涂施工技术　　124
　6.3.3　验收要点　　127

6.4 冷库保温门施工技术　　127
　6.4.1　施工工艺流程　　128
　6.4.2　主要施工工艺　　128
　6.4.3　验收要点　　129

6.5 保温滑升门施工技术　　129
　6.5.1　提升方式的分类　　130
　6.5.2　施工工艺流程　　130
　6.5.3　主要施工工艺　　130
　6.5.4　验收要点　　132

6.6 太阳能应用技术　　132
　　6.6.1 光伏冷库的发展前景　　132
　　6.6.2 "光伏+冷库"的特点　　132
6.7 保温工程精益建造　　133
　　6.7.1 设计优化　　133
　　6.7.2 工艺优化　　138
　　6.7.3 措施优化　　139

第7章　制冷与机电工程施工技术　　141

7.1 制冷工程施工技术　　141
　　7.1.1 施工工艺流程　　141
　　7.1.2 主要施工工艺　　141
7.2 冷库机电工程施工技术　　149
　　7.2.1 登车桥施工技术　　149
　　7.2.2 机电工程施工技术　　152

第8章　工程总承包管理　　159

8.1 概述　　159
8.2 管理特点及难点　　159
　　8.2.1 项目集群化总承包管理特点　　159
　　8.2.2 项目集群化总承包管理难点　　160
8.3 管理思路　　163
8.4 管理体系　　165
　　8.4.1 管理架构　　165
　　8.4.2 工作机制　　169
　　8.4.3 管理流程　　170
　　8.4.4 管理制度　　170
8.5 配合与协调管理　　172
　　8.5.1 各专业交叉施工工作面的协调与管理　　172
　　8.5.2 与业主、监理及设计的配合协调　　172
　　8.5.3 与政府管理部门及相关单位的配合　　174
8.6 项目集群化管控措施　　175
　　8.6.1 管理体系化　　175

8.6.2	人员固定化	177
8.6.3	设计标准化	178
8.6.4	技术统一化	179
8.6.5	工期模型化	180
8.6.6	资源集成化	180

8.7 平面管理 181
   8.7.1 阶段划分与施工流程 181
   8.7.2 施工分区与施工组织 183
   8.7.3 平面规划 186

8.8 进度管理 188
   8.8.1 进度计划管理体系 188
   8.8.2 分部分项进度计划分析 190
   8.8.3 冷库工期模型 194
   8.8.4 工序插入条件样板 203
   8.8.5 工序穿插网络图 209
   8.8.6 主要控制节点 210

8.9 设计与技术管理 210
   8.9.1 设计管理 210
   8.9.2 技术管理 217

8.10 合约与供应链管理 229
   8.10.1 合约管理 229
   8.10.2 供应链管理 233

8.11 质量管理 239
   8.11.1 质量管理体系 239
   8.11.2 质量管理重点、难点 239
   8.11.3 质量保证措施 241

8.12 安全管理 246
   8.12.1 安全生产管理目标 246
   8.12.2 安全管理组织机构 246
   8.12.3 安全管理特点、难点 246
   8.12.4 安全生产管理措施 248

第9章　冷链骨干网智慧运维技术　252
9.1　技术背景　252
9.2　冷链骨干网智慧运维简介　253
9.3　省级骨干网大数据运维平台　253
9.3.1　平台系统架构　254
9.3.2　平台主要功能　256
9.4　冷链物流园作业系统　257
9.4.1　智慧仓储管理系统　258
9.4.2　智慧运输管理系统　261
9.4.3　智慧仓储货架系统　264
9.5　冷链物流园监控系统　268
9.5.1　园区管理系统　269
9.5.2　仓储监控系统　271
9.5.3　运输监控系统　273
9.6　货物可追溯技术　277
9.6.1　技术原理　277
9.6.2　全流程追溯功能　277

第1章 概述

1.1 冷链物流骨干网发展历程及现状

1.1.1 国家骨干冷链物流基地发展现状

为贯彻落实党中央、国务院关于城乡冷链物流设施补短板和建设国家骨干冷链物流基地的决策部署，2020年7月7日，《国家发展改革委关于做好2020年国家骨干冷链物流基地建设工作的通知》（发改经贸〔2020〕1066号），公布2020年17个国家骨干冷链物流基地建设名单。2020年国家骨干冷链物流基地建设名单见表1-1。

2020年国家骨干冷链物流基地建设名单　　　　　　　　表1-1

序号	所在地	国家骨干冷链物流基地
1	北京	平谷国家骨干冷链物流基地
2	山西	晋中国家骨干冷链物流基地
3	内蒙古	巴彦淖尔国家骨干冷链物流基地
4	辽宁	营口国家骨干冷链物流基地
5	江苏	苏州国家骨干冷链物流基地
6	浙江	舟山国家骨干冷链物流基地
7	安徽	合肥国家骨干冷链物流基地
8	福建	福州国家骨干冷链物流基地
9	山东	济南国家骨干冷链物流基地
10	河南	郑州国家骨干冷链物流基地
11	湖北	武汉国家骨干冷链物流基地
12	湖南	怀化国家骨干冷链物流基地
13	广东	东莞国家骨干冷链物流基地
14	四川	自贡国家骨干冷链物流基地
15	云南	昆明国家骨干冷链物流基地
16	陕西	宝鸡国家骨干冷链物流基地
17	青岛	西海岸新区国家骨干冷链物流基地

注：排名不分先后。

2021年12月，国务院办公厅发布《关于印发"十四五"冷链物流发展规划的通知》，计划到2025年，我国将布局建设100个左右的国家骨干冷链物流基地，推动形成国家层面的骨干冷链物流基础设施网络，发展目标是形成内外联通的"四横四纵"国家冷链物流骨干通道网络，发挥通道沿线国家骨干冷链物流基地、产销冷链集配中心基础支撑作用，提升相关口岸国内外冷链通道衔接和组织能力；提高国家骨干冷链物流基地间供应链协同运行水平，推动基地间冷链物流规模化、通道化、网络化运行。

2021年12月，国家发展改革委发布《国家骨干冷链物流基地建设实施方案》，该方案是对《"十四五"冷链物流发展规划》的具体落实，是对"十四五"时期国家骨干冷链物流基地布局建设作出的系统安排。

目前，首批入选国家冷链物流基地的福建福州正建设国际生鲜农产品冷链产业集群，北京平谷打造服务首都的综合性冷链物流基地，山东济南打造区域性冷链产品集散中心，在政策加持和市场需求拉动的共同作用下，国家骨干冷链物流基地的建设已经迅速铺开并快速发展。

1.1.2 省级冷链物流骨干网发展现状

《国家骨干冷链物流基地建设实施方案》中提到，要明确"三级节点"空间框架，未来我国要建设以国家骨干冷链物流基地、产销冷链集配中心和两端冷链物流设施为体系的三级冷链物流节点设施网络。

宏观层面通过建设国家骨干冷链物流基地，打通区域间生鲜农产品流通路径，利用干线运输实现区域间大规模农产品运输；中观层面通过建设产销冷链集配中心，对内打造区域性的生鲜农产品流通中心，服务区域农产品集散，对外实现向骨干基地集货送货，提升运输的规模化，降低生鲜农产品运输成本；微观层面，从"最先一公里"和"最后一公里"入手，推动末端共同配送的发展，通过田间地头冷链设施、前置仓、智能冷链自提柜等末端设施的布局建设，补齐两端冷链物流设施短板，从源头和末端配送两个环节提高冷链物流服务质量。这就需要各省份建立省级冷链物流骨干网，保证冷链物流的产销集中配送及末端共同配送功能。

省级冷链骨干网建设需考虑每个省份的实际情况，本书主要以发展较为成熟的广东省冷链骨干网的建设为例，进行阐述。

2020年4月，《广东省关于促进农村消费的若干措施》中提出要大力推动农村冷链物流补短板建设，支持打造广东省供销公共型农产品冷链物流基础设施骨干网。

2020年6月，《广东供销公共型农产品冷链物流基础设施骨干网建设总体方案》印发实施，方案指出，用三年时间，建设"1个中心＋2个区域网＋3个运营平台"即粤港澳大湾区中心库＋冷链物流产地网、冷链物流销地网＋冷链物流资源整合平台、冷链运输配送平台、公共型智慧冷链物流信息服务平台，构建覆盖全省特色农产品主产区和主销区、从田间到餐桌的一体化农产品冷链物流保障体系。

建设广东供销公共型农产品冷链物流基础设施骨干网，贯通重要农产品产地预冷、冷链运输、销区冷储、冷链配送等环节，成为引领带动农产品冷链物流高质量发展的主干力量。

到 2022 年，骨干网运营管理的冷库容量达到 160 万 t 左右，新增冷藏车 2000 辆以上、移动预冷装置 1000 台以上。

1.2 政策环境与发展趋势

1.2.1 政策环境

党的十九届六中全会强调立足新发展阶段、贯彻新发展理念、构建新发展格局、推动高质量发展。冷链物流已经逐渐向智能化、科技化、自动化方向转型升级，企业开始加大冷链物流技术方面的资源投入。据不完全统计，2020 年中央及各部委出台的冷链相关政策、规划新增 36 项，全国各地方配套执行政策出台超过百余项，地方政策基调与中央政府及各部委一致。2021 年国家层面出台冷链相关政策规划超过 68 项，地方层面出台冷链相关政策超过 581 项。

《"十四五"冷链物流发展规划》是首次由国务院办公厅发布的冷链物流发展规划，也是指导我国"十四五"时期冷链物流发展的顶层设计，充分彰显了党和国家在新时代背景下对冷链物流的高度重视，是冷链物流政策环境持续优化的重要标志，推动我国冷链物流行业迈入高质量发展阶段。部分冷链物流相关政策如表 1-2 所示。

部分冷链物流相关政策　　　　　表 1-2

序号	成文时间	发布机构	政策名称	内容摘要
1	2021-01	中共中央、国务院	《中共中央 国务院关于全面推进乡村振兴加快农业农村现代化的意见》	加快实施农产品仓储保鲜冷链物流设施建设工程，推进田头小型仓储保鲜冷链设施、产地低温直销配送中心、国家骨干冷链物流基地建设
2	2021-01	自然资源部、国家发展改革委、农业农村部	《自然资源部 国家发展改革委 农业农村部关于保障和规范农村一二三产业融合发展用地的通知》（自然资发〔2021〕16 号）	引导农村产业在县域范围内统筹布局，直接服务种植养殖业的农产品加工、电子商务、仓储保鲜冷链、产地低温直销配送等产业
3	2021-04	国务院办公厅	《2021 年政务公开工作要点》	准确把握常态化疫情防控的阶段性特征和要求，重点围绕散发疫情、隔离管控、流调溯源、精准防控、冷链物流、假期人员流动等发布权威信息
4	2021-04	国家发展改革委	《2021 年新型城镇化和城乡融合发展重点任务》	在县乡村合理布局冷链物流设施、配送投递设施和农贸市场网络，畅通农产品进城和工业品入乡通道
5	2021-04	中国银保监会办公厅	《关于 2021 年银行业保险业高质量服务乡村振兴的通知》	加大农田水利、农产品仓储保鲜冷链物流、防灾减灾和动植物疫病防控等现代农业基础设施领域的金融支持，推动提高农业生产及抗风险能力

续表

序号	成文时间	发布机构	政策名称	内容摘要
6	2021-04	农业农村部、国家发展改革委、财政部等10部门	《关于推动脱贫地区特色产业可持续发展的指导意见》	支持脱贫地区建设田头市场、仓储保鲜冷链物流设施，布局一批区域性冷链物流骨干节点。农产品仓储保鲜冷链物流设施建设工程加大对脱贫地区支持力度
7	2021-04	农业农村部办公厅、财政部办公厅	《农业农村部办公厅 财政部办公厅关于全面推进农产品产地冷藏保鲜设施建设的通知》	择优选择100个产业基础好、主体积极性高、政策支持力度大的蔬菜、水果等产业重点县，中央财政支持开展农产品产地冷藏保鲜整县推进试点
8	2021-05	财政部办公厅、商务部办公厅	《关于进一步加强农产品供应链体系建设的通知》	发展农产品冷链物流，支持农产品流通企业建设规模适度的预冷、贮藏保鲜等设施，加快节能型冷藏设施应用。鼓励农产品批发市场建设冷链加工配送中心和中央厨房等，增强流通主渠道冷链服务能力
9	2021-05	财政部、农业农村部	《关于实施渔业发展支持政策推动渔业高质量发展的通知》	支持水产品初加工和冷藏保鲜等设施装备建设
10	2021-06	国家发展改革委	《城乡冷链和国家物流枢纽建设中央预算内投资专项管理办法》	重点支持已纳入年度建设名单的国家物流枢纽、国家骨干冷链物流基地内的公共性、基础性设施补短板项目
11	2021-06	商务部、中央农办、国家发展改革委、工业和信息化部等17部门	《关于加强县域商业体系建设促进农村消费的意见》	实施农产品仓储保鲜冷链物流设施建设工程，支持新型农业经营主体建设规模适度的产地冷藏保鲜设施，加强移动式冷库应用，发展产地低温直销配送中心，加强农产品批发市场冷链设施建设
12	2021-06	商务部	《"十四五"商务发展规划》	加强农产品供应链建设，完善农产品冷链物流基础设施
13	2021-07	国务院办公厅	《关于加快农村寄递物流体系建设的意见》	鼓励邮政快递企业、供销合作社和其他社会资本在农产品田头市场合作建设预冷保鲜、低温分拣、冷藏仓储等设施，缩短流通时间，减少产品损耗，提升农产品流通效率和效益
14	2021-07	最高人民法院	《关于为全面推进乡村振兴 加快农业农村现代化提供司法服务和保障的意见》	依法审理农村地区农产品和食品仓储保鲜、冷链物流设施建设纠纷案件，支持乡村特色产业发展壮大
15	2021-07	工业和信息化部、中央网信办、国家发展改革委等10部门	《5G应用"扬帆"行动计划（2021—2023年）》	发展5G在农产品冷链物流、电商直播等领域应用

续表

序号	成文时间	发布机构	政策名称	内容摘要
16	2021-08	农业农村部、国家发展改革委、财政部、生态环境部、商务部、银保监会	《关于促进生猪产业持续健康发展的意见》	鼓励和支持主产区生猪屠宰加工企业改造屠宰加工、冷链储藏和运输设施，推动主销区城市屠宰加工企业改造提升低温加工处理中心、冷链集配中心、冷鲜肉配送点，促进产销衔接
17	2021-11	交通运输部	《综合运输服务"十四五"发展规划》	加强综合货运枢纽建设，完善多式联运功能，加强枢纽港站集疏运体系及联运换装设施建设，统筹枢纽转运、口岸、保税、冷链物流、邮政快递等功能
18	2021-11	农业农村部	《农业农村部关于拓展农业多种功能 促进乡村产业高质量发展的指导意见》	构建高效加工体系。扶持农民合作社和家庭农场发展冷藏保鲜、原料处理、杀菌、储藏、分级、包装等延时类初加工
19	2021-11	国务院办公厅	《"十四五"冷链物流发展规划》	到2025年，初步形成衔接产地销地、覆盖城市乡村、联通国内国际的冷链物流网络，基本建成符合我国国情和产业结构特点、适应经济社会发展需要的冷链物流体系
20	2021-12	国家铁路局	《"十四五"铁路科技创新规划》	推进标准化、集装化、模块化货运装备、新型冷链、危险货物运输、驮背运输、双层集装箱运输等铁路专用车辆研发运用
21	2021-12	国家发展改革委	《"十四五"现代综合交通运输体系发展规划》	强化国家骨干冷链物流基地功能，完善综合货运枢纽冷链物流服务设施，加强不同运输方式冷链设施衔接，补齐集配装备和仓储设施短板

1.2.2 发展趋势

1. 冷链物流基础设施需求持续上升

自2010年起，我国冷链物流市场需求开始逐步扩大，冷链物流总体呈现健康、快速、稳定的发展态势，基础设施规模进一步增加，冷链物流体系不断完善，行业发展模式日趋多元化。10年间，我国食品冷链物流需求总量增幅超过了300%，同时冷链食品的万亿级市场体量还在不断扩大，我国冷链物流总额增长量超过5万亿元。跨越式增长对于冷链物流提出了更高的要求和挑战。作为保障基础民生的关键环节，在守护万千百姓生命线的前提下，冷链物流需适应时代发展的新要求。在"降本增效""提质保量""绿色环保"的背景下，对冷链物流发展提出了更高层次的需求。

2. 冷链物流基础设施设备技术水平将不断提高

随着新材料、新技术的应用，冷库的隔热性能、密封性能都将得到一定程度提升，能耗也会随之下降,同时安全性会大幅提升。随着信息技术的发展,冷库内每个储位空间的温度、湿度、货物状态及统计数据等信息,保温、库门、地坪、设备运行、系统性能状态、能量迁移以及库内气流组织的信息采集会更加详细、精准。将这些信息整合到一个控制平台上,可使用高级分析、机器学习和人工智能方法对其进行分析,从而实现自动调控。冷库内部控制系统还能通过网络与库存管理系统、客户管理系统、客户的信息系统等的连接,并根据客户的要求,自动完成冷库加工、入库、出库等操作。

3. 自动化、信息化冷链物流骨干网建设日趋完善

互联网时代的科技创新日新月异,5G、大数据、云计算、区块链、人工智能等新技术正在深刻地改变着冷链物流行业,在"十三五"时期,数字化、标准化、绿色化的冷链物流基础设施装备研发应用加快推进,新型保鲜制冷、节能环保等技术加速应用。冷链物流追溯监管平台功能持续完善,冷链快递、冷链共同配送、"生鲜电商+冷链宅配""中央厨房+食材冷链配送"等新业态新模式日益普及,冷链物流跨界整合和集成创新能力显著提升。科技创新的力量正在推动冷链物流摆脱传统的运行方式,向智能化、科技化、自动化方向转型升级,智慧化、无人化催生。"新基建"热潮方兴未艾,冷链物流全链条进一步实现科技赋能,将强力推动行业驶入高质量发展快车道。随着科技的不断进步,新技术将为冷链物流赋予更高价值。应加强智能分拣、智能温控等冷链智慧技术装备应用,推动物联网、区块链等技术在冷链物流领域的广泛应用。鼓励冷链企业加大绿色装备研发投入和基础设施改造,为实现"碳达峰、碳中和"目标作出重要贡献。同时,"粗放式"的管理模式在竞争压力日趋激烈的当下已成为过去式,越来越多的冷链物流企业开始进行精益化管理转型。"科学化""技术化""高效化"已成为现代冷链物流企业精益化管理的核心要点。

4. 技术革新助力冷链物流标准落地

国内人均消费能力的提升对生鲜农产品品质提出更高要求,对冷链标准认知加强,同时互联网平台也倒逼农产品冷链物流标准落地。另外,生鲜农产品电商的竞争使得冷链服务标准越来越透明化、标准化,互联网、物联网、区块链等信息技术实时监控冷链物流各环节,打通生产商、供应商、销售商以及消费者之间的信息壁垒,让冷链物流资源利用率最大化,降低冷链物流各环节人力物力成本,提高冷链物流运行管理效率。同时,伴随着国内政策标准和监管措施进一步完善,农产品产地冷链物流将呈现标准化的发展态势。

1.2.3 冷链物流骨干网目前存在的问题

1. 分布不合理,发展不均衡

冷链基础设施主要集中在沿海地带和一线发达城市。然而,承担了全国大部分生鲜农产品批发交易的中西部地区以及农产品主要产地城市却严重缺乏冷链资源,且发展相对滞后。

以广东省为例,珠三角地区冷链相对发达,粤东、粤西、粤北等农业主产区发展较为落后。广州、深圳两市冷库容量分别达 99 万 t、60 万 t,占全省容量的 32.85%。较大型专业化的冷链物流企业集中在广州、深圳、佛山等地,2018 年中国冷链物流百强企业中的广东企业，均集中在上述三个城市。粤东、粤西、粤北地区发展落后，冷库资源少，没有专业从事第三方冷链物流的企业。全省冷链运输车约12000辆，其中经营性质的约8600辆，90%集中在广州、深圳两地，粤东、粤西及粤北冷链运输几乎都需从珠三角调拨冷链车辆。

2. 产地冷链设施缺乏，制约农产品流通

冷链设施属重资产，投入高、回报周期长，以小农户为主的农产品生产和以中小民营企业为主的冷链物流，实力均不足以支持冷链设施的规模投资，追求短期利益也导致投入意愿不强；加上产地冷链设施需求呈现点多面广、小而零散的特点，运营和管理难度较大。目前绝大部分农产品未进行产地预冷处理，仅极少数龙头企业购置真空或风冷预冷设备，县、镇、村普遍缺乏不同层级的冷链集散中心、分拨中心和冷链运力，产地冷链已成为农产品冷链流通的最大短板。

3. 冷链配送处理能力落后，难以满足需求

全国在运行的冷库中，有很大一部分已偏老旧，无法满足"生鲜电商＋冷链宅配""中央厨房＋食材冷链配送"等新业态新模式的需求。

以广东省为例，传统冷库库容占库容总量的50%以上，大多建于20世纪50—80年代，使用年限已超30年，规划设计、制冷设备、建设理念普遍落后。冷库功能不能满足需求，低温库所占比例较高、保鲜库较少，肉类冷库较多、果蔬类冷库较少。存储型冷库多、大型现代化仓配一体化冷库少。冷链配送小散乱，缺乏主干力量，全省从事冷链物流的企业中，配送型企业仅占12.3%，中小民营企业占比高达78%，提供冷链物流服务的第三方专业性企业少且小。

4. 新技术应用需求迫切

随着科技的不断进步，新技术将为冷链物流赋予更高的价值。伴随着"新基建"等相关政策落地实施，互联网、大数据、区块链等在物流专业领域逐步渗透，冷链物流全链条进一步实现技术赋能，逐步构建智能化冷链物流体系。面对冷链行业存在的痛点难点，企业转变发展理念，强化质量意识，依托智慧冷链、绿色冷链，助推冷链行业高质量发展。但在此过程中，部分投资者看到了冷链物流发展火热下的机遇，将冷链"智能化"发展作为企业发展的口号，却并未将真正的技术应用到实处。所谓技术赋能，并非简单地搭建系统或是单纯地使用自动化设备。其发展的根本，应该是将合适的技术应用在恰当的环节，通过技术手段，实现提升全链条运作效率、降低全链条运作成本的核心目标。就目前而言，多数冷链企业没有建设冷链物流资源交易运营平台或者管理系统，冷链数据的动态采集、处理及决策分析功能缺失。冷库、冷藏车等基础设施的自动化、智能化程度不高，冷链物流企业对技术研发的投入力度有待增强。

第 2 章　冷链物流省级骨干网规划与布局

2.1　冷链基础设施的分类及特点

冷链物流产品的流通可以分为三个层次：生产、集散、销售。流通涉及的主要节点包括生产地、预冷站、冷链物流配送中心、批发商及零售商等。涉及的基础设施及设备包含田头移动预冷装置、田头预冷小型冷库、冷藏车、大型冷库及冷藏加工车间、冰柜等，冷链物流产品流通环节如图 2-1 所示。

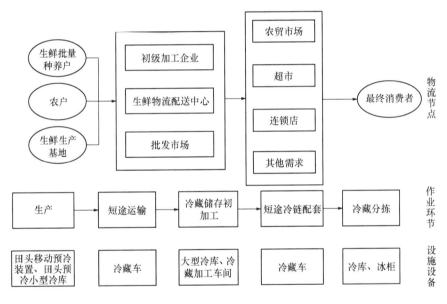

图 2-1　冷链物流产品流通环节

1. 田头预冷设备及基础设施

预冷是指产品从初始温度迅速降至所需要的终点温度（0～15℃）的过程。即在冷藏运输和高温冷藏之前的冷却以及快速冻结前的快速冷却工序统称为预冷。

田头预冷设施主要是对需要长途运输的冷链相关产品在装车之前进行预冷处理，在装车前将产品提前预冷到规定的运输温度，预冷是保证冷链物流相关产品运输质量的前提，尤其是生鲜农产品，因为大部分冷藏车都很难在短时间内将生鲜产品降低到规定的运输温度，这必然会带来一定的损耗，影响产品质量。预冷可以很好地弥补冷藏车制冷能力的不足。水果、蔬菜等产品一般实行产地预冷，肉类一般在初级加工厂进行预冷。

预冷设施设备分为两种：一种是移动式（车上）预冷设备，即田头移动预冷装置；还有一种是固定式（地面）预冷设备，即田头预冷小型冷库。移动预冷设备比固定式预冷设备的投入成本要更高，大约是其7倍。

现有的预冷方式主要包括冷水预冷、真空预冷、差压预冷及通风预冷。

冷水预冷——以水为介质的一种冷却方式，将果蔬浸在冷水中或者用冷水冲淋，达到降温的目的。

真空预冷——新鲜果蔬放在密闭的容器中，迅速抽出空气和水蒸气，随着压力的持续降低，果蔬会因不断地、快速地蒸发水分而冷却（在正常大气压下，水在100℃蒸发，如果大气压为610Pa，水在0℃就会蒸发，水的沸点随着环境大气压的降低而下降。沸腾是快速地蒸发，会急速地吸收热量）。

差压预冷——利用空气的压力梯度，强制冷空气从产品包装箱的缝隙中通过，使产品快速降温。

通风预冷——使用风扇产生的冷风吹到果蔬上，吹到包装容器周围或在包装容器周围循环来达到冷却果蔬的目的。

上述四种预冷方式中，冷水预冷方式成本最低，真空预冷方式成本最高，但真空预冷效果最好，对技术的要求最高。美国和日本等发达国家已广泛使用真空预冷方式。

2. 冷链物流配送中心

冷链物流配送中心在整个冷链物流网络节点中处于中心地位，主要依托城市而建，集冷藏、运输、包装、加工、装卸搬运、送货等功能。除此以外，冷链物流配送中心还需要具有完善的结构和冷链物流设施配备、通畅的信息传递渠道、规范的管理、较大的辐射范围等特点，其主要服务对象是冷链物流供应链的上下游。随着冷链物流配送中心的不断建设与完善，会逐步形成一个层次状的网络体系。各类冷链配送中心一般都是以网络或体系的形态存在于系统之中，形成不同类型的冷链物流配送网络体系。

1）冷链物流配送中心的配送网络体系

综合来看主要有以下三种类型：

（1）多级冷链配送网络体系（图2-2）。多级冷链配送网络体系是由冷链产品供应商、中央级冷链配送中心、区域性冷链配送中心、基层冷链配送中心和具有配送功能的生鲜零售

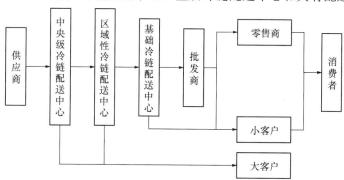

图2-2 多级冷链配送网络体系图

店形成阶梯网状结构。中央级冷链配送中心位于核心主导地位，一般设立在产品的产地或大批量冷链产品的集散地，为全国乃至国际范围内的下游冷链配送中心或冷链大客户。其信息网络比较完善、物流设施设备先进齐全，存储、吞吐能力强，配送量大。相对中央级冷链配送中心来说，区域性冷链配送中心和基层冷链配送中心经营规模略小，一般只为地区范围内的冷链客户配送商品。其典型特点是配送货物以小批量为主、服务范围较小，但配送方式更为灵活，客户数量多且分布较为分散。上述类型的配送中心在独立运作的同时又相互合作，最后呈现出梯级的结构。

（2）两级冷链配送网络体系（图2-3）。两级冷链配送网络体系由中央级冷链配送中心和城市级冷链配送中心组成，这是目前比较常见的配送网络体系。当配送范围比较广、用户较多且分散时，这样的网络体系会自然形成，因而两级配送网络一般常见于配送网络的完善期。中央级冷链配送中心覆盖范围较城市级冷链配送中心广，物流功能较为健全，主要为城市级冷链配送中心和大客户服务，而城市级冷链配送中心主要为城市范围内的中小客户服务。

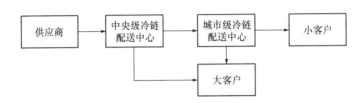

图2-3　两级冷链配送网络体系图

（3）单级冷链配送网络体系（图2-4）。单级冷链配送网络体系是由供应商、一级配送中心和客户组成的配送网络，这种网络体系一般形成于配送网络建立的初期。配送中心位于供应链的下游，辐射范围较小，服务的客户比较分散，一般只进行城市内的短距离配送，其物流活动具有多品种、小批量、多批次、短周期的特点，但若与其他冷链物流企业合作，通过"共同配送"模式，配送中心也可以跨越城市范围向远距离的客户完成配送活动。

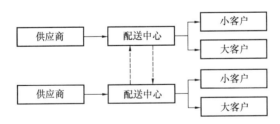

图2-4　单级冷链配送网络体系图

无论是哪种冷链配送网络体系，都应该按照所在区域的产品类别和用户的需求特点组建配送中心，并科学合理地进行布局，这样才能充分发挥配送中心的功能和作用。

2）冷链物流配送中心的特点

冷链物流配送中心是冷链物流网络体系中的重要节点，由于其作用对象的特殊性，使得其相较于一般的物流配送中心而言，具有一些自身独特的特点。

（1）技术要求高，初始投入大。冷链产品从原材料获取到销售的整个流通环节都要处于规定的低温环境。在冷链物流配送中心涉及的冷藏设施设备主要有预冷装置、冷却装置、冻结装置、速冻装置、冷库、冷藏保温车、冷藏集装箱等。这些设备的购买成本、使用成本和维护成本都较高，冷库的建设成本也比一般物流配送中心的成本投入大。由于初始资金的投入大，对于从事第三方冷链物流企业的实力提出了更高的要求。

（2）配送时效要求高，配送范围受限。低温产品的保鲜期有限，配送时间越长，发生腐坏的风险越大，交通状况、配送路线、客户分布等因素都会对配送的及时性产生直接影响，因而一般需要在较短的时间内完成配送。由于时效性的要求，限制了其配送范围，这对冷链物流配送中心的选址和布局造成了诸多限制，这也是为什么冷链物流的"最后一公里"配送问题相较于一般商品的"最后一公里"配送要更加复杂与困难。

（3）作业流程复杂，质量控制难度大。在整个冷链物流配送中心的运作中，要保证冷藏产品的最终质量就必须保证在储存、包装、加工、装卸搬运、运输等各个环节的操作规范和接口环节的配合，要求各环节具有很高的组织协调性，全程控制温度。对冷库技术工人也有很高的要求，需要其掌握经营管理工具设备、工艺技术、质量标准和安全防护等知识。这些给低温产品全程质量控制带来很大的难度。

3. 冷链物流园区

冷链物流园区与一般的物流园区的功能类似，不同之处在于它是专门为冷链物流服务的。主要是指在冷链物流作业进行集中、多种运输方式衔接的地区，将众多冷链物流企业聚集在一起，实行专业化和规模化经营。冷链物流园区作为城市冷链物流功能区，专业从事食品加工、冷冻、冷藏保鲜、冷链产品批发经营、冷链产品进出口等综合服务。

相较于冷链物流中心而言，冷链物流园区的规模要更大，功能更加完善。冷链物流中心大多提供的是与冷链物流有关的服务。但冷链物流园区还要提供除物流以外的其他服务，比如冷链产品加工、报关报检等。

2.2 冷链基础设施的规划与布局

2.2.1 冷链物流基础设施布局现状

（1）冷链物流区域发展不平衡，冷链发展偏于销地，产地物流中心以及预冷站的建设投入不足，导致大量生鲜产品在产地的浪费。此外，部分需求量较大的城市，其冷链物流配送中心数量较少。

（2）冷链设施结构不合理，低温库所占比例较高，保鲜冷库占比较低，即肉类冷库较多，而果蔬和药品的冷库较少。据统计分析，高温库的比例应占 20% 左右才能够相对满足果蔬类产品的冷链仓储需求。

(3) 生鲜产品在产地的预冷保鲜比例几乎为零,产地缺乏相应的预冷设施,大大降低了生鲜产品的质量和保质期。

(4) 冷链物流园区建设滞后,现有的冷链物流中心一般以第三方冷链物流公司自建或者从事生鲜产品经营于贸易的企业自建为主。缺乏以政府为主导的大型的多功能的冷链物流园区,从而限制了很多中小生鲜零售企业和中小冷链物流企业的发展。

(5) 空港冷链物流中心建设不够,使得对时效性要求比较高的生鲜产品、发达水果、蔬菜等货品的跨国运输受限。

2.2.2 冷链物流基础设施规划与布局的原则与思路

1. 大力支持企业加大对高温冷库建设的投入

针对果蔬的主要供给地以及需求地的城市,政府应鼓励及支持企业进行高温冷库建设,以满足消费者对于生鲜果蔬类产品的需求。

2. 要大力推广产地预冷观念,提升生鲜产品低温处理的意识

产地冷链物流仓储中心的建设为产品在产地的预冷和初步加工提供场所,通过打通冷链物流的"最先一公里",为实现全程冷链提供了可能。

3. 大力推广生鲜产品的共同配送

有实力的冷链物流企业可以充分利用自身在管理上、资源上和网络上的优势,整合众多小型冷链物流企业的资源,优化行业内部的冷链物流配送网络,提高冷链物流配送效率,降低社会冷链物流配送成本。

4. 根据供给、需求和进出口的情况对冷链物流基础设施布局进行优化

1) 就供给侧而言,应在生鲜产品的主要产区,分别建设大型生鲜预冷站或生鲜产品的冷链物流仓储中心。对于单个供给量不算大的城市,可以考虑在两地相隔不远的城市共同建设或共用一个冷链物流仓储中心,且以低温冷库为主。

2) 就需求侧而言,对本地生鲜产品产量不足、对生鲜产品需求量较大,但目前对于冷链物流配送中心建设投入不足的城市,应加大对冷链物流配送中心建设的投入,保证冷链相关产品的最后一公里的品质。

3) 对于仓储中心配套相对完善的城市,应将布局优化重点放在冷库种类和数量上,使冷库的类型和容量与产品类型、需求量和供给量相适应,同时要在考虑未来冷库需求增长的基础上进一步扩大冷库的规模。

4) 就冷链物流的集散而言,应在主要的中心城市建设大型的冷链物流枢纽站,承担冷链物流产品的集中与分散的功能。

5) 就冷链物流的进出口而言,为开辟冷链相关产品的国际通道,政府要支持港口、机场等重要进出口场所发展冷链物流,投资建设综合型的冷链物流园区,并鼓励冷链企业入驻。支持冷链物流监管仓和保税仓的建设,为生鲜产品的进出口打造一条龙服务,缩短冷链相关产品的运输和配送、报关报检的时间,构建延伸到欧盟、日本、韩国、美国等国家和地区的冷链链条。

2.2.3 "1+2+3"冷链物流省级骨干网的规划布局

本节以广东省冷链物流骨干网规划建设为背景，为其他省份冷链物流发展规划提供借鉴（图2-5）。广东省围绕各地区特色优势农产品，重点布局农产品冷链物流产地网，合理布局、配套建设冷链物流销地网，形成科学的冷链物流基础设施设备配置；建设完善的配套运维管理体系，打造社会化、市场化、智能化、网络化的省级农产品冷链物流骨干网，构建从田间到餐桌的全程一体化农产品冷链物流保障体系。

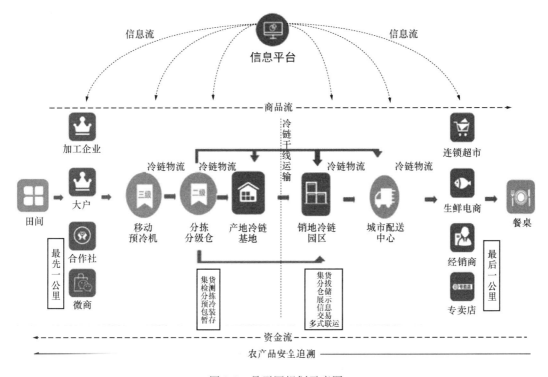

图2-5 骨干网规划示意图

按照"1+2+3"的模式，建设"1个中心+2个区域网+3个运营平台"的省级冷链骨干网，即：1个骨干网运营中心+冷链物流产地网、冷链物流销地网等2个区域网+冷链物流资源整合平台、冷链运输配送平台、公共型智慧冷链物流信息服务平台等3个运营平台。

1. "1个中心"——骨干网运营中心

建设1个骨干网运营中心，作为骨干网的运营管理中枢。运营中心围绕四大板块建设：

1) 城乡农产品冷链物流总部，集冷库冷链管理、研发、商务、培训、冷链物流联盟、电商交易、供应链金融合作等功能。

2) 冷链大数据智慧信息服务平台，集冷链大数据服务器管理、农产品交易及物流信息汇集处理、物联大数据分析应用、冷链物流大数据智能监控预警和农产品冷链信用大数据处理等功能。

3）农产品初加工及品牌孵化平台，集扶贫协作农产品交易、农产品品牌培育、农产品检测认证、新型农民技能实训和预冷、选果、包装等初加工标准化等功能。

4）冷链物流综合枢纽平台，集省际大宗农产品冷链调拨仓、国际贸易冷链标准仓、农产品供应链管理衍生服务等功能。

2. "2 个区域网"——产地网+销地网

1）建设农产品冷链物流产地网

围绕有地理标志的、有传统优势的特色农产品，在特色农产品优势区和生鲜农产品主产区，通过新建、改建、股权合作、托管经营等多种方式，合理布局"区域中心仓+区域性农产品产地仓储冷链物流设施+田头仓储冷链物流设施"，建设农产品冷链物流产地网，融通形成县镇村三级冷链物流体系，打通冷链物流"最先一公里"。

（1）区域中心仓。结合粤东、粤西、粤北农业发展特色和格局，依托惠州粤港澳绿色农产品生产供应基地、江门粤港澳大湾区高质量农业合作发展平台，以及粤东汕头、粤西湛江、粤北韶关等区域中心城市，建设产地冷链仓储加工物流综合基地，集农产品初加工、储存、分拣包装、分拨集散、信息处理、交易等功能，规划库容总量 50 万 t 左右。

（2）区域性农产品产地仓储冷链物流设施。在广东省特色农产品优势区以及蔬菜、水果、肉类和水产品生产大县（市区），结合广东省畜禽集中屠宰冷链配送需要，择优选取一批市县，重点在全省 30 个市县布局建设集农产品冷藏速冻、自动化分拣清洗和加工包装、信息处理、交易服务等功能的产地冷链仓储加工物流综合基地或冷链物流加工集配中心，规划库容总量 60 万 t 左右。

（3）田头仓储冷链物流设施。以县、镇供销社为实施主体，结合"一村一品、一镇一业"特色农业发展规划和区域性农产品仓储冷链物流设施布局，选取 1000 个乡（镇）、村布局具有快速移动、预冷保鲜等功能的田头移动预冷装置 1000 台以上。

2）建设农产品冷链物流销地网

以连接产地网络、形成农产品进城冷链物流中心为目标，结合生鲜农产品产地集散、消费需求及现有冷链配送能力，主要在广州和佛山地区、深圳和东莞地区、珠海和中山地区，以及茂名、肇庆、揭阳等农产品主销区及重要节点城市，建设农产品骨干冷链物流基地，规划库容总量 50 万 t 左右。重点新建或改造园区型、平台型、复合型农产品冷链物流园区，优先发展面向城市消费的以冷藏、低温为重点的冷链物流快速配送处理中心，拓展冷藏保鲜、快速分拨、加工处理（"中央厨房"及净菜加工生产设施等）、分装配送等功能，提高快速配送处理能力，实现农产品生产与流通相衔接的高效、集约和规模化运营。引导冷链物流产业集聚发展，对接商超、生鲜电商和终端消费者，确保农产品冷链物流"最后一公里"。

3. "3 个运营平台"——资源整合+运输配送+信息服务平台

1）建设冷链物流资源整合平台

组建农产品冷链物流服务联盟等联合经营体。依托资源整合平台的产业集聚效应，创新冷库资源入股、股权合作、管理输出、业务嫁接等联合合作模式，整合产业链上下游和同行业企业资源，精细分工，协同发展，实现对冷链物流资源的高效利用。

2）建设冷链运输配送平台

增加 4.2~13m 不同类型的冷藏车辆，发展农产品干线运输和城市配送，对接连通产销两个区域网。通过干线运输将粤东西北等主产区特色优势农产品从田间运往城市销地，再通过城市配送至社区门店、连锁超市和终端消费者。探索"多温共配"模式，使用多温层城市配送车辆，实现生鲜农产品集约化、规模化配送。

3）建设公共型智慧冷链物流信息服务平台

依托骨干网运营中心，与数字广东、高校、科研院所等开展技术研发合作，利用区块链、移动互联网、5G 物联智配等技术，建立公共型的全省智慧冷链物流信息服务平台，主要包括云仓系统平台、车辆协同系统平台、农产品质量检测追溯平台、产销线上对接平台等，推动农产品库网链融合，实现仓储、物流、交易一体化运营。

第3章 建筑与结构设计

省级冷链物流骨干网的建设,是覆盖全省区域内各县市的冷链物流园基础设施建设。根据功能及规模的不同,省级冷链物流骨干网基础设施主要由田头仓储冷链物流园、区域性农产品产地仓储冷链物流园、区域中心仓储物流园组成。项目建设呈现点多、面广、类型多样的特点,同时项目建设周期短,对设计及建造要求高。

冷库设计主要内容包括总图规划设计、主体设计及制冷专项设计三大板块,而主体设计的优劣直接决定项目施工及交付的成败。在主体设计中,最重要的板块即建筑与结构设计。

我国的冷库设计师从苏联,其设计技术及设计手法较为陈旧落后。改革开放以来,经过学习及吸收欧美等发达国家先进的技术,冷库设计理念及手法逐渐成熟。

目前,冷库建筑及结构设计由单一的砖混、混凝土结构向钢结构及装配式建筑发展。设计要求逐步由单一的建筑设计向绿色节能、低碳环保、自动化等综合型设计转变。冷链物流园的规模也从单一的中小型存储性物流园向大型综合性物流园转变,要求我们保持对科技和政策的灵敏度,并以发展的眼光来进行冷链物流园及冷库的规划和设计。本章节就省级冷链骨干网建设过程中的建筑与结构设计工作进行总结及思考。

3.1 冷链物流园分类

冷链物流园是冷链物流作业的集中地,是冷链运输的衔接地。从规模和功能方面入手,冷链物流骨干网系统中冷链物流园可分为:田头仓储冷链物流园、区域性农产品产地仓储冷链物流园、区域中心仓储物流园。其中:

1)田头仓储冷链物流园(图3-1)布局于县城,且以产品集中的偏远县城为主,提供

图3-1 田头仓储冷链物流园示意图

产地内货物的初期预冷、短期存储及初级加工服务。总建筑面积 5000~12000m²，业态简单、规模较小，仅设置小型冷库、加工车间及基本配套设施（水泵房及消防水池）。

2）区域性农产品产地仓储冷链物流园（图 3-2）布局于农产品大县及地级市，需承接田头仓储冷链物流园货物的转存工作，具备产品冷藏速冻、分拣清洗和加工包装、信息处理、交易服务等功能。总建筑面积 20000~50000m²，规模适中，配建冷库、加工车间及附属配套设施（水泵房及消防水池），业态配置齐全，大部分物流园设置综合楼（办公兼具住宿功能）。

图 3-2　区域性农产品产地仓储冷链物流园示意图

3）区域中心仓储物流园（图 3-3）布局于区域中心城市，具备产品初加工、储存、分拣包装、分拨集散、信息处理、指挥调度、交易等功能。总建筑面积 90000~110000m²，业态配置齐全，规模大，设置冷库、加工车间、分拣配送中心及附属配套设施（水泵房及消防水池），且设置高层综合楼（办公兼具住宿功能）。

图 3-3　区域中心仓储物流园示意图

3.2 冷链物流园规划设计

冷链物流园规划，是对未来一段时间内冷链物流园的整体性、系统性和基本功能性等问题进行全方位地调研、分析，是对冷链物流园未来发展方向进行规划设计的过程，同时也是冷链物流园建设的核心工作。

1. 规划设计目标

在冷链物流园项目规划设计中，应通过合理的功能布局等措施达到如下目标：

1) 合理配置人员、设备及功能空间。
2) 优化冷链物流的生产环节，提高冷链物流的工作效率。
3) 满足项目近期功能需求，兼顾后期发展，提高资本利用率。
4) 建设舒适、安全的工作环境。

2. 规划设计原则

为了使冷链物流园在其建设和运营过程中能够以较少的投入获得较大的收益，达成冷链物流园的规划目标，冷链物流园的规划设计需要遵循表 3-1 所示的规划设计原则。

规划设计原则一览表　　　　　　　　　　　　表 3-1

原则	具体内容
与区域规划相协调原则	规划地块的用地功能、道路系统、环境景观应与城市总体规划相衔接，符合城市总体发展的布局要求
功能分区明确原则	功能分区必须明确，充分考虑各功能区之间的关系
交通组织合理原则	① 场地与城市道路衔接区域设置缓冲区，避免对城市道路造成影响； ② 场地内部交通组织应满足整个物流园区的客流及车流的集散要求，做到人车分流，并保持道路的基本通畅
经济合理性原则	① 竖向设计时考虑土方平衡，避免大量挖、填方工程； ② 合理确定功能区用地比例，布局紧凑，提高土地利用率
以人为本原则	场地规划尊重日常使用者的工作流线，人流与物流分开设置
可持续发展原则	场地规划留有相应的余量，应对后期的发展空间及适应变化的规划

3. 冷链物流园规划方法

冷链物流园的规划布局，应在依据规划目标、遵循上述规划原则的前提下，通过功能分块布置及细节优化这两个步骤完成。常用的规划设计方法有如下四类：

1) 摆样法：通过同比例模型，在总平面上表述出方案中各要素。通过分析各要素之间的相互关系，反复推敲以取得最优方案。

2) 数学模型法：运用运筹学、系统工程中的模型优化技术进行规划设计，研究最优规划布局方法，以提高系统布置设计的效率和精确性。

3) 图解法：将摆样法与数学模型法进行整合，完成图解规划，此类方法产生较早，运用并不广泛。

4) SLP 分析法：通过作业单元相互关系的密级表示以及大量的图表分析，以物流费用最小为目标，物流关系分析与非物流关系分析相结合，获得合理的设施布置方式。

4. 规划设计依据

为使冷链物流园在规划设计阶段的工作合理化、规范化，需要对所涉及的相关资料进行了解并执行。目前，冷链物流园规划设计的依据主要有以下三方面：

1) 项目用地规划设计条件及所属城市的技术管理规定。
2) 建设方提供的设计任务书、项目场地及其周边相关资料。
3) 国家发布的相关设计规范及标准，如表 3-2 所示。

在遵循上述设计依据的前提下，综合前期项目的设计及建设经验，协同建设方制定相关技术标准，能较大程度缩短后续项目的设计周期，提升设计质量及效率。

规划设计规范及标准参考一览表　　　　　　表 3-2

序号	规范名称
1	《冷库设计标准》GB 50072—2021
2	《物流建筑设计规范》GB 51157—2016
3	《冷库安全规程》GB 28009—2011
4	《工业企业总平面设计规范》GB 50187—2012

3.2.1　冷链物流园选址

冷链物流园项目建设最重要的一步就是项目选址，选址的合理与否，将直接影响到项目的基建投资、工程进度及交付后运营效果。

项目选址以冷库的性质、规模、发展规划、建设投资等为依据，综合地形地质、水源、交通等各方面因素进行考虑。既要着眼于企业当下的需求也要考虑到未来的发展和城市的建设，要有效地协调库房与城市距离和配送成本之间的矛盾。在项目选址阶段，除遵循的常规选址原则（表 3-3）以外，也应根据物流园的规模及功能有针对性地侧重，具体内容如表 3-4 所示。

项目常规选址原则一览表　　　　　　表 3-3

序号	原则
1	符合城乡建设总体规划及冷链骨干网布局需求
2	有可靠的水电供应，周边卫生条件良好
3	交通便利，尽可能靠近高速公路和国道
4	远离有害气体、烟雾、粉尘及其他有污染源的地段
5	避开洪水和泥石流易发地段，以及其他地质条件不良地段
6	场地形态需满足物流工艺、运输、管理、设备管线合理布置以及消防安全，同时可兼顾项目后期改、扩建的需求

三级冷链物流园选址侧重点一览表　　　　　表 3-4

类型	原则
田头仓储冷链物流园	选址于偏远县城，需最大程度地贴近产地，对场地形态要求较小；可设置于其他类型的物流园内，布局灵活，起到冷链"打通最后一公里"的效果
区域性农产品产地仓储冷链物流园	选址于农产品大县及地级市，场地形态要求比较规整；重点考虑运输及存储—加工双重功能需求，起"承接—储存—转运"功能，需贴近交通便利的道路
区域中心仓物流园	选址于区域中心城市，重点考虑人员的指挥调度、物资的存储—加工及运输等功能，多选址于城郊且靠近高速公路出入口或国道两侧的区域，要求场地规整，地形平坦，与居民区保持一定距离

省级冷链物流骨干网的建设用地通常由省政府统筹、项目属地政府划拨的形式供建设方选择及购买，部分项目用地存在位置偏僻、整体条件较差、不满足建设要求的情况，这就需要根据项目的实际情况，在选址阶段对各地块进行权衡后选取有利于项目建设的用地。

3.2.2　冷链物流园功能分区

从功能角度出发，冷链物流园的主要功能分区为：仓储区、生产加工区及办公生活区。各功能区根据项目规模的大小及需求进行搭配，原则上以仓储区为核心、其余各功能区处于从属地位进行布置，通过道路体系分隔、连接，使整个冷链物流园区成为一个既相互独立，又有机联系的建筑群，各功能区具体特点如表 3-5 及图 3-4 所示。

冷链物流园功能区特点一览表　　　　　表 3-5

分区	构成形式	布局特点
仓储区	分为冷链仓储区和常温仓储区	1. 冷链仓储区 主要由库房区/冷间（冷藏间、冷冻间），设备用房区（制冷机房、变配电间、维修间），穿堂区（封闭月台/穿堂、托盘暂存、楼梯及电梯、配套功能用房等）构成。重点考虑制冷机房与周边居民区间距要求。 2. 常温仓储区 由常温仓作为主要功能用房，按照常规仓库进行设计即可；在骨干网项目中，常温仓设置较少，在设计时需要考虑后期改建为冷库的可能性
生产加工区	由加工厂房及分拣配送厂房组成	1. 加工厂房 1）洁净区应位于全年主导风向的上风侧。 2）污水排水方向、空调气流组织均应由净区指向脏区，净区房间的空调气压设计应高于脏区。 3）车间设计应符合相关食品卫生规范。 4）车间脏区、净区，生区、熟区及人流、物流应彻底分开，不能交叉污水排水方向、空调气流。 2. 分拣配送厂房 根据各个中心的业务需求，其基础设施和功能上有所偏重，按照常规厂房设计即可

续表

分区	构成形式	布局特点
办公生活区	主要由综合楼及宿舍组成	1. 综合楼 主要由展厅及办公用房组成，根据需求，消防控制室及消防水池常设置于此。为物流园区工作人员及客户提供展销及办公服务。 2. 宿舍 主要为独立套间，为物流园区工作人员及客户提供住宿服务。用地紧凑的情况下，宿舍与综合楼合并设置

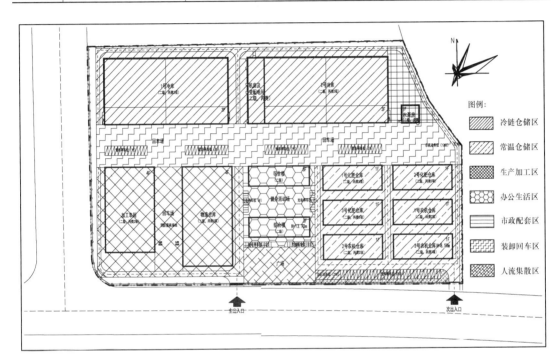

图 3-4 功能分区示意图

三种不同类型冷链物流园的规模及定位均存在差异，在功能分区选择中需根据项目自身定位及功能需求进行分析，具体如表 3-6 所示。

不同等级冷链物流园功能区配置一览表　　　表 3-6

类型	功能分区配置情况
田头仓储冷链物流园	常规田头仓储冷链物流园配置仓储区＋生产加工区。 部分项目根据实际需求仅单独配置仓储区或生产加工区
区域性农产品产地仓储冷链物流园	常规区域性农产品产地仓储冷链物流园配置仓储区＋生产加工区＋办公生活区。 部分项目根据实际需求仅配置仓储区＋生产加工区，办公用房与生产加工区合并设置
区域中心仓储物流园	仓储区＋生产加工区＋办公生活区配置齐全。 办公生活区规模较大，常设置为高层建筑（受用地面积占比不超过总用地面积7%影响）。 根据规划设计要求，考虑设置地下停车场及人防地下室

3.2.3 冷链物流园平面布局原则

在冷链物流园的平面布局中，通过对各功能空间的明确、合理的交通组织及绿地配置，使场地内各功能区既相对独立又保持互相联系，并与周边环境相协调，最终可达到充分高效地利用土地、合理有效地组织场地内各种活动的目的。

1. 平面布局原则

在冷链物流园总平面设计、布局过程中需遵循如下原则：

1）满足生产工艺、生产运输和设备管线布置的综合要求，避免作业线的交叉迂回。

2）场地内功能分区明确、布局紧凑并与场地地块形状相协调，力求技术上的合理和工程上的经济。

3）满足卫生、防火和安全的要求。在建筑物布置时，需要综合考虑日照、通风方面的需求，有污染的车间及功能用房需布置在冷库及其他建筑的下风侧。

4）场地规划近、远期结合，以近期为主，适当考虑后期改、扩建发展需要，并留有相应的余量。

5）正确选择场地内、外交通系统，合理组织场地内人流与物流。

6）园区的绿化需符合当地规划环保部门的要求。

2. 总平面布局类型

根据冷链物流园的总平面布局形式分析，将物流园区主要功能进行组合，可分为如下三类：

1）平行式：园区各功能分区及园区外干道与港区或铁路站场平行布置。这种布置形式使园区与区外道路和港区（或铁路站场）充分贴近，充分利用交通基础设施资源。但占用道路面积多，平面形式呈窄条型，部分项目因道路设施比例过大、投资较大，不利于节约用地。

2）双面式：各功能分区分别在区内交通主轴两边排列。此类布置形式充分利用园区内交通主轴，相对交通设施占地面积较少，有利于治安和管理。

3）分离式：将区内的办公服务区、展示展销区及休息场所与其他功能区分离，中间有绿化带相对分割。这一布局形式，可以取得安静的办公和休憩环境，但不便于管理和监督。

在省级冷链物流骨干网建设中，田头仓储冷链物流园因其规模小、布局灵活、周转率高、依赖交通的特性，在总平面布局形式上，常选取平行式及双面式；区域性农产品产地仓储冷链物流园及区域中心仓储物流园，因其规模较大、功能齐全，需对交通及管理进行统筹考虑，故在平面布局形式上，选取双面式及分离式。

3. 总平面布局要点

在冷链物流园项目总图布局阶段，重点关注要点如表 3-7 所示。

总平面布局要点一览表　　　　表 3-7

要点	内容
生产工艺流程	各种不同类型冷库的工艺流程不同，决定其总平面布置不尽相同
运输方式	冷库生产运输方式对总平面布置的影响较大，同时对冷库的经营管理条件、基建投资、用地等也有显著影响。例如：铁路运输意味着选址要靠近铁路接轨点，项目用地大且要平整；若以水运为主，则要接近码头
地形地质和气象条件、地区的气候	1）主导风向决定了厂址位置及各建筑物、构筑物之间的相对位置； 2）地耐力和地下水位会影响主库的布置； 3）地形对总平面布置尤为突出，冷库的生产流程多在一个平面上进行，如地形坡度大，则平整地形的土方量相应增大
卫生与防火要求	平面布置必须保证防火间距及一定的方位，以利于防火，为保证食品卫生条件，对有污染的用房及堆场和库房之间需有一定的卫生防护距离
符合城市规划的要求	冷链物流园建设应与城市整体面貌相协调，特别是建在市区内的冷库必须与周围环境和建筑相适应

3.2.4 冷链物流园竖向设计

项目建设用地的原始地形条件无法完全满足场地内道路交通、地面排水、建（构）筑物布置、建设施工及防洪防潮等需求，需要充分利用和合理改造场地原始地形地貌，通过合理选择场地竖向设计标高，使其满足项目建设的使用功能需求，成为适宜建设的建筑场地。

1. 竖向设计原则

竖向设计是对基地的自然地形及建筑物进行垂直方向的高程（标高）设计，既要满足使用要求，又要满足经济、安全和景观等方面的要求。其主要设计原则如下：

1）满足建（构）筑物的功能布置要求。
2）满足工程建设与使用的地质、水文等要求。
3）满足各项技术规程、规范要求，保证工程建设与使用期间的稳定和安全。
4）充分利用自然地形，确保项目建设的经济性、合理性。
5）解决场地排水需求。

2. 竖向设计内容

合理的竖向设计能确保场地建设及使用的经济性、合理性，做好场地的竖向设计对于降低工程成本、加快建设进度具有重要意义。竖向设计作为场地规划设计的重要组成部分，其主要设计内容如下：

1）确定室内外场地、场地道路与各建筑物室内地坪的标高，使其与地形相协调；确定各建（构）筑物连接部位的标高，使之相互衔接，确保场地竖向满足生产、运输需求。
2）确定场地内管线标高，确保管线的布置与衔接顺畅。
3）合理利用场地原始地形，尽量减少土石方、建（构）筑物基础、护坡及挡土墙工程量，力求挖填方总量最少，并接近平衡。

4）在充分利用现场原有排水系统的前提下，合理选择排水系统，保证地面排水通畅、不积水，确保场地不受洪水、潮水及内涝水影响。

5）分期建设的工程，应在场地标高、运输线路坡度、排水系统等方面确保近期与远期工程相协调；改、扩建工程应确保与现有场地竖向相协调。

3. 竖向设计手法

在冷链物流骨干网项目设计中，因各项目实际用地情况存在较大差异，针对不同情况下的设计手法如下：

1）用地情况较好，场地平整，不需要进行场地平整时：首先确定道路及室外设施的竖向设计；然后确定建筑物室内、室外设计标高；最后明确场地排水坡度及坡向。

2）用地情况复杂，场地及其周边高差较大，需进行场地平整时：首先根据场地内建（构）筑物布置、排水及交通组织的要求，确定地形的竖向处理方案；然后针对具体的竖向处理方案，计算土方量，在土方平衡的前提下进行方案比选；最后进行支挡构筑物的竖向设计。

3.2.5 冷链物流园交通组织

交通流线组织反映了场地内人、车流动的基本模式，是交通组织的主体，体现了场地交通组织的基本思路，也是道路、广场和停车场等交通设施布置的根本依据。

冷链物流园项目场地内车流运输量大，为确保日常运营的顺畅性及安全性，需在主入口处通过大门引导、人车分流，避免不同类型的流线之间相互交叉干扰（图3-5）。

1. 交通规划目标

冷链物流园的交通设计，对项目物流运输的通畅度及企业运营效率起重要作用，在场地交通规划设计中，主要实现以下目标：

1）满足园区以货运为主的交通要求。

2）确定园区道路网等级及功能构成，进行合理配置。

3）合理分析道路面积占比，提高资源利用效率。

4）与城市总体规划协调，满足市政工程管线铺设、光照通风、救灾避难等要求。

2. 交通规划原则

为确保冷链物流园内外的交通流线便捷顺畅、提高资源利用率等目标的实现，需在交通规划中遵循如下设计原则：

1）在合理的用地功能组织的基础上，形成一个完整的道路系统和合理的交通运输流线，满足园区的交通需求，提高工作效率。

2）充分利用地形、地质、水文条件，合理规划主干道路线走向，适应项目交通运输发展的需要，减少工程量。

3）考虑工业园区环境面貌的要求，满足敷设各种管线及与美化工程相结合的要求。

4）保证与园区用地布局相协调，实现园区用地的合理性，避免土地资源的浪费。

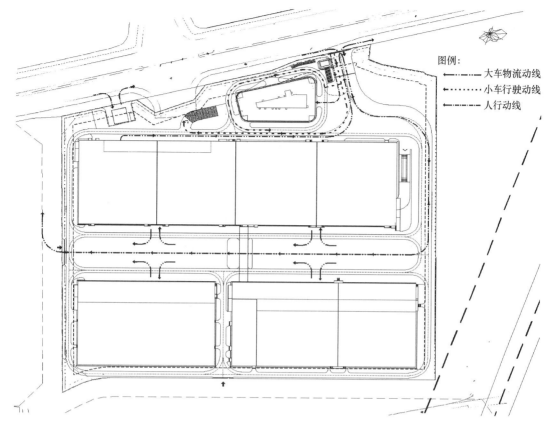

图 3-5 场地交通组织分析图

5) 考虑城市整体交通道路网络的规划以及与周边区域的通行情况。

3. 交通规划要点

交通流线规划既保证了连接不同区域的交通流线通畅,又保证每个区域的交通相对独立,自成体系。在冷链物流园规划设计中,为满足园区交通需求,在遵循上述设计原则外,还需对如下要点进行把控:

1) 功能分区时,应将出入口设在交通流量大的部位或将交通流量大的部分靠近主要交通道路,保证交通线路便捷顺畅。

2) 场地内道路系统应避免过境交通的穿越,防止外部车流的导入。

3) 安排大量的人、车、货流运行线路时,不能影响其他区域的正常活动。

4) 避免车行系统与人行系统的交叉重叠,以防人车混杂、互相干扰。

4. 场地内道路、卸货区规格设计要点

作为冷链物流园与外部衔接的主要节点,冷链物流园出入口数目需根据项目的规模来确定,一般需设置两个车行出入口,宜位于场地不同侧,宽度以 9~16m 为主。大型冷链物流园人行出入口一般与入口广场合并设置,且靠近办公生活区,中小型冷链物流园人行出入口与车行主出入口合并设置。车辆出入口的最小间距应不小于 15m,且不应小于两出入口道路转弯半径之和，车辆出入口宜与基地内部道路相连通。冷链物流园区内外的合理衔接，才能保证园区内外运输的顺利，园区出入口的设计要点如表 3-8 所示。

园区出入口设计要点一览表　　　　　　　　　　　　　　　　表 3-8

要点	内容
设置辅导或缓冲路	1）园区内部与城市道路的最有效衔接方式是设置副车道或者单独设置缓冲道路，该连接方式不仅为出入园区车辆提供了加减速空间，也降低了车行危险系数。 2）按出入口方式的不同，可以分为平行式辅道和斜向辅道两大类
设置缓冲区	在出入口区域设置一个方向岛或者标示线，将出入车流分开。通过限制进出口处的车辆流量来减少交通冲突
设置匝道	1）该衔接方式适合于货物交通密集、靠近高速公路出入口的大型物流园区。 2）该衔接方式的优势在于将园区内的道路与高速公路连接起来，进而实现园区内部货物流通快捷顺畅，使得路口通行能力十分突出，但其不利之处在于线路的选择、设计与匝道的设置比较复杂，且造价高昂，占用空间较大
设置检疫隔离区	园区内运送的货物要确保其经过检疫检测合格后才能进入园区储存，而且近些年受疫情影响，检疫要求更加细致严格，因此在园区内需要设置车辆隔离区和隔离缓冲区，保证货物安全，以免造成损失

道路是园区交通组织的载体，冷链物流园的道路规格受园区内主要行驶交通工具的影响。物流园区使用频率最高的交通工具为各类型冷链运输车及私家车。物流园区道路及装卸货区常用设计参数如表 3-9 所示。

园区道路规格及设计参数一览表　　　　　　　　　　　　　　表 3-9

类型	内容
机动车道	1）仓储区及加工区道路宽度为 4～15m，道路转弯半径为 9～12m；办公生活区道路宽度为 4～6m，道路转弯半径为 6m；人行道路宽 1.5～2m。 2）基地内机动车道的纵坡不应小于 0.3%，且不应大于 8%，考虑到日常行车便利性，极限值一般常采用 5%
非机动车道	1）基地内非机动车道的纵坡不应小于 0.2%，最大纵坡不宜大于 2.5%，困难时不应大于 3.5%（当坡度为 3.5%时，其坡长不应大于 150.0m），横坡宜为 1%～2%。 2）基地内步行道的纵坡不应小于 0.2%，且不应大于 8%；当大于极限坡度时，应设置为台阶步道
装卸区及回车场	1）装卸区宽度等于站台长度，卸货区一般设置于库房之间，冷链储藏区大型货车卸货区一般宽为 27～45m。 2）大型和中型冷库回车场应有一个进口、一个出口，边缘距站台不小于 30m，小型冷库有一个进出口，长度大于等于 15m。 3）生产加工区的大、中型货车回车场一般宽为 18～30m

不同类型冷链物流园的功能及规模存在差异，在道路等交通要素选取上存在各自控制要素，具体如表 3-10 所示。

不同类型冷链物流园交通要素一览表　　　　　表3-10

类型	功能分区配置情况
田头仓储冷链物流园	1) 车行道路宽度控制在4m，以混凝土路面为主。 2) 卸货区及回车场与道路合并设置，仅考虑中小型冷藏车的装卸
区域性农产品产地仓储冷链物流园	1) 车行道路宽度在4~7m，以混凝土路面为主。 2) 卸货区及回车场独立设置，主要考虑大型冷藏车的装卸，宽度在27m以上。 3) 停车区域需分别考虑大型货车、小型轿车及非机动车使用
区域中心仓储物流园	1) 车行道路宽度在4~15m，以沥青混凝土路面为主。 2) 卸货区及回车场独立设置，主要考虑大型冷藏车的装卸、回转，宽度在35~45m。 3) 停车区域需考虑大型货车、小型轿车及非机动车使用，同时考虑设置地下停车场

3.2.6 冷链物流园市政配套

冷链物流园项目中，需要对管线的布置及配套用房的设置进行关注。其中，常规的管线有雨水管、污水管、给水管及各类电力电缆；配套用房为消防水泵房及公共卫生间等。

管线布设的基本原则是应尽可能做到：长度短、转弯少、交叉少、不干扰、便于施工和维修、不影响交通、节约用地、造价低。

管线的布设手法：宜与道路及建筑物的轴线平行，通常为直线布置。干线应靠近主要功能建筑接口较多的一侧布设，并尽可能集中。

管线布置分为地上布置和地下布置两类，具体如表3-11所示。

管线布置方法　　　　　表3-11

布置类型	布置方法
地上布置	沿墙、沿地面、架空敷设
地下布置	埋设和地沟敷设

当水文、地质、地形条件很差的情况下，如场地内地下水位过高、地形高差过大时优先选择架空敷设。当管线采用地上敷设时，需要把控其与建筑物、道路之间的间距，并做好安全防护措施。市政配套用房根据项目用地情况分为独立设置与合并设置两类，在布设原则上，尽可能居于场地的中心位置或者靠近动力用房设置。当场地用地紧张时，市政配套用房与综合楼合并设置，并设置于综合楼首层和地下一层。

3.3 冷库建筑设计

冷库是用人工制冷的方法让固定的空间达到规定的温度以便于储藏物品的建筑物，包括各类库房、制冷机房、变配电室、穿堂等其他附属建（构）筑物。以其严格的密封隔热性、坚固及抗冻性来保证建筑的质量。

3.3.1 冷库的建筑分类

冷库的分类方法较多，不同的分类方法可以从不同的角度反映出冷库的特性，目前国内主流的冷库分类方法如下：

1. 按规模分类

冷库根据其公称容积大小不同，可分为大型、中型、小型三大类，具体如表3-12所示。

按规模分类特点一览表　　　　　　　　　　　　表3-12

类型	特点
大型冷库	公称容积大于20000m^3为大型冷库
中型冷库	公称容积5000~20000m^3为中型冷库
小型冷库	公称容积小于5000m^3为小型冷库

2. 按库温分类

冷库根据其库温不同可分为高温库、中温库、低温库三大类，具体特点如表3-13所示。

按库温分类特点一览表　　　　　　　　　　　　表3-13

类型	特点
高温库	L级−5~5℃，主要储藏果蔬、蛋类、药材，及用于木材保鲜、干燥等
中温库	D级−18~−10℃，主要储藏肉类、水产品及适合该温度范围的产品
低温库	J级−28~−23℃，又称冻结库、冷冻冷库，通过冷风机或专用冻结装置来实现对食品的冻结

3. 按结构形式分类

冷库根据其结构形式不同，可分为土建式冷库、装配式冷库、夹套式冷库、覆土式冷库、山洞式冷库五大类，其具体特点如表3-14所示。

按结构形式分类特点一览表　　　　　　　　　　表3-14

类型	特点
土建式冷库	可分为单层或多层库，建筑物的主体一般为钢筋混凝土框架结构或者砖混结构，市场占有率较大
装配式冷库	多为单层库，冷库的主体结构（柱、梁、屋顶）采用轻钢结构，围护结构的墙体使用预制复合隔热板或压型钢板外罩衣+保温板形式，除地坪外，结构构件及库板均可在专业工厂进行标准化生产，施工速度快、建设周期短
夹套式冷库	在常规冷库的围护结构内增加内夹套结构，夹套内设置冷却设备，冷风在夹套内循环达到制冷效果。特点是库温均匀、食品干耗小、外界温度对其影响小，库内气流组织均匀，但造价比常规冷库高
覆土式冷库	多为拱形结构，砖石砌墙并覆盖一定厚度土层作为隔热层，具有因地制宜、就地取材、施工简单、造价较低、坚固耐用等优点，我国西北地区使用较多
山洞式冷库	把制冷设施应用于岩质坚固的山洞中，保温层借助天然岩层所建造的低温贮藏冷冻品的场所

4. 按使用性质分类

冷库按使用性质可分为生产型冷库、分配型冷库、零售及生活服务型冷库、中转型冷库、综合型冷库五大类，具体特点如表 3-15 所示。

按使用性质分类特点一览表　　　　　　　　　　　　　表 3-15

类型	特点
生产型冷库	主要建在食品产地附近、货源较集中的地区和渔业基地等，通常是作为各类食品加工厂等企业的一个重要组成部分。 这类冷库配有相应的屠宰车间、理鱼间、整理间；具有较大的冷却、冻结能力和一定的冷藏容量；食品在此进行冷加工后经过短期储存即运往销售地区，直接出口或运至分配型冷藏库作长期的储藏
分配型冷库	主要建在大中城市、人口较多的工矿区和水陆交通枢纽，专门储藏经过冷加工的食品，以供调节淡旺季节、提供外贸出口和作长期储备之用 它的特点是冷藏容量大并考虑多品种食品储藏，冻结能力较小，仅用于长距离调入冻结食品在运输过程中软化部分的再冻及当地小批量生鲜食品冻结
零售及生活服务型冷库	主要供临时储存零售食品之用。 特点是库容量小、储存期短，其库温则随使用要求不同而异。在库体结构上，大多采用装配式组合冷库
中转型冷库	主要建设于水路交通枢纽或者渔业基地处，用于食品、产品的间歇性短时间存储；为适应进出货集中的要求，此类冷库的站台较大，装卸能力较强
综合型冷库	此类冷库库容量大，功能齐全，集生产型和分配型冷库功能于一身

5. 按制冷剂分类

冷库按制冷机房的制冷剂可分为氨制冷库和氟制冷库两大类，具体如表 3-16 所示。

按制冷剂分类特点一览表　　　　　　　　　　　　　表 3-16

类型	特点
氨制冷库	使用氨制冷剂，不会产生温室效应，制冷效果好，造价成本低，泄露易发现，多为中大型冷库选用。但制冷剂具有刺激性且存在一定爆炸风险
氟制冷库	安全性较高，可在居民集中区设置。但制冷效率相对较低，运行成本较高，多为小型冷库选用。氟利昂无色无味，泄露不易发现、容易对环境造成影响

3.3.2 冷库建筑基本功能分区及构成要点

冷库建筑的基本功能分区由库房区、穿堂区及设备区构成。

1. 库房区

从库内温度角度划分，冷库库房可分为高温冷库、中温冷库、低温冷库、超低温冷库。具体如表 3-17 所示。

不同库温库房特点一览表　　　　　　　　　　　　　表 3-17

类型	特点
高温冷库	设计温度 $-5\sim 5℃$，主要用来储藏果蔬、蛋类、药材及用于木材保鲜、干燥等。又称冷却库，库温一般控制在不低于食品汁液的冻结温度。冷却库或冷却间的保持温度通常在 0℃ 左右，并以冷风机进行吹风冷却

续表

类型	特点
中温冷库	-18~-10℃，主要用来储藏肉类、水产品及适合该温度范围的产品
低温冷库	-28~-23℃，又称冻结库、冷冻冷库，一般库温在-30~-20℃，通过冷风机或专用冻结装置来实现对食品的冻结
超低温冷库	≤-30℃，主要用来速冻食品及用于工业试验、医疗等特殊用途

在平面布置过程中，按照不同设计温度分区、分层布置，高温冷库在下层、低温冷库在上层。当布置在同一层时，将高温冷库靠近外墙布置，以减少库内温差而减少耗冷量（图3-6、图3-7）。缩小保温隔热围护结构的外表面积，柱网分布齐整；冷库大门口需要设置缓冲隔离区，缓冲隔离区与相邻区域温差应控制在5~10℃。

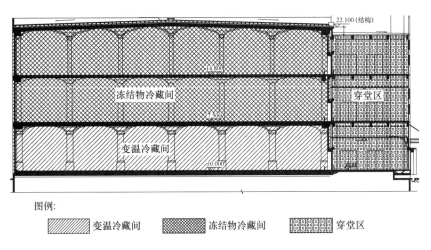

图 3-6　库房区布置示意图 1

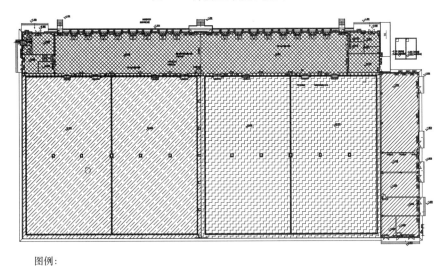

图 3-7　库房区布置示意图 2

2. 穿堂区

冷库穿堂区是联系各库房的交通通道,人流量相对较大。为方便冷库日常使用及运营,在设计中常将业务大厅、更衣室、办公室、叉车充电、配电间、消防控制室等功能用房布置在穿堂区。根据位置分为库内穿堂和库外穿堂(表3-18),根据温度不同分为常温穿堂和控温穿堂。新建冷库根据其功能需求,常选用库内穿堂,库外穿堂多见改建型冷库;控温穿堂因冷库布置需求,常布置于首层,常温穿堂根据实际需求布置于二层或不设置常温穿堂。

不同库温库房特点一览表　　　　　表3-18

类型	优点	缺点
库内穿堂	1)使用不受库温影响,减少库外温度的影响,可以减少冷链的损耗。 2)低温物品在穿堂内不易产生雾气和凝结水,有利于保证藏品质量	1)占用冷库主体建筑面积,需要冷却设备,造价高。 2)在低温条件下,工作环境略差
库外穿堂	1)不需要设置隔热层和冷却设备,造价低。 2)可站台与穿堂并用,缩短运输距离,加快进出货速度。 3)穿堂内温度与室外一致,通风条件好,工作环境舒适	1)冷间直对穿堂,库内外温差大,库门开启时,门口冷热空气交换加剧易结霜。 2)穿堂与冷库地坪连接区域若处理不好,易形成"冷桥"。 3)穿堂与冷库温差较大,周转时对藏品质量存在一定不利影响

单层和多层库房每层穿堂的建筑面积不应大于1500m²,高层库房每层穿堂建筑面积不应大于1200m²;当设置自动灭火系统时,月台每层最大允许建筑面积可增加一倍。

穿堂起到装卸和转运入库的功能,其主要交通设施以叉车为主,考虑方便叉车对向穿梭、掉头,穿堂区的深度需根据冷库的规模控制在6.0~10m。根据货物运送流线,穿堂常规布置形式有U形、L形及I形(图3-8)。因L形在布置过程中,对卸货区及回车场的布设要求较高,所占用室外面积较大,故在穿堂布设中常用形式为U形和I形(图3-9、图3-10),其中以U形最为常见。穿堂区实景见图3-11。

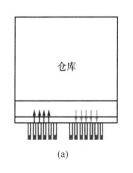 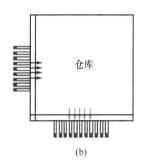 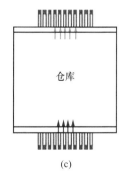

(a)　　　　　　　　　　(b)　　　　　　　　　　(c)

图3-8　常规穿堂平面布置示意图
(a)U形;(b)L形;(c)I形

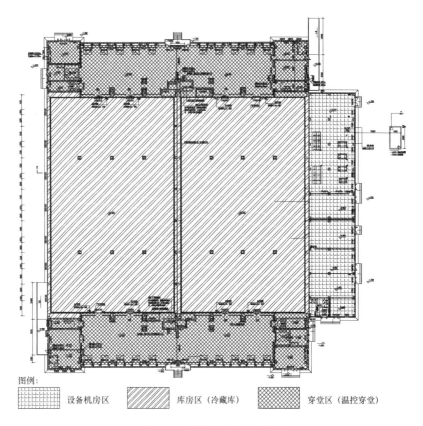

图 3-9　I 形月台布置示意图

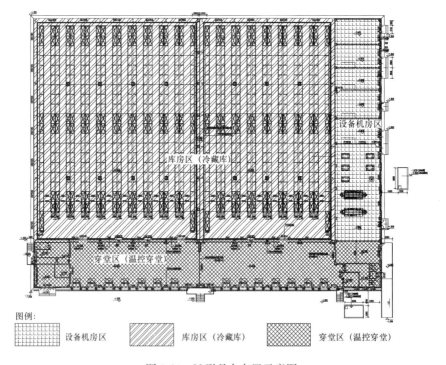

图 3-10　U 形月台布置示意图

图 3-11 穿堂区实景图

3. 设备区

冷库的设备区主要由制冷机房、变配电所和控制室等组成，在设备区中，居于重要地位的则是制冷机房。在平面布局中，制冷机房布置一般遵循如下设计要点：

1）宜靠近冷负荷最大的冷间及变配电房设置，以减少线路压降损失；规模较小的机房一般不作分隔，规模较大时，可按不同的情况分别设置主机房（用以布置制冷压缩机）、设备间（用以布置冷凝器、蒸发器等辅助设备）以及值班控制室和维修贮存室。

2）机房要有良好的通风采光条件，与主库可以分开或相接，设计时要考虑与主库之间的不同沉降，采取防止管道扭裂的措施。

3）机房应设置两个不相邻的出入口。

4）机房内主要通道的宽度不小于 1.5m，机房的净高应满足梁底距机组最高点的距离不小于 1.5m 的要求，机房的面积要依据选用的制冷设备而定，一般按冷库生产性建筑面积的 5% 左右考虑，常用制冷机布置形式为单列（4.5m）或双列式（机房宽度 7～9m）。

考虑环保等因素，目前冷库制冷机房主流制冷设备以氨制冷为主，氨压缩机房设计要点如下（图 3-12）：

图 3-12 设备区实景图

1) 氨压缩机房与配电机房毗邻时，需用耐火极限 4h 的防火墙隔开。
2) 氨压缩机房窗地比一般不小于 1/7，夏季阳光不得直射压缩机、设备和控制台。
3) 氨压缩机房内严禁使用电炉、煤炉取暖。
4) 采用氨制冷的冷库、管道及设备机房需与厂区外民用建筑保持不小于 150m 的距离；配备氨泄漏应急系统的不小于 60m，需位于下风口。

3.3.3 冷库建筑的设计原则及处理手法

为确保冷库建筑在全生命周期的建设和运营满足功能要求，并尽可能地节省建设及运营成本，需通过设计手段加以实现。

1. 冷库建筑设计原则

为更好地完成冷库建筑的设计目标，确保冷库建筑的隔热性、密封性、坚固性和抗冻性，需遵循如下原则：

1) 库房的布置应满足工艺流程要求，内部运输线路要短，避免迂回和交叉。
2) 冷间应按不同的设计温度分区、分层布置。
3) 建筑设计尽量减少外表面积、轮廓规则，建筑外围护结构颜色宜用浅色。
4) 建筑具备良好的保温隔热及隔汽防潮功效。
5) 制冷能力除满足库房最大需求外，还需要考虑装置可能产生的故障和维修。

2. 冷库建筑设计要点

冷库建筑在设计过程中，除遵循上述设计原则外，需对如下设计要点进行重点关注。

1) 库房区与穿堂区布置：在冷库设计中，库房区与穿堂区同属于核心地位，其他功能空间及附属用房灵活布置于穿堂或设备机房一侧，同时冷库库房与穿堂之间需设置门斗，冷库门需设置防冻措施，地面设置电热设施。
2) 冷藏间的布置：按藏品的特性及要求分间储存，有异味的藏品应单间储存，冻结物冷藏间宜采用大房间，储存水果、蔬菜和鲜蛋的冷却物冷藏间宜适当采用较小房间。
3) 满足功能分区及生产工艺要求：冷库建筑主要功能空间以冷藏间及穿堂为主，同时兼顾日常办公运营需求，要求在设计前期根据各功能区进行综合考虑。同时冷库建筑结构体除能满足日常承载力外，还需满足低温仓储及低温生产工艺的要求。
4) 较强的保温隔热功能：要求在设计阶段重点控制并尽量减少建筑外表面积，使平面规则整齐，以矩形为主。
5) 各类型物流运输设备的交通组织：要求在设计阶段，对建筑平面交通流线进行规划，避免空间浪费。
6) 严控门、窗、洞口数量：为减少冷库内外温度和湿度变化带来的影响，冷库库房一般不开窗；孔洞尽量少开，水、电等工艺要求的设备管道，尽量集中使用孔洞；库门作为库房货物进出的必要通道，在满足规范及使用功能的前提下，其数量应尽量减少。
7) 防"冷桥"的处理："冷桥"的出现，容易导致附近隔热层和构件的损坏；为防止上述情况发生，在设计及施工中，应减少冷桥的形成，出现冷桥的地方，需要及时处理。

3.3.4 冷库建筑竖向设计

冷库建筑的竖向设计，包含冷库的层数设计及层高设计两方面。

1. 冷库的层数设计

冷库的层数选取受用地情况、规模大小及结构形式等方面影响。在用地宽松的情况下，小型冷库及装配式冷库一般采用单层库形式，土建冷库、场地用地较为紧张的冷库，一般采用多层库形式，单层库与多层库的特点如表 3-19 所示。

单、多层库特点一览表　　　　　　　　表 3-19

单层库	多层库
占地面积大、冷库地坪防冻工程量大	占地面积小，外围护结构面积小、耗冷量小，隔热材料省
库房层高不受荷载限制，可充分利用竖向空间	库内层高受限于建筑材料性能，空间利用率较低
货物的重量直接承受在地基上，基础费用少，结构简单，施工速度快	总荷载大，施工复杂，土建价格高；多为现浇钢筋混凝土结构，施工周期长

2. 冷库的层高设计

冷库的建设规模影响建筑的层高设计，在具体设计中，冷库具体层高通常与规范、货架、设备及结构形式的选择有直接关系，并考虑建筑统一模数，层高基本要求如表 3-20 所示。

层高基本要求表　　　　　　　　表 3-20

项目	要求
规范	1)《冷库设计标准》GB 50072—2021 要求，建筑高度超过 24m 的装配式冷库之间及与周边其他高层建筑的防火间距均不应小于 15m。 2)《建筑设计防火规范》GB 50016—2014 要求，超过 24m 的非单层仓库及厂房为高层建筑，高层建筑防火分区及占地面积小于单层、多层建筑。 3)《建筑防烟排烟系统技术标准》GB 51251—2017 要求：建筑空间净高小于或等于 6m 的场所，其排烟量应按不小于 60m³/(h·m²) 计算，且取值不小于 150000m³/h，或设置有效面积不小于该房间建筑面积 2% 的自然排烟窗（口）。若公共建筑、工业建筑中空间净高大于 6m 的场所，其每个防烟分区排烟量应根据场所内的热释放速率等因素重新计算
设备	1) 货架：冷链骨干网项目常选用货架高度 2100mm，冷库冷藏间的库内净高计算公式为：货架高度×货架层数+1m。故单层冷库，冷藏间常见层高为 11m、15m、21m；多层冷库常见层高为 4.5～9.0m。 2) 叉车：叉车的型号决定首层穿堂、冷库库内净高及各类通行门洞高度。 3) 制冷设备：制冷机房的常用设备中安装要求最高的为冷凝蒸发撬块，分两种不同规格，安装高度为 6.5～7.0m，故制冷机房净高受其制约，需根据其规格进行层高设计
结构形式	1) 混凝土框架结构，对于大跨度、大空间建筑，不具备优势，经济性较低。 2) 钢结构对于大跨度、大空间建筑具备较大优势，且施工简便，精度较高，施工效率快

3. 不同类型库房竖向设计要点

现就混凝土冷库（图 3-13）及钢结构冷库（图 3-14）两种主流冷库，根据层高控制要点，对其竖向要求进行分析对比，如表 3-21 所示。

两种不同形式冷库竖向设计对比分析表　　　表 3-21

类型	建筑高度/层高	冷库/冷库门净高	穿堂高度
混凝土冷库	因混凝土框架结构对于大跨度、大空间的建筑不具备优势，经济性较低。故该类型库在冷链骨干网体系中的占比最小，面积较小，且多为 2 层，单层层高控制在 9m 左右	受钢筋混凝土材料性能影响，冷库跨度在 9m 以内，货架高度不超过 4 层，根据 N+1 原则，冷库净高控制在 9.0m 左右，冷库门净高控制在 3.0m 左右	受保温吊顶内设备管道影响（卷帘箱高 0.8m、吊顶板厚 0.1m、风管厚 0.6m），吊顶净高约 5m，首层穿堂净高约 6.5m
钢结构冷库	因钢结构对于大跨度、大空间建筑具备较大优势，故该类型库在冷库骨干网体系中占比最大。此类冷库货架高度一般不超过 7 层，决定该类型库的建筑高度控制在 18m 左右	根据《建筑设计防火规范》GB 50016—2014 要求，故冷库建筑高度控制在 24m 以下。同时，此系列冷库中货架高度不超过 7 层，根据 N+1 原则，冷库净高控制在 15m 左右，受高位叉车回缩高度的影响，冷库门净高不小于 5.5m	常温穿堂因无叉车运输需求，只需要保证空间宽敞，对层高无特殊要求。首层温控穿堂层因高位叉车回缩高度约 5.4m，同时受保温吊顶内设备管道影响（同上），吊顶净高约 6m，首层穿堂净高约 7.5m

通用规则：冷藏车车厢底离地高度在 1.0m 左右，为提升效率，穿堂与室外地面高差控制在 1.3m；制冷设备中，冷凝蒸发撬块安装高度最高，需要 6.5～7.0m；受设备型号不同的影响，冷库制冷机房净高需控制在 7.0～7.5m。

3.3.5 冷库建筑主要节点设计

冷库建筑在设计过程中，围护结构、内墙、地坪、保温隔热、隔汽防潮、冷库门及冷桥是其重要节点，直接影响冷库建筑的经济性及耐久性，在设计阶段需要重点关注。

1. 围护结构

冷库的围护结构可分为屋顶和外墙两大类：

1）屋顶

屋顶覆盖在建筑物的顶部，由围护构件和承重构件组成。屋顶的主要作用是防止阳光、雨、雪、风沙的侵袭，减少室外气候对室内的影响。创造满足使用要求的室内环境。

屋顶在设计时必须满足坚固耐久、防水、防火、保温、隔热、抵抗侵蚀等要求；并力求做到自重轻、构造简单、施工方便、就地取材、造价经济，同时兼顾美观和抗震要求。

冷库建筑的屋面根据建造材料分为钢结构屋面和土建屋面两种形式。其中钢结构屋面主要运用于冷库主体及穿堂区域，屋面形式以坡屋面为主；土建屋面主要运用于设备机房区域及土建冷库，屋面形式以平屋面为主。

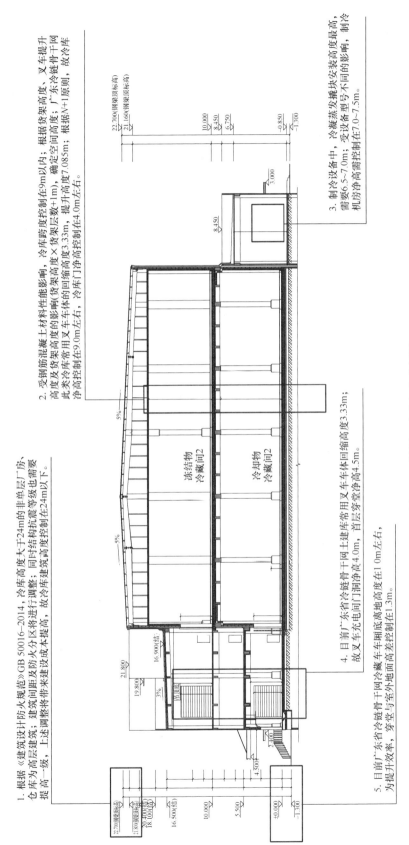

图 3-13 混凝土冷库竖向分析图

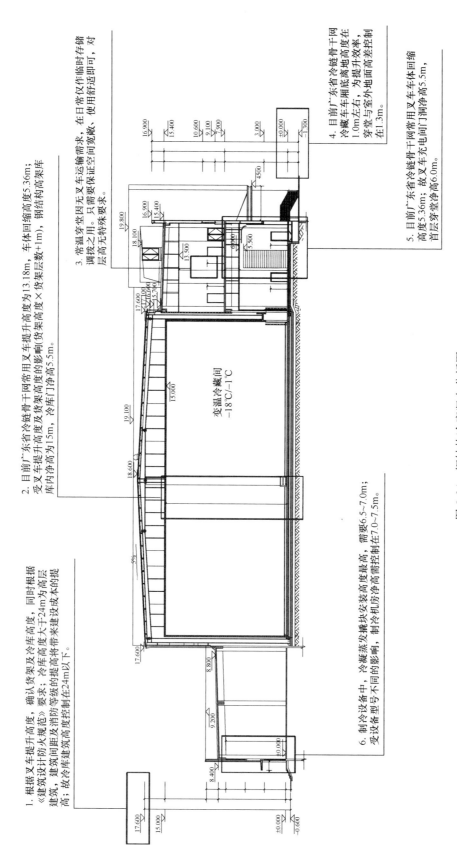

图3-14 钢结构冷库竖向分析图

为确保冷库及控温穿堂的保温效果,削弱太阳辐射对室内温度的影响,钢结构屋面常采用双层压型钢板复合保温屋面,内设一道防水层,配合钢板形成两道防水层,确保屋面防水效果(图3-15)。同时还需重点关注的是月台区域建筑层数在设计中通常设计为一层,其屋面常需预留支架布设制冷管道,为确保屋面耐久性及防水性,故在月台区域屋面,需增设一道TPO防水卷材层。

图3-15 坡屋面示意图(钢结构屋面)

制冷机房顶部需要布设蒸发式冷凝器及热回收器等设备,对屋面荷载要求较大,因此采用土建平屋面形式。

平屋面的防水设计,一方面要依靠严密的防水面层,另一方面也不能忽视排水的重要性(图3-16)。屋面必须有排水坡度(2%~3%);坡度较大时,可由屋面结构楼板构成;若坡度较小,则可用轻骨料找坡。

图3-16 平屋面示意图(土建屋面)

钢结构屋面与土建屋面合建示意如图 3-17 所示。

图 3-17　钢结构屋面与土建屋面合建示意图

根据目前最新规范要求，新建建筑屋面需要预设太阳能光伏板安装区域，故设计阶段在确保电气及防火安全的前提下，需要对其设备支座进行预留预埋及防水处理，结构专业需对光伏系统荷载进行复核。

在冷库屋面排水的处理上，通常设置檐沟聚集雨水，通过雨水斗、雨水管等装置排入室外明沟。雨水管设置，存在落水管内置与外置两种形式，需根据项目的具体情况进行选取。其中：

（1）内置雨水管能较好地确保外立面效果的完整性，抵御台风等极端天气的影响；但检修时易对室内造成一定影响，同时在其穿越保温地面时，对该处地坪的防水、保温需进行重点处理，施工较为复杂。

（2）外置雨水管方便后期的维修工作，节点处理较少，施工简便；但对外立面效果有一定影响，固定需牢靠，对台风等极端天气的影响应对能力较弱。

冷库屋顶的隔热处理分为：①在屋面板底设隔热材料顶棚；②库顶设阁楼层；③冷库屋面设置通风隔热层。在装配式冷库中，常选用屋面设隔热顶棚＋阁楼层的形式进行隔热处理。土建冷库多采用屋面设隔热顶棚＋屋面通风隔热层的形式进行隔热处理。

2）外墙

冷库墙体构造的基本要求：①隔热、保温；②隔汽、防潮；③结构坚固；④抗冻、耐久；⑤自重轻；⑥施工、维修简便。

冷库建筑的外墙分为预制钢板外墙和砌体外墙两种形式，其中预制钢板外墙主要运用于钢结构冷库主体及穿堂，砌体外墙主要运用于设备机房和土建冷库。

为确保冷库保温效果，钢结构冷库库房及穿堂区域外墙常采用预制双面彩钢聚氨酯夹芯板保温板拼贴或者双面彩钢聚氨酯夹芯板＋单层压型钢板外罩衣的形式，如图 3-18 所示。

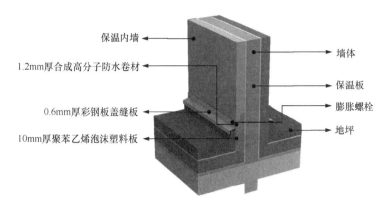

图 3-18　冷库外墙与楼板保温接槎部位常规做法

单层压型钢板外罩衣能有效地防止外界水汽等有害介质侵蚀，保护结构构件及库体保温材料。为削减太阳辐射对室内温度的影响，降低能耗，外墙板采用浅色系，同时依据刚架结构尺寸，外墙钢板与保温板之间存在 200～900mm 的空腔，可起到一定的隔热作用，故在投资许可的情况下，库房及穿堂区域外墙建议优先选用双面彩钢聚氨酯夹芯板＋单层压型钢板外罩衣的外墙形式。

冷库金属外墙板的布置形式，决定了墙檩条的布置，檩条的布置又与钢柱、钢梁有一定关系。冷库外墙钢板常见形式可分为横排与竖排两种。相较于横纹压型钢板，竖纹压型钢的外立面效果较差，但是可以减少竖线檩条的布设且防水效果较好。因此，在考虑外立面效果的前提下，采用横排布置，若考虑经济性则选用竖排布置。

砌体外墙常见砌体材料为蒸压加气混凝土砌块及烧结页岩多孔砖，外墙装饰常使用真石漆、涂料及面砖。加工车间的外墙，需要设置外墙保温系统，对外墙的抹灰的抗裂性提出较高要求。为确保冷库外立面效果的一致性，在冷库制冷机房的砌体墙上，常设置与冷库外墙同规格压型钢板，需要额外设置檩条固定压型钢板。

在制冷机房砌体墙与冷库压型钢板外墙的交接处，高低跨区域需要重点关注，根据需要可设置变形缝，同步对防水进行加强处理，具体如图 3-19 所示。

2. 内墙

冷库建筑内隔墙用于冷库内部分隔房间以及穿堂，不承受任何外加荷载，要求其具备以下特性：①自重尽可能轻；②厚度尽可能小；③易于拆除又不损坏其他部位。

内隔墙材质以砌体材料及防火板为主。其中，砌体内墙用于冷库楼梯间、设备区各功能用房布设区域。防火板用于月台/穿堂区域各功能用房分隔及冷库各库房之间分隔。

在土建冷库中，在低温潮湿环境下为确保保温材料的功效，内部隔墙材料选用防水性能较好的烧结多孔砖（非黏土）。

冷库的冷藏间、冻结间、冰库等不高于 0℃ 房间的承重墙砖砌体应采用强度等级不低于 MU20 的烧结普通砖，非承重墙砖砌体应采用 MU10 的烧结普通砖，并应采用强度等级不

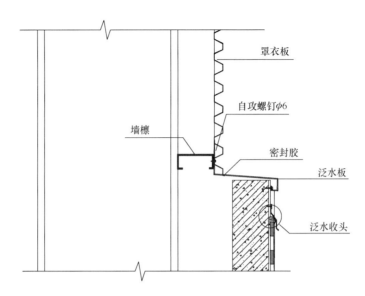

图 3-19　冷库外墙高低屋面变形缝示意图

低于 M7.5 的水泥砂浆砌筑和抹面。同时，若加工车间后期有规划需要改建成冷库，在设计阶段则需提前将加工车间墙体砌筑材料依据上述标准进行调整。

钢结构库的库内分隔墙，需要在设置纤维增强硅酸盐板防火墙的基础上，再在防火墙两侧各设置一道保温内隔墙，确保库内保温完整性。

3. 地坪

冷库建筑的地坪根据不同功能空间分为如下三类：

1）耐磨地坪：主要运用于冷藏库及穿堂区，重点考虑耐磨性、平整度及冷藏间防冻胀处理。

（1）耐磨性方面，常见地坪形式有钢纤维混凝土耐磨地面、配筋钢纤维混凝土＋耐磨骨料＋固化剂与环氧耐磨地坪漆地面；权衡耐久性及经济性，选用钢纤维混凝土耐磨地面。

（2）为确保高位叉车通行及日常运行需求，有高位叉车通行需求的房间需设置超平耐磨地坪，地坪平整度需控制在 3mm/3m。

（3）在地坪防冻胀方面，常规处理为地坪架空防冻、地坪通风防冻、地坪敷设热源防冻，具体特点如表 3-22 所示。综合考虑建筑成本及防冻胀效果，常规选用地坪敷设热源防冻的处理形式。

各类地坪防冻胀处理特点一览表　　　　表 3-22

类型	特点
地坪架空防冻	1）将冷库地坪架空，在架空板上做隔热层，利用空气间层将冷库地坪与基土隔开，使冷库冷量不直接传导于基土，不再引起地面下的土壤冻鼓。 2）主要分为高架空地坪和低架空地坪两大类，其中高架空地坪即在冷库首层下部设置地下室，地下室作控温和其他用途；低架空地坪则是利用梁板系统或地垄墙将首层地坪托起。 3）架空防冻措施仍然要注意当空气间层温度过低时，仍能导致基土产生冻害，同时，设置地垄墙半架空时，要注意排水设施通畅

续表

类型	特点
地坪通风防冻	1）在冷库地坪中埋设通风管进行自然或机械通风，地坪传出的冷量由通风管中流动的空气散发，称为通风防冻。管道以水泥管和缸瓦管为主。 2）自然通风地坪：依靠室外空气为热源，在热压和风压的作用下，通过通风管道时将热量进行补充，使冷库保温层下部温度保持在0℃以上，选用此做法时，尽量保持通风管与夏季主导风向一致。自然通风管长度不得超过30m，风间间距以800～1000mm为宜。 3）机械通风地坪：在采暖季节将蒸汽送入通风管道，来提高冷库保温层下部温度；在其他时期则是将室外空气送入通风管道，设计时将通风机房设置于易管理的地方，一般用于大型冷库
地坪敷设热源防冻	在冷库地坪保温层的基层中敷设各种热源，以达到基土防冻的目的（例如：电热丝、油管、乙二醇不冻液、丙二醇地坪加热系统等），此类防冻胀方式在施工阶段需注意管道的密闭

2）不发火地坪：主要运用于叉车充电间及制冷机房。常用骨料为以碳酸钙为主要成分的白云石和石灰石。

3）防静电地坪：主要运用于高低压配电室、控制室及维修室。常规做法为防静电砂浆地坪、防静电架空地坪。

在冷库的地坪设计中，为确保冷库保温性能的稳定性、减少地下水及湿气对保温材料的侵蚀，在冷库及月台区域的地坪需要设置防水层及隔汽层。常规做法为：3mm厚SBS聚合物改性沥青防水卷材＋0.3mm厚PE膜隔汽层；在隔汽需求较高的冷库，可用一道SBS防水卷材替代PE膜隔汽层，具体如图3-20、图3-21所示。

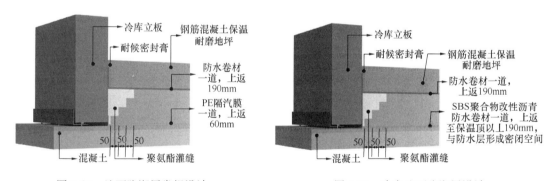

图3-20　地面防潮层常规设计　　　　图3-21　冷库地面防潮层设计

4. 保温隔热

冷库隔热对维持库内温度的稳定，降低冷库热负荷、节约能耗及保证冷藏物品储存质量有着重要作用；冷库的墙体、底板、屋盖及楼板均应做隔热处理。合理的隔热防潮设计方案不仅可减少项目前期投资费用，更可降低项目后期运行和维护成本，同时对保障贮藏食品品质、提高企业效益收入均有突出作用。

楼面隔热层的敷设有两种方式：一种是将隔热材料铺设在楼板上面；另一种是将隔热材料反贴在楼板下面，具体敷设方式需根据温度情况确定。隔热层敷设在楼板面上时，施工比较方便，但是必须在隔热层上再做一层钢筋混凝土保护层，同时要求隔热材料有一定的耐压力以传递荷载。

1) 隔热层设计要求

（1）冷间的墙、顶、地面的隔热层应连续，不能产生间隙和缝隙，避免出现冷桥，使冷气从室内跑出。

（2）隔热层要有足够的厚度，确保高温表面不结露。

（3）隔热层本身应具有良好的防潮能力，隔热材料宜选用热导率小、难燃或不燃烧、温度变形系数小的材料。

（4）隔热层应牢固地固定在围护结构上，并能防止鼠、虫侵害，地面、楼面采用的隔热材料，其抗压强度不小于 0.25MPa。

（5）当围护结构两侧设计温差大于或等于 5℃时，在温度较高一侧应增设隔汽层，且隔汽层应连续。

（6）选用不散发有毒或异味等对食品有污染的物质。

2) 隔热材料选用原则

目前国内冷库形式主要分为土建冷库和装配式冷库两种（图 3-22～图 3-25），土建冷库主要保温材料有：喷涂聚氨酯（PU）、挤塑聚苯板（XPS）、聚苯乙烯保温板（EPS）等。装配式冷库保温材料采用双面彩钢聚氨酯夹芯板，地面多采用高抗压的挤塑聚苯板等。

图 3-22　双面彩钢聚氨酯夹芯板示意图

图 3-23　岩棉彩钢夹芯板示意图

图 3-24　现场喷聚氨酯示意图

图 3-25　XPS 挤塑聚苯板示意图

隔热材料的选用应遵循如下原则：

(1) 应考虑冷库建筑方案、隔热要求、隔热材料性能和来源以及经济指标等因素。

(2) 要求隔热材料具有热导率小、轻质价廉、抗湿抗冻、安全无毒、环保、坚固耐压、消防耐用等性能。

(3) 良好的抗腐蚀性、抗虫蛀，不滋生其他细菌，易于安装施工和拆修。

3) 隔热层设计要点

为满足冷库保温设计的控制要求，同时尽可能地控制项目保温造价，应从以下4个方面进行考虑，具体设计要点如表3-23所示。

隔热层设计要点 表3-23

序号	冷库保温隔热设计主要控制点
1	相同制冷控制要求的库房尽量放置在一起，减少保温措施设置
2	低温库房尽量放置在底层，减少温差，减少保温要求
3	冷热桥的处理控制范围，不应小于1m
4	不同保温材料的搭接、吊顶材料的选择、钢柱及保温门的包边处理

5. 隔汽防潮

良好的隔汽防潮处理对保证围护结构的隔热性能起到至关重要的作用。如果隔汽防潮层施工不当，导致水蒸气和水分不断渗入隔热层，使隔热材料受潮，热导率增大，隔热性能显著降低，严重时会使冷库结构或构件结霜、结冰，降低冷库使用寿命。

为确保冷库建筑的隔汽防潮性能，在设计阶段，需重点对隔汽防潮材料的设置区域及敷设手法进行重点控制，其设计要点如表3-24所示。

防潮隔汽设计要点 表3-24

序号	设计要点
1	当围护结构两侧设计温差大于或等于5℃时，应在保温隔热层温度较高的一侧设置隔汽层。低温侧比较潮湿的地方，外墙和内隔墙隔热层的两侧宜设隔汽防潮层
2	冷却间或冻结间隔墙的保温隔热层两侧均应做隔汽层。内隔墙隔热层底部应设防潮层
3	装配式冷库轻质复合夹芯板的拼装应采取可靠措施保证板缝拼紧、密实和隔汽层的连续
4	外墙的隔汽层应与地面保温隔热层上、下的防水层和隔汽层搭接
5	楼面、地面的保温隔热层上下及四周应做防水层或隔汽层，且楼面、地面保温隔热层的防水层或隔汽层应全封闭
6	南方地区的冷库应在外墙隔热层的高温一侧布置隔汽防潮层。围护结构冷热面可能发生变化时，外墙隔热层的两侧均应设隔汽防潮层
7	做好防水、排水处理

冷库常用防潮隔汽材料有石油沥青、油毡、沥青防水塑料和聚乙烯塑料薄膜等。冷库隔热材料应选择蒸气渗透阻大（即蒸气渗透率小）、密度小、韧性好的材料，便于施工和保证施工质量，具体如图3-26所示。

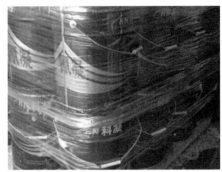

图 3-26　防潮隔汽材料

6. 冷库门

1）冷库门（图 3-27）作为沟通及分隔冷库仓储区与月台区的重要设施，其基本要求如下：

图 3-27　冷库门实景图

（1）具有良好的隔热性能、气密性能，减少冷量损失。

（2）轻便，启闭灵活，具有一定强度，防冲撞。

（3）设有防冻结和防结露设施。

（4）设置应急安全灯及操作人员被误锁库房内的呼救信号设备和自开设备。

（5）门洞尺寸满足使用，方便装卸作业，同时减少开门时外界热量和湿气侵入。

(6) 能有效地防止产生"冷桥"。

2) 冷库门结构：钢木骨架铁皮门由钢板面层＋聚苯乙烯隔热层＋钢木骨架组成。

3) 冷库门的基本形式有以下几种：

(1) 按开启方式不同分为平开冷库门和冷库推拉门。

(2) 按照启闭动力可分为手动式、电动式和气动式。

4) 冷库开门防冷量损失的措施有以下三种：

(1) 在冷库门内侧设门斗和门帘；

(2) 在冷库门上方设置空气幕；

(3) 设置定温穿堂和封闭式站台，并在站台装卸口设置保温滑开门、站台高度调节板、密闭软接头等。

5) 压力平衡窗的设置：当冷房从高温降到低温时室内压力因空气冷却而降低，会因冷库室外压力高导致冷房保温层内陷变形，同时因内外压力不等还会导致冷房门打开困难。为平衡冷库内外压力，确保库门自如开关，一般于冷库门附近 1m 左右区域设置压力平衡窗（距地高度在 4.5m 左右）。

7. "冷桥"的处理

"冷桥"主要指在建筑物外围护结构与外界进行热量传导时，由于维护结构中的某些部位的传热系数明显大于其他部位，使得热量集中地从这些部位快速传递，从而增大建筑物的空调、采暖负荷和能耗。

"冷桥"对于建筑物有着破坏作用，会造成房间的耗冷量增加，浪费供冷的能源；在高温侧有凝结水，影响隔热材料的隔热性能，同时影响高温侧房间的使用。要避免这些情况，就要尽量减少冷桥的数量和面积，对不可避免的冷桥，要用保温材料进行包裹。

1) 易发生"冷桥"部位

(1) 钢柱与基础混凝土接触部位。

(2) 墙板和屋面板接触部位。

(3) 墙板和地梁接触部位。

(4) 墙板与屋面板螺栓固定位置。

(5) 出屋面和墙面的管线部位。

2) 处理措施（表 3-25）

(1) 冷库底层柱子的下段在离地面 1.5m 范围内，一律包隔热材料，并在隔热材料外围作保护措施，以防货物碰撞。当上下层（包括阁楼层）库房温差在 5℃ 以上时，除楼板应做隔热层外，楼上柱子下段在离楼面 1.5m 范围内，需做隔热处理。

(2) 同一层内，当相邻两库房温差在 5℃ 以上时，其间隔墙与楼地面隔热材料连通。间隔墙顶部应在库温较高一侧顶板底距离间隔墙面 1.2m 的范围内做隔热带。

(3) 冷库建筑如采用从屋架上设吊筋拉结阁楼层梁板的结构方案，则吊筋应采用镀锌圆钢以防锈蚀，并设硬木绝缘块。多层冷库的各层楼板与外墙的锚系构件也应采用镀锌圆钢，外包隔热材料。

（4）预留墙洞四周做好防潮层，待管道安装后用软木碎拌沥青填实。

（5）冻结间冲霜排水管应做好保温措施，排水管与冷风机下的钢板水盘接口做到严密不渗漏，排水管的地下部分或经过高温库部分，须外包隔热防潮材料直至外墙为止。

（6）钢柱与基础混凝土接触部位：钢柱吊装前，在柱脚下放置 250mm 厚聚氨酯垫块，使钢柱和混凝土隔开。

冷桥通用节点做法一览表　　　　　　　　表 3-25

序号	部位	详图
1	钢结构穿墙节点	（聚氨酯现场发泡、聚氨酯密封胶、冷库专用隔汽膜、钢结构、100mm 厚保温、聚氨酯密封胶）
2	金属管道穿墙节点	（聚氨酯现场发泡、聚氨酯密封胶、冷库专用隔汽膜、金属管道、100mm 厚保温、聚氨酯密封胶）
3	电缆穿墙节点	（管道保温板、隔汽密封胶、冷库专用隔汽膜、电缆、岩棉隔离带、厚型镀锌钢管喷薄型防火涂料、双面彩钢夹芯保温板）

续表

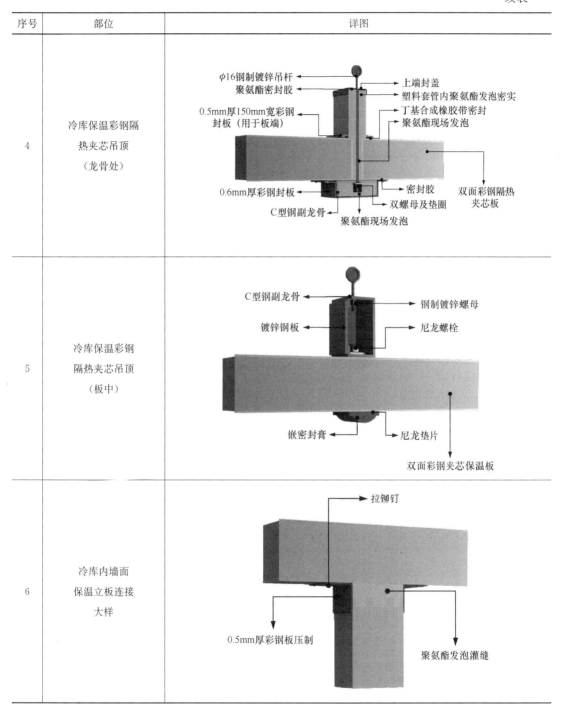

3.4 结构设计

结构设计方案选择是否合理、设计是否过度对项目经济性及结构的安全性、耐久性等方面均起到重要作用，具有重要意义。且冷库的功能性较为单一，对美观性要求亦不高，在冷库设计中应采用更高效的结构原则：明晰性（优先选择力学概念简单清晰的合理结构体系）、高效性（合理的结构即是将适宜的材料予以最大效能地利用）、创新性（实现明晰和高效率的途径）等。

本节结合建筑结构设计的一般流程及要求，从荷载取值、地下基础设计、地上建筑方案以及关键节点设计等四个方面讲述冷链建筑结构的关键设计要求。

3.4.1 荷载分析与取值

建筑物在使用和施工过程中所受到的各种外力称为荷载，合理准确地确定荷载是做好结构设计的第一步。施加在建筑结构上的荷载可分为两大类：直接以力的形式加在结构上的，如房屋建筑的自重、各种设备和人群的重量、风力等，这种类型的荷载称为直接作用荷载；另一类是各类变形因素，如温度变化、材料收缩、地震冲击波、基础下沉等使结构产生内应力，称为间接作用荷载。结构荷载按作用性质的不同分类，可分为永久荷载（恒荷载）、可变荷载（活荷载）、偶然荷载三种。对冷库而言，结构楼面永久荷载包括结构自重、建筑装饰、货架自重和保温悬挂荷载等，可变荷载包括使用荷载、设备荷载、货物堆载和风荷载等，偶然荷载主要指地震荷载。

冷库不包括结构自重的恒载，一般恒载的取值在装饰要求、功能要求明确后基本不会存在较大异议；但建筑使用功能变化对活荷载取值的准确性具有很大影响，且其值变化幅度较大。活荷载的取值准确与否，不仅会直接影响到结构构件的尺寸规格，进而影响到建筑使用的舒适性、经济性，甚至关系到建筑的安全性。

结合冷链项目建筑结构设计要求，一般活荷载可按《建筑结构荷载规范》GB 50009—2012取值，常规商业、办公室、公寓等功能区域活荷载均可直接按规范要求取值，但对于加工车间、库房、机房等区域，由于其荷载作用值与使用情况均有较大变化，建议根据《冷库设计标准》GB 50072—2021、建设方使用规格书等条件进行复核、计算。且建筑荷载控制项主要集中在冷库、挡土墙两个方面，其对建筑的结构基础选择、建筑整体含钢量、挡土构件选择等具有较大影响。本节从规范要求、使用情况等方面进行描述，结合《冷库设计标准》GB 50072—2021、《建筑结构荷载规范》GB 50009—2012相关要求，介绍荷载设计要求。

1. 冷库活荷载的取值

一般情况下，冷库荷载应按《冷库设计标准》GB 50072—2021相关要求进行取值计算，特别应注意荷载取值相关要求。设计验算开始前，应仔细分析使用功能需求，分析是否可直接套用荷载规范取值，对不符合规范取值要求时应注意荷载取值计算。

对冷库而言，其使用荷载计算与冷库货物存储要求、机械设备使用要求等相关。采用堆载方式存储的冷库活荷载主要是与其堆载高度、货物种类相关，采用货架方式存储的冷库活荷载与货架高度、储存货物种类相关。对于不满足规范取值要求的情况时，应根据具体情况进行荷载取值计算。

根据《冷库设计标准》GB 50072—2021第5.2.1条，采用直接码垛货物方式存储的冷库，其楼、地面等效均布荷载标准值和准永久值系数可根据房间用途按表3-26取值。

荷载取值参数表　　　　　　　　　　表3-26

序号	房间名称	荷载标准值（kN/m²）	准永久值系数
1	人行楼梯间	3.5	0.3
2	穿堂、站台、收发货间	15.0	0.6
3	冷却间、冻结间	15.0	0.4
4	冷却物冷藏间	15.0	0.8
5	冻结物冷藏间	20.0	0.8
6	制冰池	20.0	0.8
7	冰库	$9h$	0.8
8	专用于装隔热材料的阁楼	1.5	0.8
9	电梯机房	7.0	0.8

注：表中h为堆冰高度（m）。

表3-26适用于货物码垛高度不大于5m的冷库，其中2～7项为等效均布活荷载标准值，3～5项已包括1t叉车的运行荷载，第4、5项的码垛货物高度不大于2.5m或货物密度超过400kg/m³（如冰蛋、冻分割肉等）时，其楼面荷载应根据实际码垛货物密度及高度计算确定。

对于采用货架储存货物的冷库楼、地面，其均布活荷载标准值应根据货架层数和货物密度按实际情况取值计算，下面以肉类冷冻间荷载取值为例进行说明。某猪肉冷冻冷藏间，层高9.2m，净高为7m，堆货高度按不大于6.5m控制，猪肉容重按650kg/m³计算。

托盘尺寸1200mm×1000mm，托盘利用率按100%考虑，单托盘重量限制要求按≤1000kg控制。

一般货架货格单元尺寸(长、宽、高)3200×1100×(1425～1725)mm³，货架存储单元尺寸(长、宽、高)1250×1200×(1225～1525)mm³。

货架堆高层数为4层(6.5/1.5=4.5)，每个货架存储单元存两托盘货物，则冷库地面活荷载标准值按货架单元面积计算为(未含货架自重)：

$$4\times2\times1000/(3.2\times1.2)=2083\text{kg/m}^2\approx21\text{kN/m}^2$$

根据市场调研，货架自重约为2kN/m²，则综合考虑货架区活荷载标准值为21kN/m²，恒荷载标准值为8kN/m²。需注意的是恒载为考虑地面装修荷载，对货架和顶棚悬挂等恒载，设计计算时需另外考虑。

在设计中考虑结构荷载时宜注意以下三个方面：

1) 对采用普通散堆码垛货物的冷库，无论是人工还是叉车码垛，货物堆放高度宜设置为3.6m，货物距排管底部不小于300mm，库房净高宜按不小于4.4m考虑。

2) 针对业主使用不明确的冷库，设计时楼面活载取值，应注明相应的货物堆放高度及货物的密度要求，明确使用要求。

3）对于业主有明确使用要求的冷库，设计时应充分考虑通风、冷凝要求，按实际最大堆货高度控制货物高度计算结构荷载。

综合项目设计经验，建议根据不同使用功能需求下的空间净高选择荷载标准，如表3-27所示。

不同净高下设计荷载参考表　　　　　　　　　　表3-27

净高（m）	房间名称	荷载标准值（kN/m^2）	准永久值系数
4.5	垛堆冷库	15.0	0.8
5.0	垛堆冷库	15.0	0.8
5.5	垛堆冷库	20.0	0.8
5.0	货架冷库	15.0	0.8
5.5	货架冷库	20.0	0.8
6.0	货架冷库	20.0	0.8
6.5	货架冷库	25.0	0.8
7.0	货架冷库	25.0	0.8
7.5	货架冷库	30.0	0.8
8.0	货架冷库	30.0	0.8

2. 温度荷载

冷库由于仓储需求，通常采用大跨度结构或超长结构，故在进行结构设计时，按规范要求应考虑温度荷载对结构造成的影响。考虑冷库特点，一般设计时应考虑的温度应力主要分为6种：

1）施工过程中由于现浇混凝土水化放热，凝固收缩时的应力对结构产生的影响。

2）冷库的使用过程中，冷库的温度及室外的温度差异所产生的温度应力对结构构件产生的影响。

3）对于温度荷载，减少温度荷载影响采取最有效的应对措施是"释放"，即采取一定的结构构造措施，释放温度荷载产生的次应力，一般对于超长结构可以采用设置变形缝、后浇带等应对措施，大跨结构还可以考虑设置滑动支座等措施。但对于一些难以采用"释放"应力的设计方案，尚应采取"抗"的设计理念，增强结构刚度，抵抗温度荷载对结构影响，具体指进行合理的温度应力计算、分析，针对温度荷载所产生较大次应力的部位，即外部影响较大的区位，采用增配温度钢筋、增大结构截面等措施，抵消温度荷载对结构构件的影响。

4）冷间结构温度应力是客观存在的，经多年调查观测，其最常发生裂缝的部位在冷间外墙四角及檐口，及顶层与底层混凝土墙、柱的上下两端。因此按照改善支承条件，减少内外结构相互影响的原则，采取将屋面板适当分块，阁楼屋面采用装配式结构，底层采用混凝土预制梁板架空层，合理布置混凝土抗震墙等措施，可使温度应力显著减少，特别是阁楼层柱顶采用铰接时，可以消除柱端弯矩。

5）冷库结构设计时，屋面采用装配式结构时应特别注意做好屋面防水处理，避免温度裂缝造成屋面开裂渗漏等问题；同时应加强冷间楼板构造设计，提高楼板最小配筋率要求，即现浇钢筋混凝土板每个方向全截面最小温度配筋率不应小于0.3%。

6）对于温度钢筋的配置，可采用两种方式：一种是采用受力钢筋拉通，采用这种配筋方式有利于钢筋受力，进而有利于温度裂缝的控制；一种是采用温度钢筋分开配置，采用这种配筋方式有利于总含钢量的配置，有利于保证结构经济性。

3. 挡土墙荷载取值

1）边坡设计时一般先根据周边情况列举可行的设计方案，然后根据设计荷载细化设计方案，最后根据设计方案进行经济比选，确定可行的边坡挡土墙设计。故挡土墙荷载取值关系到边坡设计安全性、经济性，对挡土墙处理方案的确定也起到关键的决策作用，本小节对挡土墙的荷载选择原则及依据进行详细说明。

2）挡土墙荷载主要考虑恒、活载两部分，对于地震区的永久挡土墙，尚应按规范考虑地震作用。恒载主要指有水、土产生的挡墙压力，活载则是指挡土墙顶部由于施工、堆载或路面车辆引起的附加可变荷载。恒载主要计算方式有朗肯土压力与库伦土压力，对主动土压力一般采用朗肯土压力计算，对于被动土压力则采用库伦土压力计算，计算时应注意对砂、圆砾等非黏性土采取水土分算分析，对黏土、粉土等黏性土应采用水土合算分析。恒载对于场地及边坡高度确定的情况下是一定的，一般按规范要求计算即可；但对于可变活荷载，对不同场地、不同使用环境，其取值存在较大差异，需进行仔细分析，确保可变荷载取值合理、可靠。

3）根据前段对可变荷载产生原因的描述，可知可变荷载主要可分为两类：一类是由施工或使用过程中在边坡顶部进行堆载所产生的附加荷载；另一类是由施工或使用过程中车辆行驶产生的附加荷载。对于第一类应仔细分析在施工或后期使用过程中分析管理的可执行性，细分堆载区域及大小，该部分对于堆载明确后的情况，其取值可以根据堆载材料、堆载高度、堆载范围等进行计算，不会存在太大差异；但对于第二类，由于施工道路或永久道路使用情况存在较大差异，且由于车辆荷载不同于常规使用荷载，需进行换算转换为均布荷载后才可进行分析计算。

4）冷链项目将施工道路与园区永久道路合建，施工堆载与车辆荷载不同时考虑，取大值计算，一般车辆荷载通常按消防车荷载进行考虑，但如施工过程中有特种超重车辆通过时，需另进行复核。冷链物流产业园多为多层混凝土框架和门式钢架建筑，消防车可按整车为50t规格进行计算分析，计算时应考虑车辆并行最大自重。具体计算如下：

$$Q_k = \Sigma G/(B_0 + L_0)$$

式中：Q_k——上部等效代换荷载（kPa）；

B_0——破坏棱体的宽度，$B_0 = H(m_2 + \tan\theta)$；

H——挡土墙挡土高度；

m_2——挡土墙墙背坡度；俯斜为正，仰斜为负，直立为零；

θ——破坏面与垂直面的夹角；

L_0——车辆或堆载的扩散长度，$L_0=L_a+(2\times h_p+H)\tan 30°$；

L_a——车辆前后轴的轴距或堆载沿挡土墙方向的长度；

h_p——挡土墙墙顶边坡高度；

$\sum G$——布置在（B_0+L_0）范围内的堆载或车轮重力。

B_0、L_0 的确定是进行荷载换算的关键，通常设计时考虑安全性需要，将 B_0、L_0 直接定义为荷载的投影面积，将车辆荷载直接定义为投影范围内的等效均布荷载。采取这种方式既便于实际操作，又保证边坡稳定，工程经验大多按该方法推行。

5）施工堆载经换算之后，大于 $10kN/m^2$ 时按实考虑，小于 $10kN/m^2$ 时，考虑到现场的偶然因素，通常按 $10kN/m^2$ 进行取值。荷载分析时，应根据具体使用情况，对道路进行分级分析，不可简单按最大荷载值进行分析。

6）当园区内挡土墙与道路之间存在一定间距时，应按实际情况分析荷载位置，按道路位置考虑设计荷载，同时可优先进行放坡，再做挡土墙。此时挡土墙顶面以上部分土体需按堆载进行换算或将挡土墙的设计高度计算至放坡顶面标高，上部土体按堆载换算时需按恒载考虑。

如图 3-28 所示，上部附加荷载通过竖向作用力传递至墙背土层，从而增加墙背水平推力，对挡土墙设计产生影响。附加竖向荷载越大，对墙背的水平推力越大，荷载位置越靠近挡土墙一侧，其产生的附加弯矩越大，从而导致挡土墙的设计厚度会增加。

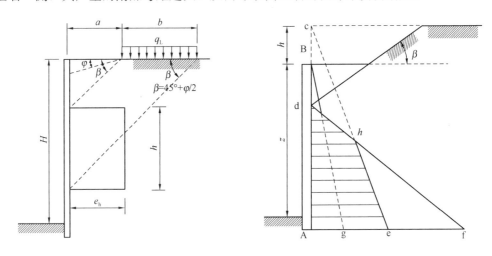

图 3-28 上部附加荷载产生的局部附加侧向压力简图

3.4.2 地下结构设计

地下结构设计是结构分析的重要部分，其对工程造价、工程进度等均会产生重要影响，合适的设计方案不仅会降低工程造价，并且会大大提升施工效率，为项目履约、项目造价提供可靠的技术支撑。因此，地下结构设计也是建设方、总包方的重点关注环节，包含基础及地下室结构,它是保证项目功能所必需的工程设计。

基础设计是根据地质情况进行分析,结合地区经验及可调配的机械选型,针对桩基方案进行比选,根据比选结果最终选择可行的设计方案。本小节将针对基础设计,结合项目地质情况、施工需求等方面介绍地下结构设计要点。

任何结构设计中,其建筑物的上部荷载(包括自重、使用荷载)最终将通过基础传给地基,可靠的基础设计是结构设计中的关键一环。

地基分为天然地基及处理后的人工地基。天然地基上的基础,依其埋置的深浅,可分为浅基础和深基础两大类。大多数建筑物基础的埋深不会很大,通常不大于5m,可以用普通开挖基坑和敞坑排水的方法修建,这类基础称为浅基础。有时,根据各方面的方案比较,需要将基础埋置到较深的坚实地层上,此时,要采用某些特殊的施工手段和相应的某些基础形式来修建,如桩基、沉井和地下连续墙等,这样的基础称为深基础。

此章节主要阐述冷链项目常用的基础方案,比较常用的有天然地基中的几类:浅基础中的独立基础、筏板基础以及深基础中的管桩基础、灌注桩基础。一般来说,天然地基上的浅基础往往比桩基础经济得多,因此,在保证建筑物的安全和正常使用的前提下,通常优先选用浅基础。

根据不同的场地条件,采取不同的基础形式,以上四种基础形式比选如表3-28所示。

基础形式比选 表3-28

基础类型		特点	适用范围
浅基础	独立基础	承载力低,要求土质承载力较高,建造成本低,施工周期短	适用于上部竖向荷载较小的建筑,持力层通常为土质较好的黏性土、砂土、风化岩层,持力层的埋深不超过5m,不能用于素填土、淤泥质土较厚的地基
	筏板基础	承载力较低,要求土质承载力较高,建造成本一般,施工周期短	适用于上部竖向荷载较大而柱间距相对较小且独立基础不能满足设计要求的建筑;当建筑物有地下室时;地下室结构的持力层埋深不超过5m;其余适用条件同独立基础
深基础	管桩基础	承载力高,建造成本较高,施工周期较短	适用于上部荷载很大的建筑,且浅基础无法适用时。持力层埋藏较深,桩端持力层通常为坚硬岩层,持力层以上的土层通常为较松软的黏性土、砂土、素填土、淤泥质土
	灌注桩基础	承载力高,建造成本高,施工周期长,适用范围较广	适用于地质条件复杂、持力层埋藏较深的情况,可承受较大上部荷载,除适用管桩的所有应用范围,还可用于土体存在碎石夹层、大块孤石以及起伏较大的灰岩地质

以广东地区为例,广东地区岩土层相对较复杂,具有多种类型的侵入岩,其中最多的就是酸性花岗岩。花岗岩地区经常存在风化差异,尤其在一些山区,会导致土体中夹杂较多的孤石。隐伏于地下的孤石,对桩基础的影响很大,尤其是预应力管桩的施工。

通常情况下,当地勘探明场地中存在孤石时,一般不建议采用管桩设计,但有时业主及总包方考虑到造价及工期因素,会希望采用管桩设计。那么此时就需具体分析以及采取一些有效措施来保证管桩的实施：

1）首先要探明周边已完成项目采用的桩型，如周边项目采用了管桩施工，说明管桩施工存在一定的可行性。

2）地勘要根据桩位布点，增加超前钻孔，探明孤石、块石对桩影响的占比，占比超过20%将不建议采用管桩施工，小于20%时且根据钻孔情况，初步判定孤石、块石粒径不大（小于80cm），可采用管桩设计。

3）管桩施工前需进行预引孔以减少管桩沉桩的难度。

4）个别无法引孔成功的，又无法沉桩至设计持力层的，须放弃该桩，调整桩位及承台，在新的位置重新补桩。

3.4.3 地上结构设计

1. 上部结构选型分析

冷链物流园项目属于工业厂房，其上部结构采用的结构形式与常规厂房项目的结构形式基本一致，常用的结构形式为框架混凝土结构、门式钢架结构、钢框架结构，具体的选用除满足结构计算要求之外，还与业主需求、规划指标、装配率要求息息相关。冷链物流园项目通常有冷库、加工车间、综合楼等功能性建筑，个别项目还会有常温仓库。从经济性来考虑，结构选型首选框架混凝土结构，当框架混凝土结构不能够满足要求的情况下，才采用门式钢架结构。以下列出了三种需采用门式钢架结构的情况：

1）有装配式率要求时。

2）因建筑功能要求，如需叉车装卸货物时，需在库中布置大跨度、大空间而采用混凝土结构难以做到时。

3）受跨度影响及层高限制，混凝土结构梁高度无法满足要求时。

混凝土结构，根据梁板的布置情况，结构平面布置体系有双次梁结构、单次梁结构、十字梁结构、井字梁结构、主梁+大板结构、无梁楼盖结构。根据以往经验，通常情况下，各结构体系的经济性如下：单向双次梁＞井字梁＞单次梁＞大板（加腋）＞无梁楼盖。随着荷载的增大，双次梁结构与井字梁结构的经济性会趋于接近。

当采用混凝土结构时，冷库受建筑高度影响，通常采用无梁楼盖体系，无梁楼盖在冷库中的应用，既节省建筑的竖向空间，又能方便制冷管道在楼板下的布置；常温库的荷载较大，考虑到尽可能地增加货物的储藏空间，又兼顾经济性要求，通常会采用井字梁或单向双次梁结构，但是井字梁相对单向双次梁结构，能稍微降低主梁高度，增大梁底空间；加工车间荷载大小一般，考虑经济性，通常会采用单向双次梁结构；综合楼荷载较小，通常跨度在8m左右，考虑到建筑功能的分隔，通常沿分隔墙体布置单次梁。

根据以上的布置分析，冷链物流园的主体结构的经济指标可参考表3-29。

2. 冷库首层地坪设计

首层地坪通常有两种做法：一种是设置首层结构楼板，首层仓库荷载作用于一层梁板，梁板导荷给竖向构件，再由竖向构件传递给建筑基础；另一种是首层不设置结构楼板，仅采用建筑地坪，首层荷载直接通过建筑地坪导荷给地面。

冷链物流园主体结构经济指标　　　　　表3-29

指标	多层混凝土冷库（无梁楼盖）	多层混凝土加工车间（单向双次梁）	综合楼（单次梁混凝土结构）	单层门式钢架（加工车间、冷库）
含混凝土量（m^3/m^2）	0.66	0.57	0.41	—
钢含量（kg/m^3）	95	57	43	—
钢含量（kg/m^2）	—	—	—	65
综合单价（元/m^2）	5200	3200	2800	4000

注：表中数据以广东地区作为统计对象所得，不同地区数据存在差异，以上数据仅作参考。

1）首层架空层

当首层设置结构板时，通常是在首层设计结构架空层。由于冷库荷载较大，且在首层不用过多考虑梁下净高问题，通常采用井字梁或单向双次梁结构。首层以下为架空通风层，首层地坪将不会存在因建筑沉降而导致的开裂等问题，而架空通风层的设计，能有效防止冷库底板地基发生冻胀。但是因为多了一层结构层，其土建成本会增加不少。

2）首层建筑地坪

当首层仅设计建筑刚性地坪时，由于冷库的荷载很大，需考虑地坪下部地基的承载力及沉降要求。当地坪的地基为沉降稳定的土层且承载力大于上部货架等荷载时，可不进行地基处理，除此之外，均需采用地基处理。冷链物流园项目常用的地基处理措施为强夯法、水泥搅拌桩法，此两种措施的适用情况可参考表3-30。

地基处理措施　　　　　表3-30

地基处理措施	特点	适用范围	参考单价
强夯法	施工简单快速，施工成本低，施工时会产生较大噪声，对周边建筑会产生震动影响	适用于处理碎石土、砂土、低饱和度的粉土、黏性土、湿陷性黄土、杂填土和素填土。当土质中大块石及建筑垃圾较多时效果较差，且不适用于高饱和度的淤泥质土及处理深度超过10m的软土地基	80元/m^2
水泥搅拌桩法	施工较复杂，周期较长，成本较高，桩顶需设置褥垫层，使桩间土与桩基共同受力	适用于处理正常固结的淤泥与淤泥质土、粉土、饱和黄土、素填土、黏性土以及无地下水的饱和松散砂土等地基，不适用于含大孤石或障碍物较多且不易清除的杂填土、硬塑及坚硬的黏性土、密实的砂类土以及地下水渗流影响成桩质量的土层；当地基土的天然含水量小于30%（黄土含水量小于25%）、大于70%时不应采用干法	300元/m

强夯法是用重锤自一定高度下落夯击土层,强制压密土体而减少其压缩性,从而使地基迅速固结,以此提高土体强度的方法。

水泥土搅拌桩是用于加固饱和软黏土地基的一种方法,它利用水泥作为固化剂,通过特制的搅拌机械,在地基深处将软土和固化剂强制搅拌,利用固化剂和软土之间所产生的一系列物理化学反应,使软土硬结成具有整体性、水稳定性和一定强度的优质地基。水泥土搅拌桩的施工工艺分为湿法和干法。

3.4.4 其他关键设计

1. 钢结构抗风措施

冷链物流园项目常用结构之一的门式钢架结构是一种轻型结构,其受风荷载影响往往比地震影响更大,尤其是沿海地区,大部分区域容易受台风影响,基本风压很大。一般无台风影响的地区,其风压通常在 $0.3\sim0.4kN/m^2$;而受台风影响的地区,其基本风压会达到 $0.5\sim0.8kN/m^2$。因此,门式钢结构的抗风措施尤其重要。常用加强措施如下:

1)在台风直接影响的地区,柱脚采用埋入式刚接设计;在台风间接影响的地区,既可采用埋入式刚接设计,也可采用锚栓铰接设计。当采用后者时,需柱脚设置抗剪键,当建筑的长度接近宽度时,需设置双向抗剪措施。

2)螺栓(锚栓)间距、数量应按计算确定。根据相关规范规定,螺栓(锚栓)每波不少于1个,短向间距不宜大于300mm,长向间距为檩条间距。房屋端部、屋脊、转角、挑檐、天窗、采光带、钢板端头及其他薄弱部位应按计算和构造予以加密。

3)加强屋面、墙面边缘带设计,减小檩条间距,取中间区相应檩条间距的一半。

4)对屋面檩条可通过设置双拉条来约束檩条上下翼缘,从构造上保证风吸力下檩条下翼缘的稳定性。

5)加强外窗的强度。窗框型材厚度满足计算要求且应不小于1.4mm。窗框型材连接应采用预埋,如后装宜采用M12以上结构用膨胀螺栓固定,间距不应大于1m。

6)加强屋面板和屋面檩条、墙面板和墙面檩条的连接强度,增加结构的整体刚度。减少屋面板、墙面板的接缝,不宜采用暗扣式的连接,而应采用自攻螺钉。

2. 钢结构防腐设计

钢结构表面直接暴露在大气中就会锈蚀,当钢结构厂房空气中有侵蚀性介质或钢结构处在潮湿环境中时,钢结构厂房锈蚀就会更加明显和严重。钢结构的锈蚀不仅会使构件截面减小,还会使钢构件表层局部产生锈坑,当构件受力时将引起应力集中现象,使结构过早破坏。因此,对钢结构厂房构件的防锈蚀问题应予以足够的重视,并应根据厂房侵蚀介质情况和环境条件在总图布置、工艺布置、材料选择等方面采取相应对策和措施,以确保厂房结构的安全。

为了防止金属表面锈蚀,常采用防锈防腐涂料对其进行涂装保护,保护层透气是造成金属表面失去阴极保护而加快锈蚀速率的诱因。因此,防腐涂层只有具备致密、疏水性强、附着力好、电阻大或涂层足够厚的条件时,才能有效地屏蔽水蒸气、氧气、氯离子等的侵蚀,起到物理防锈作用。一般室内钢结构在自然大气介质作用下,要求涂层厚度 $100\mu m$,即底漆两道、面漆两道。露天钢结构或在工业大气介质作用下的钢结构,要求漆膜总厚度为 $150\sim 200\mu m$。当用于酸性介质环境时,宜选用聚氨醋、聚氯乙烯萤丹、氯化聚乙烯、乙烯基醋、氯磺化聚乙烯、丙烯酸聚氨酯、聚氨醋沥青等涂料;当用于碱性介质环境时,宜选用环氧涂料;当用于室外环境时,可选用丙烯酸聚氨酯、脂肪族聚氨酯、聚氯乙烯萤丹、氟碳、氯磺化聚乙烯、高氧化聚乙烯等涂料,不应选用环氧、环氧沥青、聚氨醋沥青和芳香族聚氨酯和乙烯基醋等涂料。

3. 内、外结构连接结构——锚系梁

为了最大限度地减少冷桥的出现,库房外墙与库内承重结构之间应隔开。外围护结构的框架柱、框架梁仅在一个平面内设置,不能形成有效框架,此时,外围护结构与库内承重结构之间需设置可靠连接,这个连接结构就是锚系梁。

锚系梁作为连接冷库外墙与冷库内部结构的连系梁,能够有效地提高冷库结构的整体性,对外墙转角处的开裂有很好的防护作用,提供一个稳定的侧向支撑(图 3-29)。为了保证外围护结构与内框架的有效拉结,每层均应设置锚系梁,锚系梁间距通常根据柱跨设置。墙角处不宜设置,墙角至第一个锚系梁的距离不宜小于 6m。

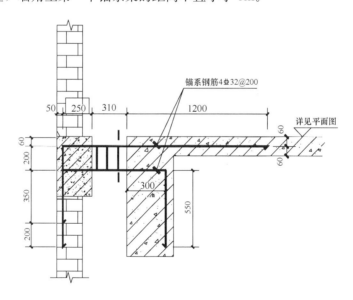

图 3-29 锚系梁大样

锚系梁根据结构做法,既可浇筑混凝土,与外框架形成固结,也可仅设置钢筋进行拉结。采用混凝土浇筑的形式,其与普通梁一样,先绑扎好钢筋笼,再进行浇筑即可。锚系梁主要是用来受拉,其纵筋直径通常较大。采用混凝土浇筑之后,其结构更加牢固,整体效应较好。当不浇筑混凝土仅用钢筋连接时,钢筋需加强,箍筋需全长加密,因钢筋是裸露在外,需做好防腐措施,通常会在钢筋表面刷上防腐涂料。锚系梁浇筑混凝土之后,增加了冷库内框架与外维护结构的连接面积，会增大冷桥效应。

3.5 其他设计

3.5.1 边坡设计

边坡设计是指为解决场地内、外高差而采取的相关措施，主要包含两种方式：一种是采用坡率法设计，利用土体自身黏聚力保证边坡稳定；一种是采用边坡支护，利用挡土构件特性维持边坡稳定。

坡率法设计对控制成本、降低工程造价有较大优势，但由于广东冷链项目大都采用政府土地划拨，其建设用地一般条件比较差，场地内外存在较大的高填、高挖现象，若采用坡率法设计存在较大局限性，存在出红线填方等情况。因此，在项目设计阶段，现场项目部一定要跟当地政府职能部门确定周边设计条件，及时反馈设计要求，针对不同项目、不同要求采取相应的设计措施。

挡土墙结构的合理设计，除有效控制结构成本外，对进行合理施工组织安排，降低施工措施费及支护方案费，均有重要且明显作用。除采用坡率法设计外，根据项目的不同环境条件，广东冷链项目经常采用的支挡结构形式有重力式挡墙、悬臂式挡墙、扶壁式挡墙及土钉墙等支护形式。

1. 挡土墙边坡支护

常用的挡土墙分别有重力式挡土墙、悬臂式挡土墙、扶壁式挡土墙。

1) 重力式挡土墙

重力式挡土墙作用原理是依靠墙身自重抵抗土体侧压力的挡土墙。

重力式挡土墙根据其墙背的坡度又分为仰斜式、直立式及俯斜式（图3-30）。仰斜式挡

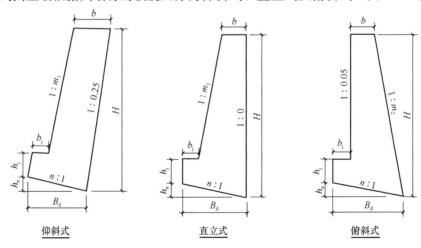

图 3-30　重力式挡土墙

土墙的主动土压力最小,俯斜式挡土墙的主动土压力最大,直立式挡土墙位于两者之间。挡土墙修建时需要开挖,因仰斜墙背可与开挖的临时边坡相结合,而俯斜墙背后需要回填土,因此,对于支挡挖方工程的边坡,以仰斜墙背为好。反之,如果是填方工程,则宜用俯斜墙背或垂直墙背,以便填土易夯实。

重力式挡土墙通常采用块石、片石砌筑而成,当石料不易取得时,也可采用混凝土浇筑。重力式挡土墙形式简单,施工方便,可就地取材,适应性较强,故被广泛采用。但是由于重力式挡土墙靠自重维持平衡稳定,体积、重量都相对较大,在软弱地基上修建往往受到承载力的限制。重力式挡土墙通常高度不宜超过 6m,采用石砌体的挡土墙,砌筑用砂浆强度不应低于 M7.5。

2) 悬臂式挡土墙

墙身断面小,结构稳定性不是依靠本身的重量,而主要是依靠踵板上的填土重量来保证。自重轻,圬工省。适用于墙高较大的情况,但需使用一定数量钢材,经济效果好。

悬臂式挡土墙作用原理依靠墙身的重量及底板以上的填土的重量来维持土体平衡,悬臂式挡土墙由立壁、踵板、趾板三部分组成(图 3-31)。悬臂式挡土墙具有厚度小、自重轻的特点,其对地基的承载力要求较低,可修建在较软的地基上。

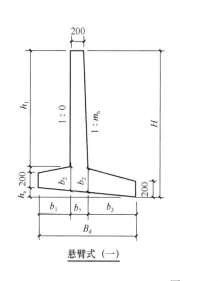 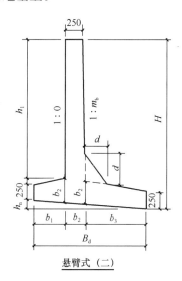

图 3-31 悬臂式挡土墙

为便于施工,立臂内侧做成竖直面,外侧可做成 1:0.05~1:0.02 的斜坡,具体坡度值将根据立臂的强度和刚度要求确定。墙顶的厚度通常不小于 20cm,挡土墙高度不宜大于 6m;当挡土墙高度≥4m 时,应在立板底部设置加强肋。

3) 扶壁式挡土墙

当挡土墙高度大于 6m 时,可在悬臂式挡土墙的基础上,沿挡土墙墙长方向每隔 0.8~1.0m 设置扶肋,形成扶壁式挡土墙。扶壁式挡土墙的高度通常宜超过 15m。

综合以上所述,挡土墙结构适用条件如表 3-31 所示。

挡土墙结构适用条件 表 3-31

挡土墙种类	材料	特点	适用条件
重力式挡土墙	毛石	材料便宜，建造成本低，施工方便，无须支模，结构体量较大	适用于石料来源丰富的地区，对地基要求较高，通常要求地基承载力不小于120kPa；不适用于开挖后稳定性较差的边坡；挡土墙高度不宜超过6m
悬臂式挡土墙	混凝土	建造成本较高，施工较复杂，需要支模，结构体量小	通常用于石料缺乏、地基承载力较低的填方区域，墙高不宜超过6m
扶壁式挡土墙	混凝土	建造成本高，施工复杂，支模量较大，结构体量小	通常用于石料缺乏、地基承载力较低的高填方区域，墙高不宜超过15m

2. 土钉墙边坡支护

1）土钉墙支护，系在开挖边坡表面铺钢筋网喷射细石混凝土，并每隔一定距离埋设土钉，与边坡土体形成复合体共同工作，从而有效提高边坡稳定的能力，增强土体破坏的延性，变土体荷载为支护结构的部分。

2）土钉墙的施工，不需单独占用场地，现场狭小、放坡困难、有相邻建筑物时可显示其优越性。另外，由于钉长一般比锚杆的长度小得多，且不用施加预应力，施工设备简单、易操作。土钉墙的施工，随基坑开挖逐层分段开挖作业，不占或少占单独作业时间，施工效率高，占用周期短。另外，土钉墙施工时噪声小、振动小，不影响环境。由于土钉墙施工简单，用材简单且量少，建造成本较其他支护结构显著降低。

3）土钉墙的原理决定了其与土体将是共同作用，这就要求土体需要有一定的强度。故此，土钉墙通常用于有一定粘结性的杂填土、黏性土、粉土、黄土与弱胶结的砂土边坡。此外，土钉墙的防护高度不宜超过12m。

3.5.2 海绵城市设计

海绵城市的意义在于治理城市内涝方法论的转变，建设城市"海绵体"，缓解城市排水压力，减轻水质污染。

海绵城市建设应按照"源头减排、过程控制、系统治理"理念，因地制宜，综合采用"渗、滞、蓄、净、用、排"等各类措施。具体常规措施为：渗（屋顶绿化、透水铺装）、滞（下沉式绿地、生物滞留带）、蓄（雨水储存模块）、排（排水沟、管渠）、净（雨水湿地、一体式净化设备）、用（绿植浇灌、道路浇洒）。

冷链物流园项目通常绿地面积较小，采用透水铺装、透水混凝土、下沉式绿地、雨水花园、屋顶绿化、雨水调蓄设施来实现"慢排缓释"。不同地区对海绵城市的设计要求存在一定的区别，但是基本上大部分城市的海绵城市规划设计目标无外乎年径流总量控制目标、面源污染物控制目标、峰值流量控制目标、内涝防治目标和雨水资源化利用目标，并结合规划条件在海绵城市设计板块的指标要求，取最不利条件为设计控制指标。

以广东地区某冷链项目为例,根据当地要求,新建项目均需做海绵城市建设,其规划海绵城市设计控制指标与当地规划导则要求一致,均要求达到年径流总量不小于70%的控制率。项目设计通过透水铺装、下沉式绿地、雨水调蓄设施的设计来进行控制(图3-32、图3-33)。

图3-32 下沉式绿地　　　　　　　图3-33 透水铺装

首先,项目设计了2100m² 透水铺装,增大了雨水渗透量,减少了地表径流的产生,降低了直接性雨水对路面的冲刷,减少径流排水对水源的污染。同时设计了6500m² 下沉式绿地,下沉高度为250mm,其中设置高出绿地地表200mm 的溢流口,增强了地表滞水能力,当下沉绿地的需水量达到一定程度之后,才可通过溢流口排出。最后,设计了1350m³ 的雨水收集池,雨水在排入至市政系统之前,首先会汇集在蓄水池当中,减少了峰值排水量,当蓄水池雨水达到设计容量之后,才会将多余的雨水排入市政雨水系统中,进一步增强了雨水的收集能力。待雨水过后,蓄水池中的水经过过滤、消毒之后,又可用来浇灌植被、冲洗路面,实现了部分雨水的重复利用,减少了水体的污染。综合以上措施,实现了项目70.83%的年径流总控制率。

总的来说,海绵城市的设计会增加项目建造成本和建造工期,冷链物流园项目的海绵城市建造,根据用地面积,大致会造成20~30元/m² 的增量成本。

3.5.3 景观设计

景观设计首先需要满足规划要求,然后根据建筑总平面设计图,结合项目场地条件,设计出具有当地区域特色的园林景观。

冷链物流园项目的景观设计内容通常为绿化、园建两大板块,本章节就上述两个板块内容展开阐述。

1. 绿化

冷链物流园项目规划要求的绿化率通常不高,一般在10%~20%,考虑到建设成本,实际绿化率通常在15%以内。正因为绿化面积小,所以原则上需要采用"常绿"的设计理念,并结合当地特色,绿化设计中应优先选择四季常绿的苗木,常用的常绿乔木有桂树、香樟、广玉兰等，常用的常绿灌木有红继木、金森女贞、南天竹等，草坪绿化常用的有高羊茅、狗牙根、果岭草、马尼拉草等（草坪的设计需结合海绵城市设计）。具体苗木的使用需要根据当地气候条件做出最佳选择。为求在有限的场地内尽可能地增大绿化面积，在室外设有小车或非机动车停车位时，可铺设植草砖，砖孔内填黄土拌草籽，但是植草砖的绿化面积折算需咨询当地有关部门。

2. 园建

冷链物流园项目的园建部分内容通常不多，常见的内容有地形调整、园区车道、人行铺装、园区围墙。以下从这几方面进行简单介绍。

首先，冷链物流园项目由于选址通常在高挖高填的地区，其场地内、外通常存在一定的高差，此时需要做场内的边坡处理。

园区道路分为车行道与人行道。在车行道的设计中，为节省建造成本，降低环境污染，可考虑设计与施工的永临结合，将道路的水稳层设计为混凝土水稳层，既满足设计要求，又可作为施工时的道路需求。如海绵城市设计中需将道路设计为透水设施，其水稳层只能采用碎石等具有透水功能的材料。路面材料通常为混凝土路面，当有提质需求时，会采用沥青路面。当海绵城市设计中考虑了路面透水效果时，则需采用透水混凝土路面。

考虑到项目为工业性质的定位，其主要园区的人行道铺装中使用最多的还是混凝土路面，造价相对低廉。当有提质要求时，可采用花岗石石材铺贴；当有透水要求时，通常采用透水砖铺贴。

冷链物流园项目常用的围墙有实体围墙、铁艺围栏。实体围墙为可塑性墙，墙体可做一些造型设计，搭配墙体饰面，其观赏效果上佳，但是其建造成本较高，且建造时间较长。铁艺围栏为成品结构，构造简单，可在工厂进行加工，现场安装即可（围栏基础需现场浇筑）。铁艺围栏景观效果相对单调，但其造价低廉，且建造时间短。为兼顾效果与成本，通常在主干道所在侧面设计为实体围墙，在相对隐秘的其他侧面采用铁艺围栏。

第4章　制冷与自动化控制系统设计

4.1　制冷系统选择与设计

4.1.1　制冷系统方案设计的内容与意义

制冷系统的方案设计，直接关系基本建设投资的多少、建设时间的长短、投产后制冷效率的高低、运营成本的高低等一系列重要问题。因此，进行制冷系统方案设计时要充分考虑拟建地区的环境、冷藏对象、冷库规模和性质、技术条件、配合关系、物质基础等各方面因素之后，通过分析对比，权衡利弊，才能选择出最佳的设计方案。

制冷系统方案设计的内容主要包括：制冷剂的选择、压缩级数的确定、制冷机组及冷凝器形式的选择、系统的供液方式、蒸发温度回路的划分、冷却方式以及蒸发器的融霜方式等。

4.1.2　制冷系统方案设计的基本原则

1）要满足食品冷加工要求，降低食品的干耗，保证食品质量。
2）应尽量采用先进的制冷方法和制冷系统。
3）既要考虑冷库的建设造价，又要考虑冷库运行管理费用，同时还要考虑技术经济发展的趋势。
4）要充分利用制冷系统的各种能源，降低能耗，减少制冷成本。

4.1.3　冷库制冷系统方案设计要点

1. 制冷剂的选择

省级冷链骨干网建设中制冷剂选择时应结合环评、安评报告及当地政府的要求，从制冷剂的安全性（包括毒性和可燃性）、环保性（GWP 和 ODP）、能效和投资成本（制冷剂直接影响制冷设备选型）等方面进行比较，在没有特别要求的情况下，优先考虑氨（R717）作制冷剂，其次采用共沸制冷剂（R507），制冷剂性能对比如表 4-1 所示。

2. 压缩级数和制冷机组形式的选择

1）压缩级数

压缩级数是根据冷凝压力和蒸发压力的比值确定。对于氨制冷系统，比值小于或等于 8

时，采用单级压缩，否则采用双级压缩；R507制冷系统比值小于或等于10时，采用单级压缩，否则应考虑双级压缩。

制冷剂性能对比 表4-1

制冷剂	ODP 消耗臭氧层潜值	GWP 全球变暖潜值	COP 制冷性能系数	安全性	可燃性
R717	0	0	2.04	B_2	可燃
R507	0	4600	1.86	A_1	不燃

2）制冷机组形式

制冷压缩机是制冷系统的心脏，根据冷库的规模和设计温度等因素，合理选择制冷压缩机组是制冷系统设计的关键。

冷库制冷系统压缩机组的类型主要分为活塞式、螺杆式制冷压缩机组。

这两类压缩机组的特点对比如表4-2所示。

压缩机组特点对比 表4-2

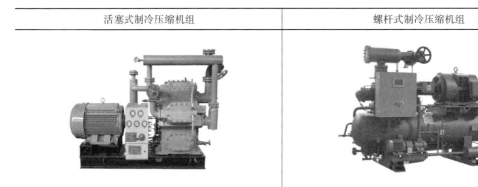

活塞式制冷压缩机组	螺杆式制冷压缩机组
具有高速、多缸、逆流式、体积小、重量轻、效率高、占地面积小、零部件互换性强、平衡性好、振动性小等特点	运动机构没有往复惯性力，无进、排气阀，容积效率高，能量可以无级调节，适用温度范围大

广东冷链物流骨干网项目制冷压缩机组广泛采用螺杆式制冷压缩机组，其相比活塞式制冷压缩机组具有如下优势：

（1）高效可靠的先进主机：其专有的转子齿形及设计、最小的加工间隙、高精度的组装手段和在极端负载下的检验方法，因而机组可靠性、性能和效率高。

（2）优越的电控操作系统：机组采用智能化的微电脑控制系统，具备强大的故障诊断和保护功能。

（3）经济的运行成本：系统采用0～100％排气量无级调节。当用气量减少时，排气量随着减少，电机的电流也同时降低，节能效果最优。

（4）环境适应性好：螺杆式制冷压缩机组具有良好的冷却系统设计，特别适合高温、高湿环境。

螺杆式制冷压缩机组按照结构组成形式又可分为三种：开启式、半封闭式、全封闭式

（图 4-1～图 4-3、表 4-3）。

螺杆式制冷压缩机组分类　　　　　　　　　表 4-3

序号	压缩机组形式	结构形式
1	开启式螺杆式制冷压缩机组	压缩机通过联轴器与电动机相连，要求在压缩机伸出轴上加装可靠的轴封，以防制冷剂和润滑油泄漏
2	半封闭式螺杆式制冷压缩机组	电动机与压缩机连为一体，中间用法兰连接，能有效防止制冷剂和润滑油的泄漏，并采用制冷剂冷却电动机，消除了开启式机组中电动机冷却风扇的噪声
3	全封闭式螺杆式制冷压缩机组	把电动机与压缩机封闭在一个容器内，彻底消除了制冷剂和润滑油的泄漏，噪声为最低

由于全封闭式螺杆式制冷压缩机组发生故障时检修不便、造价高昂，目前非市面主流产品，故而广东冷链物流骨干网项目制冷压缩机组采用开启式螺杆式制冷压缩机组及半封闭式螺杆式制冷压缩机组（考虑前期设备投资费用：半封闭式＞开启式）。当氨（R717）作制冷剂时，采用开启式螺杆式制冷压缩机组，轴封处若出现制冷剂泄漏，灌注补充制冷剂费用低廉，从而节约前期设备投资。当 R507 作制冷剂时则采用半封闭式螺杆式制冷压缩机组。

图 4-1　开启式螺杆式制冷压缩机组

图 4-2　半封闭式螺杆式制冷压缩机组

图 4-3　全封闭式螺杆式制冷压缩机组

3. 冷凝器形式的选择

冷凝器应根据制冷装置所处的环境以及冷却水质、水量、水温等因素确定其类型。目前常见的冷凝器有三种，分别为水冷却式冷凝器、空气冷却式冷凝器、水和空气联合冷却式冷凝器，水冷却式冷凝器按照结构形式又可分为立式管壳式和卧式管壳式冷凝器。不同类型的冷凝器的适用范围如表 4-4 所示。

冷凝器适用范围　　　　　　　　　　　　　　　　表 4-4

序号	冷凝器形式	适用范围
1	立式管壳式冷凝器	一般适用于水源充足且水质较差地区的大、中型氨制冷系统
2	卧式管壳式冷凝器	一般多用于水源丰富和水质较好的地区，以及操作场地狭窄的地方（如船舶）
3	空气冷却式冷凝器	一般用于水源匮乏地区的中、小型氟利昂制冷系统
4	水和空气联合冷却式冷凝器	特别适用于缺水、干燥的地区，其中以蒸发式冷凝器的应用最广

广东冷链物流骨干网项目的制冷系统冷凝器采用水和空气联合冷却式冷凝器的形式，即蒸发式冷凝器，其主要构成部分是由换热器、水循环系统和风机系统三部分共同组成，蒸发式冷凝器顶部存在的布水系统向下喷洒冷却水，在换热管的表面形成一层水膜，换热管和管内存在的热流体之间发生显热交换反应，并且通过这种反应将热量传递到管外冷却水上，与此同时，换热管外的冷却水和空气混合，使冷却水向空气放出蒸发潜热，通过这种方式从而让流体的冷凝温度更加接近空气中的湿球温度。

采用蒸发式冷凝器具有如下优点（图 4-4、图 4-5）：

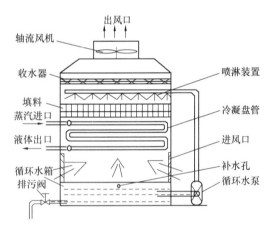

图 4-4　蒸发式冷凝器结构示意图

图 4-5　蒸发式冷凝器实景图

1) 冷凝效果好。蒸发式冷凝器在进行蒸发潜热工作时，空气与制冷剂进行逆向流动的传热工作效率高。蒸发式冷凝器利用盘管水膜的蒸发、潜热、换热三种不同工作模式，使冷凝温度逐渐接近环境的湿球温度。

2) 节能效果好。因为湿球温度一般比干球温度低 8～14℃，且蒸发式冷凝器冷凝温度接近空气湿球温度，再加上侧风机造成的负压环境，会使压缩机的功耗降低，因而可使蒸发式冷凝器节约 20%～40% 的能耗。

4. 供液方式的选择

供液方式是指制冷剂液态经节流后，供给各蒸发器的方式。制冷系统常用的供液方式为直接膨胀供液、液泵供液、重力供液三种，三种供液方式各有特点，可根据不同的使用要求确定。三种不同供液方式选择如表 4-5 所示。

三种不同供液方式选择对比　　　　　　　　　　　　　　　　表 4-5

序号	供液方式	供液原理	供液特点	适用范围
1	直接膨胀供液	利用冷凝压力和蒸发压力之间的压力差，将液态制冷剂经节流法膨胀后供给蒸发器	1) 制冷设备少，系统简单，制冷剂充注量少，工程费用低； 2) 节流生成的闪发气体进入蒸发器，使制冷效率降低； 3) 无气液分离设备，容易发生湿行程； 4) 操作调节困难，系统可靠性差	适用于小型氨制冷装置、负荷稳定的系统及氟制冷装置
2	液泵供液	利用液泵的机械力，向蒸发器输送低温制冷剂液体	1) 供液无闪发蒸汽，回气无液滴，系统运行安全有效； 2) 供液稳定，可按负荷要求向蒸发器供液； 3) 供液量充分，回流过热度小，可提高压缩效率和制冷系数	国内大中型冷库制冷装置应用广泛
3	重力供液	低压液态制冷剂依靠自身重力进入蒸发器的供液方式	供液稳定、提高蒸发器的热交换效果、防止压缩机的"液击"	重力供液适用于中、小型氨冷库制冷装置

以广东冷链物流骨干网项目制冷系统供液方式的选择为例：

1) 冷库的控温月台区域温度要求 10～12℃，制冷量为 300～400kW，制冷剂充注量较小，且月台距制冷机房较近，供液回路阻力小，因而普遍采用直接膨胀供液的形式（图 4-6）。

2) 冷库冷间内制冷量大，制冷负荷波动较剧烈，供液距离较长导致供液阻力大。为保证系统供液均匀，提高制冷效率，普遍采用液泵供液（图 4-7）。

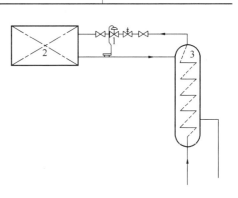

图 4-6　直接膨胀供液示意
1—热力膨胀阀；2—蒸发器；3—热交换器

3) 重力供液受制气液分离器设置高度的要求，气液分离器内液面需比末端蒸发器高出 1～2m，对建筑结构屋面设计要求较复杂，因而不采用重力供液形式。

5. 蒸发回路的确定

蒸发回路以蒸发温度进行划分，一个蒸发温度对应一个蒸发回路，当两个蒸发回路的蒸发温度之差不大于 5℃，且负荷波动不大时，可合并成一个蒸发回路（图 4-8、图 4-9）。为防止串气，在蒸发压力大的回气管上设置气体降压阀，在蒸发压力小的回气管上设单向阀。

以广东冷链物流骨干网项目制冷系统蒸发回路为例，冷库的蒸发回路划分为四个：

1) 冻结回路：−33℃或更低，为冻结间提供冷量。
2) 冻藏回路：−33℃～−28℃，为冻结物冷藏间提供冷量。

3)制冰和冷却回路：-15℃左右，为制冰间、储冰间和冷却间提供冷量。

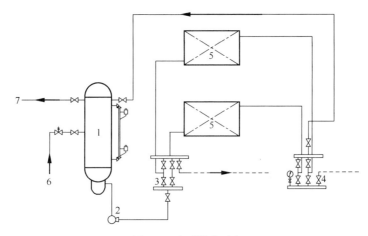

图 4-7 液泵供液示意

1—低压循环罐；2—液泵；3—液体调节站；4—气体调节站；5—蒸发器；6—供液管；7—回气管

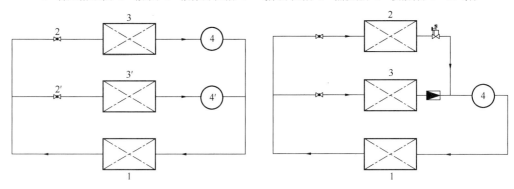

图 4-8 两个独立蒸发回路示意
1—冷凝器；2，2'—节流阀；
3，3'—蒸发器；4，4'—压缩机

图 4-9 两个蒸发回路合并示意
1—冷凝器；2—10℃蒸发器；3—15℃蒸发器；
4—压缩机

4)冷藏回路：-12℃～-8℃，为冷却物冷藏间提供冷量。

备注：当制冰、冷却和冷藏负荷不大时，可合并成一个回路。

6. 冷却方式的选择

1)直接冷却方式：制冷剂直接在蒸发器内吸收被冷却物体或冷间内热量而蒸发。其特点是：传热温差只有一次，能量损失小，系统简单、操作方便，初期投资和运行费用较低，但须防止制冷剂泄漏危及人身安全和污染食品。

2)间接冷却方式：冷间内的空气不直接与制冷剂进行热交换，而是与冷却设备中的载冷剂进行热交换，带有一定热量的载冷剂再与制冷剂进行热交换的冷却方式。其特点是：被冷却对象不与制冷剂直接接触，具有安全卫生、无污染、可蓄冷、实现冷量的远距离运输等优点，但由于存在二次传热温差，增加了能量损失。

由此可知，如果采用直接冷却方式，需要充装大量的制冷剂。目前常用的制冷剂都存在一定弊端甚至危害，要使制冷剂在高压下的冷库内循环，对管路系统要求也更严格，一旦某些环节出现故障，将影响整个制冷系统。因此，直接制冷方式很少应用于大型制冷系统。间接冷却方式主要是通过常压的二次冷却介质进行大循环传送冷量，可避免直接制冷在库房内产生的高压和使用大量不安全制冷剂所潜伏的隐患。

广东冷链物流骨干网项目制冷系统均采用了上述两种冷却方式，结合制冷剂的直接膨胀供液和液泵供液，采取以下四种制冷系统形式：直接膨胀供液制冷系统、桶泵供液制冷系统、制冷剂＋CO_2载冷供冷系统、制冷剂＋CO_2复叠制冷系统（图4-10～图4-13）。

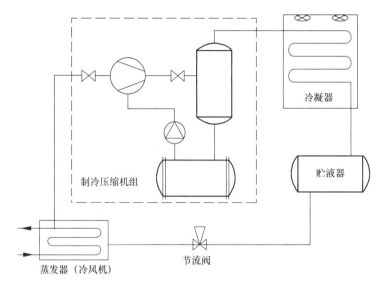

图 4-10　直接膨胀供液制冷系统

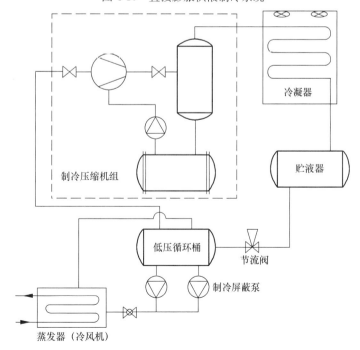

图 4-11　桶泵供液制冷系统

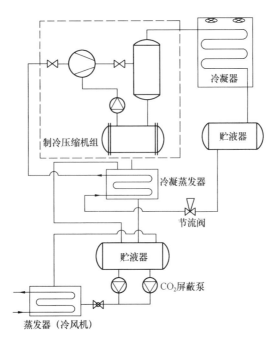

图 4-12 制冷剂＋CO_2 载冷制冷系统

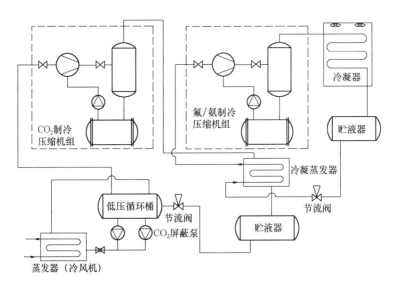

图 4-13 制冷剂＋CO_2 复叠制冷系统

上述四种制冷系统的特点及适用场合如表 4-6、表 4-7 所示。

四种制冷系统特点　　　　　　　　　　表 4-6

序号	制冷系统	系统特点
1	直接膨胀供液	优势：可以减少制冷剂的充注量，系统充注量约为桶泵供液系统的 30%。 不足：效率低于桶泵供液系统，其系统稳定性较差，末端供液不均衡，压缩机的冷冻油易进入末端蒸发器，影响换热，过热度控制和系统清洁度要求较高

续表

序号	制冷系统	系统特点
2	桶泵供液	优势：具有系统运行效率高、稳定性好、抗干扰能力强、末端供液均匀性好、能够实现远距离和高处供液、末端蒸发器换热效率高、压缩机制冷效率高、融霜操作简单、控制成本低等优势。 不足：由于制冷剂充注量大，当采用氟制冷剂时造价高；当采用氨制冷剂时，成为潜在危险源
3	制冷剂+CO_2载冷	优势：制冷剂充注量较低，充注量只有桶泵供液系统的10%，安全系数较高，稳定性好。末端蒸发器换热效率较高，运行及维修费用比常规制冷系统低。 不足：初期投资比直接膨胀供液、桶泵供液制冷系统高，二氧化碳工作侧压力略高于常规制冷剂工作压力
4	制冷剂+CO_2复叠	优势：系统整体效率高，运行费用低，随着蒸发温度降低，节能幅度增大。 不足：初期投资比上述三种制冷系统高，二氧化碳工作侧压力略高于常规制冷剂工作压力

四种制冷系统适用场合　　　　　　　　　　　　　　　　表 4-7

序号	制冷系统	适用场合
1	直接膨胀供液	适用于中小型制冷系统；适用于冷风机类末端蒸发器形式；制冷负荷相对稳定、制冷回路供液高度或供液阻力较小；直接膨胀供液过冷度能够保证节流阀前无闪发气体的情况；末端蒸发器有节流阀及检修阀等安装空间的情况
2	桶泵供液	适用于中大型制冷系统；适用于冷风机、排管等末端蒸发器形式；适合制冷负荷波动较剧烈的情况；适用于制冷回路供液高度或供液阻力较大，直接膨胀供液过冷度无法满足要求的情况；适用于末端蒸发器没有节流阀（阀门必须安装于库外且位于蒸发器附近）安装空间的情况
3	制冷剂+CO_2载冷	对制冷剂工质或充注量有严格要求的场合，适用于中大型或中小型制冷系统；适用范围：CO_2蒸发温度为 $-52\sim 0$℃的低温冷藏库、高温冷藏库、低温穿堂、制冰间、单冻机等负荷需要，在$-52\sim -25$℃区间，考虑效率因素，更适合采用复叠制冷系统；满足负荷剧烈波动的应用场合；适用于制冷回路供液高度或供液阻力较大的场合
4	制冷剂+CO_2复叠	对制冷剂工质或充注量有严格要求的场合。适用范围：CO_2蒸发温度为$-52\sim -25$℃的速冻装置、冻结间、低温冷藏等负荷需要；满足负荷剧烈波动的应用场合；制冷回路供液高度或供液阻力较大的场合

7. 融霜方式的选择

当库内冷却设备使用一段时间后，制冷管壁外面会出现凝霜现象，直接影响冷却设备的传热，导致传热阻力增大，而且空气流动阻力也增加，严重时导致风无法送出。因此，必须定期、及时地将冷却设备表面的霜层除掉。融霜方式主要有以下四种：

1）热气融霜

热气融霜是将压缩机排出的过热蒸汽经过油分离器后，送入蒸发器中，将蒸发器暂时当成"冷凝器"，利用蒸汽冷凝时所放出的热量，将蒸发器表面的霜层融化（图4-14）。

热气融霜时间较长，对库温有一定的影响，但除霜较为彻底，且融霜排液可冲刷蒸发器内的积油和污物,应用时常辅以其他融霜方式。

2)水冲霜

水冲霜时通过淋水装置向蒸发器表面淋水,使霜层被水流带来的热量融化,冲霜水和霜层融化水从排水管排走(图4-15)。

水冲霜方式效率高,库温波动小,操作程序比较简单,容易实现自动控制。但水冲霜只能清除蒸发器外表面的霜层,蒸发器管道内的油污无法排除。

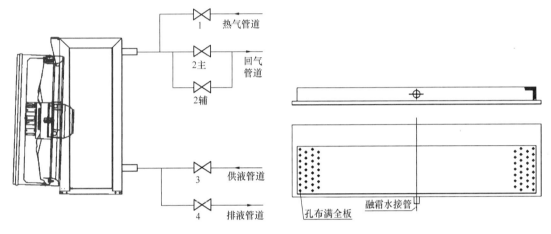

图4-14 热气融霜阀门接法示意图　　图4-15 水冲霜淋水装置示意图

3)人工除霜

人工除霜操作简单,对库温影响小,避免融霜滴水影响冷藏品质等问题,但工人劳动强度大,且除霜不彻底,一般与热气融霜方式相结合用于冷间顶排管或墙排管的除霜。

4)电热化霜

电热化霜是利用电热元件发热来融霜。该系统简单,操作方便,易于实现自动化,但耗电量大,节能应用效果差。

不同除霜方式的特点及适用场合如表4-8所示。

不同除霜方式的特点及适用场合　　　　表4-8

除霜方式	优点	缺点	适用场合
人工除霜	简单易行,对库温影响小	劳动强度大,除霜不彻底	长期存货的冷藏间的墙排管和顶排管
热气融霜	节能,热气利于蒸发器内润滑油的排出	管路复杂,须设排液容器	允许有温度波动冷间的冷风机
水冲霜	操作简单,设备初期投资少	有二次结霜风险	有良好排水能力冷间的冷风机
电热化霜	节能,系统简单	能耗高,或有较大的库温波动	温升要求不严格的冷间

结合上述四种融霜方式,广东冷链物流骨干网项目制冷系统融霜方式主要采取了热气融

霜、水冲霜和人工除霜等三种方式，电热化霜耗电量巨大，除霜成本高，故放弃采用。

当冷间内冷却设备为排管形式时，融霜方式一般采用人工除霜方式，采用复叠制冷系统时的排管除霜可以采用人工除霜+热气融霜组合，利用低温级CO_2压缩机兼作融霜压缩机，不须额外增加前期设备投资，降低人工除霜强度，经济和除霜效果更优。

当冷库的冷却设备均采用冷风机形式时，从经济及节能角度出发，融霜方式选择组合如表4-9所示。冲霜水循环系统流程如图4-16所示。

冷风机的融霜方式选择　　　　　　　　　　表4-9

序号	制冷系统形式	融霜选择
1	直接膨胀供液	冷间内采用热气融霜+水冲霜，控温月台采用自然化霜
2	桶泵供液	冷间内采用热气融霜+水冲霜，控温月台采用自然化霜
3	制冷剂+CO_2载冷	冷间内采用水冲霜，控温月台采用自然化霜
4	制冷剂+CO_2复叠	冷间内采用水冲霜，控温月台采用自然化霜

备注：制冷系统采用制冷剂+CO_2载冷、制冷剂+CO_2复叠，冷却设备采用冷风机时，考虑节约设备材料投入，避免制冷剂+CO_2载冷系统单独增加CO_2融霜压缩机、制冷剂+CO_2复叠增加热气旁路管道及阀门，冷间内的冷风机采用水冲霜形式，冲霜水采用循环系统，自动控制。冲霜水的给水温度10~25℃，冲霜水的热源来自压缩器排出的高温高压气体，在热回收器内进行换热给冲霜水提供热源。

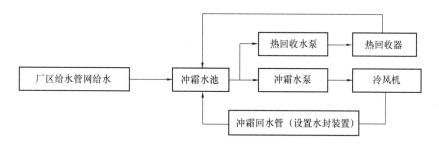

图4-16　冲霜水循环系统流程图

4.1.4　冷库制冷设备及管道布置

1. 机房的建筑布局

1) 机房应布置在制冷负荷中心附近，靠近冷负荷最大的冷间，且不宜紧临主要交通干线。同时机房应靠近变配电房设置，以减少线路压降损失。

2) 机房面积主要考虑机器、设备的布置及操作的需求，一般按冷库生产性建筑面积的5%左右考虑，且应考虑后期发展的余地。

3) 机房的高度主要考虑压缩机检修时起吊设备和冷凝蒸发撬块起吊安装方便等因素的要求，机房梁底距设备最高点的距离不小于1m。以广东冷链物流骨干网制冷机房为例，制冷机房安装高度最高的设备为冷凝蒸发撬块，安装完成后高度为：6.8m（设备净高）+0.2m（基础）=7m，考虑顶部预留1m检修空间，因而机房梁底净高不小于8m（图4-17）。

4) 为防止油浸，便于清洗，机房地面、墙裙和机器机座等表面一般应为现浇水磨石面

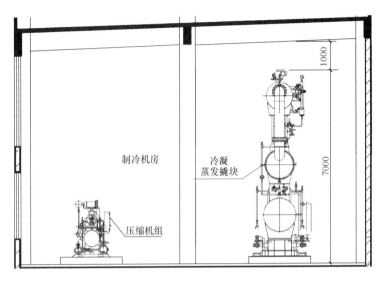

图 4-17　机房内冷凝蒸发撬块与机房层高关系示意

层。油泵、液泵、低压集油器等设备基座四周，设置排水浅明沟。

2. 设备布置

1）对于采用大型和中型制冷系统的生产性冷库和物流冷库，制冷机房内主要通道的宽度不应小于 1.5m，非主要通道的宽度不应小于 0.8m，制冷压缩机（制冷压缩机组）突出部分到其他设备或阀站的距离不应小于 1.5m，两台制冷压缩机（制冷压缩机组）突出部位之间的距离不应小于 1.0m。

图 4-18　冷凝蒸发撬块上端风机排风洞口实景图

2）设备、管路上的压力表、温度计等仪表应设置在便于观察的地方。

3）当机房采用冷凝蒸发撬块时，应考虑清洗和更换管子的可能、考虑起吊所需的空间。如广东冷链物流骨干网制冷机房中冷凝蒸发撬块在平面布置过程中，为方便罐体进行吊装组装，将机房屋面坐式排风机风口位置优化至冷凝蒸发撬块吊装点的正上方，大大提高了冷凝蒸发撬块的安装效率，也为后期检修提供吊装孔（图 4-18）。

4）蒸发式冷凝器因内部阻力较大，制冷剂通过后压力损失较大，须考虑一定的静压液柱，出液管应有足够长的垂直立管，且垂直立管长度应控制在 1.2~1.5m。

5）冷间内冷风机及织物风管布置时，应结合货架进行优化排布，确保织物风管位于货架上方，不占用通道上方空间而影响灯具安装（图 4-19）。

3. 管道的布置

冷库制冷系统管道类别为 GC2 级，具有敷设空间小、管道密、阀门多的特点，大多数管道同设备相连接，管道的正确排列是管道安装中的一个重要环节，管道布置应统一安排（图 4-20）。管道布置应注意以下要求：

图 4-19　织物风管、货架、灯具布置实景图

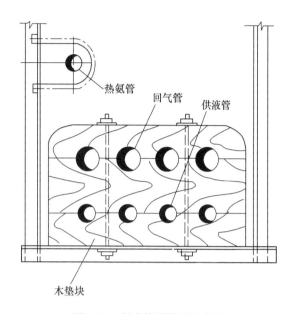

图 4-20　制冷管道排列示意图

1）在同一标高上管道不应有平面交叉，以免形成汽囊和液囊，在绕过建筑物的梁时，也不允许形成上下弯。

2）各种管道在支架、吊架上的排列应先低压管道，再高压管道；先大口径管道，再小口径管道；先主要管道，再次要管道；高温管道在低温管道之上；回汽管在供液管之上。低温管道在支架上固定，要加经过防腐处理的垫木，垫木厚度不低于 50mm，不应与型钢制作的支吊架直接接触。

3）合理选择管径，缩短制冷管线，避免过大的压力损失，防止产生闪发气体。

4）管道之间、管道与墙壁之间应考虑操作和检修方便。

4.2　自动化控制系统设计

制冷系统的自动化控制是提高制冷品质的最有效手段之一，不但可以实现节能（据统计采用自动控制比手动控制可节能 10%～15%），而且也会大大降低用户的运营成本。其优点：①实现无人值守，可以降低劳动成本；②利用计算机控制中心可对冷库的运行状态进行快速响应，克服了操作人员的滞后性，进而提高产品品质、制冷效率，从而增加冷库方的经济效益；③系统稳定性增强，维护费用降低。

4.2.1 自动化系统简介

冷链骨干网项目制冷控制系统采用集散式计算机控制系统（DCS）（采用分布式控制的策略，分散控制、集中管理），通过制冷机房控制室的监控计算机实现制冷系统的集中监控管理。基于 PLC 的 Modbus 控制系统是一种可靠灵活的监控方式，其协议简单规范，功能齐全，易于实现编程；通过 Modbus 通信协议，使相关厂商生产的控制设备可以连接成工业网络。利用计算机技术及各种检测和控制元件，按照制冷工艺的要求，组成一个完善的制冷自动控制系统。计算机通过操作人员设定的各种参数进行判断，使制冷系统按照预置的程序执行，并能实现自我保护。通过计算机人机界面实现对本系统中所有设备的实时监控，监测冷风机的运行、停止与故障状态，实现对温度、压力、液位等的集中数据管理、历史数据存储、计算机远动控制等中央管理调节功能（图 4-21～图 4-23）。

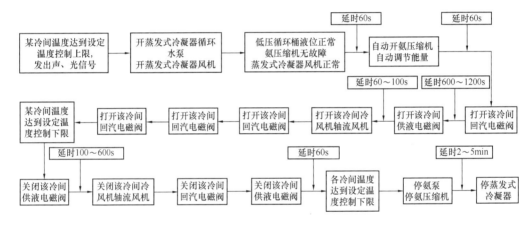

图 4-21 冷库降温设备控制程序示意图

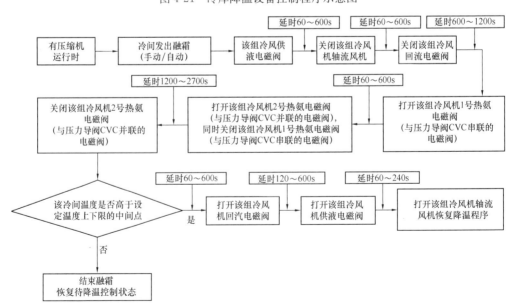

图 4-22 冷风机融霜控制程序示意图

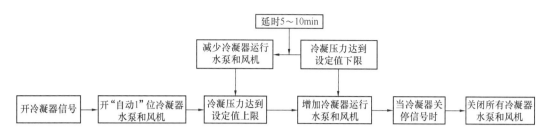

图 4-23 冷凝器控制程序示意图

4.2.2 监控系统功能

数据采集和处理：定时采集生产过程输入、输出信号（包括开关量、模拟量、脉冲量），经滤波，检出事故、故障、状态信号和模拟信号参数变化，实时更新数据库，为监控系统提供运行状态的数据。

1. 监控整个制冷系统的运行状态

监控整个制冷系统的运行状态，包含各动力设备（水泵、冷风机、氟/氨/CO_2泵、蒸发式冷凝器等）的运行状态，也可对其进行手动开停控制（通过鼠标操作实现），通过丰富的画面功能（包括系统流程图、设备图形、设备名称等）使设备直观明了、操作简单；各容器的液位显示（贮氨器、循环桶、中间冷却器），可实现高低液位报警；发生故障时系统出声光报警，通知操作人员及时进行处理（图 4-24）。

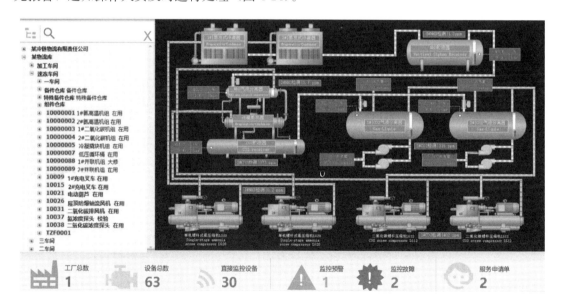

图 4-24 自动监控系统界面

2. 监测螺杆压缩机的运行工况

监测螺杆压缩机的运行工况包含吸气压力、排气压力、油压、油温、主机电流、主机及油泵的运行状态、机组故障状态，根据运行参数的监测，操作人员进行相应手动操作，发生故障时系统发出声光报警,通知操作人员及时进行处理。要实现以上功能,需要在压缩机组上增加压力传感器等检测元件(图 4-25)。

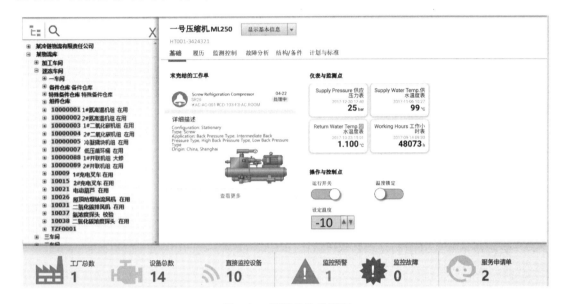

图 4-25　压缩机监控界面

3. 温度传感器

每个冷间设有温度传感器(图 4-26、图 4-27),采用两支德国 JNMO 的传感器采集库内温度送至系统 PLC,系统 PLC 进行取平均值运算,利用实际温度和设定温度值的上下限控制冷风机、压缩机、低压循环桶的开停,使冷间的温度保持在设定范围,并将温度值和风机的开停状态传至主控 PLC 进行数据记录。

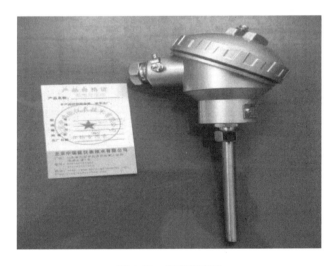

图 4-26　温度传感器

4. 历史数据及曲线功能

电脑可自动保存数据一年以上,用户可随时调取保存数据,采用表格形式、曲线形式进

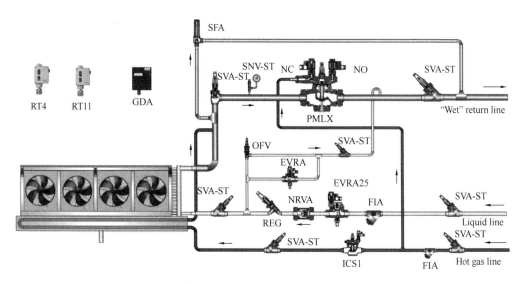

图 4-27　冷间内监控界面

行查询打印,也有利于操作维护人员排除故障和维护保养。

5. 事件或异常报警

系统发生事件或运行设备异常进行报警,提示操作人员立即检修(图 4-28)。

图 4-28　事件或异常报警界面

6. 电脑监测系统硬件配置

上位机由工业控制计算机、21 寸显示器、打印机、UPS 电源、网卡、以太网通信模块等设备及监控软件组成(图 4-29)。计算机监控软件设计基于 Windows 环境,充分利用 Windows 良好的人机界面环境,开发系统软件。上位机内所有数据库内的数据均可以通过以太网与设备公司信息网并网,实现数据共享。

下位机采用可编程控制器 PLC 作为控制核心（图 4-30）。主要功能：接收各个动力设备的运行、故障状态、手指令开停允许状态；对所有设备进行手指令程序开停控制。PLC 安装在动力控制柜处，采集的数据通过高速的总线通信方式与上位机进行交流。

图 4-29　控制室上位机布置　　　　　图 4-30　控制室内 PLC 程序控制柜

通过 Modus 总线式通信协议将压缩机、冷间温度、风机运行等状态联系到一起，使整个监控系统更加集中、全面。无论何种情况，可以通过控制室的主控计算机监视各设备的运行状态及检测元件的实时数据。自动运行时，控制系统可以根据预置的程序和操作人员设定的参数自动开停各设备，并根据实际的负荷来控制压缩机及其他辅助设备的开停及开启台数，达到无人值守和系统节能的目的。

第 5 章　结构工程施工技术

一个冷链物流园从建设开始直至建成，结构工程成为整个物流园的中坚力量，确保了冷链物流园的安全性、永久性。结构工程从基坑、地基、基础到主体结构，为完整的时间线，不同阶段有不同的施工工艺、技术、重难点、标准，各种施工工艺的不断优化、施工方法的不断改进、不同重难点的解决、标准的不断提高，为精益建造提供了先决条件。

本章节针对冷链系列项目的结构形式：钢结构冷库与混凝土冷库，分别从地基基础、结构施工等不同施工阶段的施工重难点、工艺流程、验收要点进行重点阐述，表达出不同的施工技术在结构施工中的重要性。

5.1　地基处理技术

冷链系列项目分布于广东省 10 余个市 40 余个县区，不同区域有不同的地质条件，即使是相同的钢结构冷库、混凝土冷库、加工车间、办公楼等功能性单体，不同的地质条件下需要采用不同的地基处理方式，从而确保结构的安全性、稳定性。在当地基土层承载力、变形性质或渗透性质无法满足上层建筑荷载要求时，需对地基进行处理。地基处理除应满足工程设计要求外，尚应做到因地制宜、就地取材、保护环境和节约资源，经处理后的地基应符合现行国家标准规范的有关规定。冷链项目涉及山区、沿海、郊外等不同地区范围，应充分考虑当地环境，合理选择行之有效、经济可行的处理方案。

选择地基处理方式时应充分参照地质勘察资料，考虑基坑开挖的需求，并综合考虑上层建筑地基承载力、沉降控制、基坑止水、坑底抗隆起等因素，选用技术可行、经济合理的处理方式。冷链系列项目基础常用地基处理方式包括：

1) 溶洞处理。如在韶关、连州等地某些项目存在岩溶现象，在基础施工前须对地基进行处理，根据不同的溶洞大小采用不同的处理方式，结合冷链系列项目的特点及业主成本考虑，在确保地基安全性、稳定性前提下，主要采用提高预制管桩压桩力，确保桩底送至持力层，达到设计规范要求。

2) 强夯法。强夯法适用于处理碎石土、砂土、低饱和度的粉土、黏性土、湿陷性黄土、杂填土和素填土。不适用于高饱和度的淤泥质土及处理深度超过 10m 的软土地基。

3) 水泥搅拌桩法。适用于处理正常固结的淤泥与淤泥质土、粉土、饱和黄土、素填土、黏性土以及无地下水的饱和松散砂土等地基。

5.1.1 溶洞处理技术

1. 施工重难点

溶洞处理重难点分析及解决方法见表5-1。

溶洞处理重难点分析及解决方法　　表5-1

序号	施工内容	施工重难点	解决办法
1	溶洞处理	由于溶洞位于地下，存在较多的不确定因素，对于不同大小和发育程度的溶洞，应采取不同的处理措施，超前钻探孔径较小，不能准确摸清溶洞全部情况。处理过程应根据实际情况及时调整，做好判断，处理过程较为困难。溶洞封堵都是在孔内进行，无法通过观察和测量进行把控，大多凭经验和参照物，如何确保处理的质量，且不影响桩基础，为溶洞处理的重难点	溶洞采取注浆处理，注浆总体施工顺序遵循"先外后里、先大后小、先混凝土后浆"的原则： 1）岩溶注浆施工在基础施工之前进行。 2）注浆应在钻孔完成并安装完注浆管或套管后进行。 3）对洞内有填充物的溶洞，直接采用纯水泥浆注浆处理。 4）周边相邻多个注浆孔注浆时，后施工中间的注浆孔，并采用间隔跳跃方式注浆
2		对于溶洞地区采用预制管桩基础，施工难度较大，不稳定性因素影响较多，成桩质量得不到有效保障	结合设计院、勘察院提供的施工依据，综合考虑冷链项目特点，预制管桩采用静压法施工，并合理提高桩端终压力，确保基础施工达到设计要求

2. 关键技术

1）注浆处理

地基注浆处理施工流程如图5-1所示。

2）静压预制管桩

以广东某冷链项目为例，原设计管桩沉桩终压力为2000kN，现因溶洞处理要求，设计院复核，将沉桩终压力提高至2600kN，最终经桩基检测，静载、高低应变实验均达到上部结构承载力要求。

3. 验收要点

1）溶洞处理过程中应按照要求合理控制水泥浆配合比。

2）注浆压力不宜太大，具体压力值由现场试验确定。注浆速度为15~20L/min，其目的是使浆液渗透到填充物内（包含灌入的砂和碎石），然后固结，注浆时注浆管必须插入填充物底部，边注浆边缓慢上提，提管速度不宜太快。

5.1.2 强夯法

1. 施工重难点

强夯法施工重难点如表5-2所示。

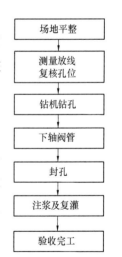

图5-1 地基注浆处理施工流程图

强夯法施工重难点   表 5-2

施工重难点	解决办法
1) 强夯产生的振动较大，当离建筑物较近施工时，会对附近结构产生不可逆破坏	1) 离建筑物较近时进行强夯施工应挖隔振沟作为隔振措施
2) 在满夯时表土易过干，造成地基土表层与下层不能完全固结	2) 出现表土过干时，采取加水措施增加含水量，含水量 10%～30% 为宜

2. 关键技术

强夯施工技术工艺流程如图 5-2 所示。

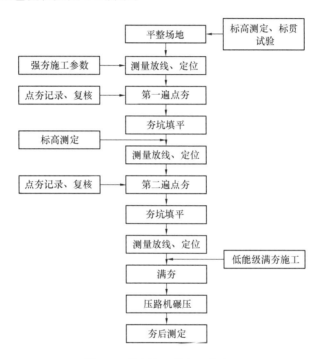

图 5-2　强夯施工技术工艺流程

3. 验收要点

检验标准参照《建筑地基基础工程施工质量验收标准》GB 50202—2018。

5.1.3　水泥搅拌桩

1. 施工重难点

水泥搅拌桩施工重难点分析及解决方法如表 5-3 所示。

水泥搅拌桩施工重难点分析及解决方法   表 5-3

施工重难点	解决办法
1) 施工过程中搅拌机中途发生故障和搅拌机提升速度不均匀造成搅拌体制量不均匀	1) 施工前对设备进行检修，增加搅拌次数、提高搅拌转数，保证拌和均匀，避免浆液沉淀；拌制固化剂时不得任意加水

续表

施工重难点	解决办法
2）注浆泵损坏、喷浆口堵塞、管路堵塞和水泥水灰比稠度不合适等会造成喷浆异常	2）喷浆口采用逆止阀，不得倒灌泥土，注浆连续，泵与输浆管路使用完毕后应清洗干净，并在集浆池上部设细筛过滤；在钻头喷浆口上方设置越浆板，确保喷浆正常
3）搅拌施工中有抱钻或冒浆出现	3）搅拌机沉入前，桩位处要注水，使搅拌头表面湿润。地表为软黏土时，还可掺加适量砂子，改变土中黏度，防止土抱搅拌头
4）开挖桩头土时，桩身强度不足；成桩过程中钻头提升过快，因故停机超过3h	4）按照工艺试验时确定的参数控制钻头提升速度和搅拌速度。停浆小于3h时，钻头可下沉至停浆面0.5m处，恢复供浆后继续施工；停浆超过3h后在原桩位旁进行补桩

2. 关键技术

水泥搅拌桩工艺流程如图5-3所示。

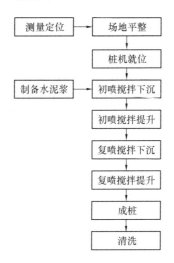

图5-3 水泥搅拌桩工艺流程图

3. 验收要点

具体检验标准参照《建筑地基基础工程施工质量验收标准》GB 50202—2018。

5.2 基础施工技术

冷链系列项目整体建筑布局主要有冷库（钢结构、混凝土）、加工车间、仓库、综合办公楼，其主要结构形式有门式刚架、钢框架、混凝土框架结构、砖混结构，结合不同区域不同的地质情况，在满足上部结构荷载要求的前提下，因地制宜选择相对经济可行的基础形式。冷链系列项目地基基础主要有以下四种形式：

1. 独立基础

适用于上部竖向荷载较小的建筑，持力层通常为土质较好的黏性土、砂土、风化岩层，持力层的埋深不超过 5m，不适用于素填土、淤泥质土较厚的土质。

2. 筏板基础

适用于上部竖向荷载较大而柱间距相对较小且独立基础不能满足设计要求的建筑；当建筑物有地下室时，地下室结构的持力层埋深不超过 5m；其余适用条件同独立基础。

3. 预制管桩基础

适用于上部荷载较大的建筑，且浅基础无法适用时。持力层埋藏较深，桩端持力层通常为坚硬岩石，持力层以上的土层通常为较松软的黏性土、砂土、素填土、淤泥质土。

4. 旋挖灌注桩基础

适用于地质条件复杂、持力层埋藏较深的情况，可承受较大上部荷载，除适用管桩的所有应用范围，还可用于土体存在碎石夹层、大块孤石以及起伏较大的灰岩地质。

5.2.1 独立基础

1. 施工重难点

独立基础施工重难点分析及解决方法如表 5-4 所示。

独立基础施工重难点分析及解决方法　　　　表 5-4

施工内容	施工重难点	解决办法
独立基础	土方开挖时场地条件、雨期施工边坡塌陷、基础积水造成施工难度增加	承台地梁开挖距离 50cm 进行 1:1 放坡开挖，确保基础施工安全，同时避免雨期施工，无法避免时做好抽水排水措施

2. 关键技术

1）承台施工工艺流程，如图 5-4 所示。

2）基础梁施工工艺流程，如图 5-5 所示。

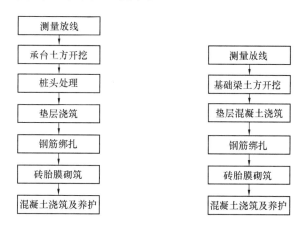

图 5-4　承台施工工艺流程图　　图 5-5　基础梁施工工艺流程图

3. 验收要点

具体检验标准参照《建筑地基基础工程施工质量验收标准》GB 50202—2018。

5.2.2 筏板基础

筏板基础一般情况下有较大承台与筏板基础成为一体,主要涉及大体积混凝土的施工。

1. 施工重难点

筏板基础施工重难点分析及解决方法如表 5-5 所示。

筏板基础施工重难点分析及解决方法　　　　表 5-5

序号	施工内容	施工重难点	解决方法
1	筏板基础	水化热放热过快冷缝的避免与控制	1) 采用低热原材料,降低水化热。 2) 延长初凝时间,降低水化热放热速度。 3) 延长初凝时间,保证在初凝前完成新旧混凝土接槎,避免冷缝
2		混凝土抗渗要求高	1) 配合比设计应考虑应用优质高效减水剂和掺入矿物细料掺和料,既要保证混凝土强度,又要尽可能降低水泥用量,减少水化热。 2) 混凝土的流动性适宜、收缩性要小、施工性能良好
3		温度控制	1) 满足大体积混凝土水泥温度控制在 60℃ 以下,混凝土入模温度控制在 28℃ 以内,对新出厂的水泥采取场外储存的降温措施。 2) 布置温控点,监测混凝土的温度。 3) 根据温度监测结果,及时调整面层保温措施,控制内外温差、降温速率、里表温差在允许范围内
4		大体积混凝土供应	冷链系列项目大体积混凝土一次性浇筑量为 500~1000m³,提前一周向搅拌站报送大体积混凝土施工计划,要求搅拌站提前一周进行材料、机械准备
5		大体积混凝土施工组织	1) 合理组织混凝土浇筑路线和输送泵的布置,及时协调进度,组织各工作的穿插进行。 2) 安排专业试验人员控制混凝土的供应质量

2. 关键技术

1) 浇筑顺序及安排

较大承台总体按照"先竖向、后平面"的浇筑顺序进行,竖向顺序由下及上,单次分层浇筑面积不宜大于 500mm² (图 5-6)。

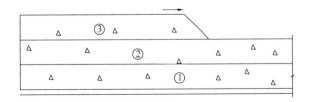

图 5-6　较大承台分层浇筑示意图

底板大面积浇筑采用整体推移式连续浇筑法,斜向分层、水平推进、一次到顶,分层厚度按 500mm 进行控制,由远泵端向输送泵推进(退泵)进行浇筑(图 5-7、图 5-8)。

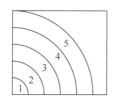 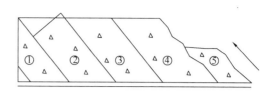

图 5-7 推移式连续浇筑施工示意图　　图 5-8 斜面分层浇筑施工示意图

对于电梯井部位：井坑模板采用定型筒模，上部压重安装，井坑底板随第 1 层底板混凝土浇筑，井坑侧壁随第 2 层底板混凝土浇筑。

2）混凝土振捣

大体积混凝土浇筑采用二次振捣工艺，在混凝土浇筑后即将凝固前，在适当的时间和位置再次给予振捣，以排除混凝土因泌水在粗骨料、水平钢筋下部生成的水分和空隙（图5-9）。

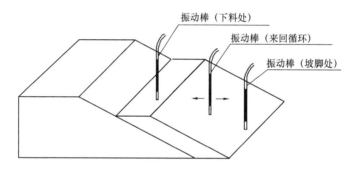

图 5-9 底板混凝土振捣示意图

当有留下冷缝的可能时，立即启动备用汽车泵或塔式起重机吊斗支援运输混凝土，以确保底板一次性连续浇筑成功。

3）混凝土泌水处理

（1）混凝土泌水处理：在基坑边设置集水坑，通过垫层找坡使泌水流至集水坑内（图5-10），并采用潜水泵置于泌水流向位置抽排，泌水量较大时使用功率为 3～4kW 的潜水泵抽排，泌水量小时采用小功率软轴泵进行抽排；浇筑过程中若遇到下雨天气，视现场情况增加排水泵。当表面泌水消去后，用木抹子压一道，减少混凝土沉陷时出现沿钢筋的表面裂纹。

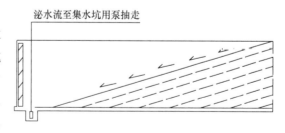

图 5-10 混凝土泌水处理示意图

（2）浮浆处理：在底板浇灌即将结束时，有可能因砂浆积聚，与泌水混合形成浮浆，需用小型污水泵将浮浆抽出，以免在混凝土中形成容易龟裂的薄弱部位。抽出的浮浆经沉淀后排放。

4）混凝土表面处理及养护

大体积混凝土经振捣密实后，再采用二次振捣抹平压实的方法进行表面处理。即混凝土振捣密实后用木枋、刮头将表面刮平，用塑料膜将混凝土表面覆盖，防止水分散失。待混凝土密实接近初凝时，揭开薄膜用平板振捣器、木枋、收光机等进行二次振捣，抹平收光表面的沉缩裂缝，使表面平整、均匀、密实。二次收光后随即用塑料膜严实覆盖，进行保湿养护。

根据温度监测的数据，当混凝土内水化热温度上升接近内外温差20℃时，及时覆盖保温材料进行蓄热养护，根据混凝土水化温升情况，调整蓄热养护措施，始终保持混凝土的内外温差、混凝土表面与环境温差、降温速率等指标在规定范围内。

大体积混凝土保温蓄热养护时间不少于14d。

5）测温点的布置（图5-11）

(1) 选择混凝土浇筑平面图对称轴的半条轴线布置。

(2) 布置在温度场发生变化的位置，例如板厚发生变化、环境发生变化的位置。

(3) 测温点探头沿板厚布置3个，分别布置在距离浇筑体底面上、板面下50～60mm处以及板厚中部。

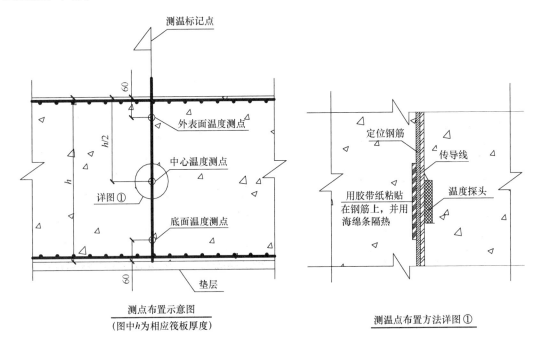

图5-11 测温导线固定示意图

3. 验收要点

1）过程控制混凝土浇筑分层厚度及混凝土浇筑连续性。

2）选择在较适宜的气温下浇筑大体积混凝土，尽量避开炎热天气浇筑混凝土。

3）掺加相应的缓凝型减水剂，如木质素磺酸钙等。

4）温度控制按照《大体积混凝土温度测控技术规范》GB/T 51028—2015执行。

5.2.3 预制管桩

1. 施工重难点

预制管桩施工重难点分析及解决方法如表 5-6 所示。

预制管桩施工重难点分析及解决方法 表 5-6

序号	施工内容	施工重难点	解决方法
1	锤击管桩、静压管桩	预应力高强度混凝土管桩（PHC 管桩）的接桩焊接，是沉桩过程的关键工序。PHC 管桩单节拼接成整桩采用端板焊接连接，焊接质量的好坏决定了受力的连续性	焊接前应先确认管节是否合格，端板是否合格平整，端板坡口上的浮锈及污物应清除干净，两层焊接完成后应冷却 8min 后方可继续锤击
2	锤击管桩、静压管桩	在沉入过程中，桩身突然倾斜错位，当桩尖处土质条件没有特殊变化，而贯入度逐渐增加或突然增大，同时在桩锤跳起后，桩身随之出现回弹现象，存在桩身发生断裂的风险	1）施工前应对桩位下的障碍清理干净，必要时对每个桩位用钎探探测。对桩构件要进行检查，发现桩身弯曲超过规定（$L/1000$ 且 $\leqslant 20mm$）或桩尖不在桩纵轴线上的不宜使用。一节桩的长细比不宜过大，一般不宜超过 40。 2）在稳桩过程中，若桩不垂直应及时纠正，桩打入一定深度后发生严重倾斜时，不宜采用移架方法校正。接桩时，要保证上下两节桩在同一轴线上，接头处需在拼接处涂刷界面剂。 3）堆放、吊运过程中，按照有关规定执行，发现桩开裂超过有关验收规定时不得使用
3		在沉桩过程中，桩顶出现混凝土掉角、碎裂、坍塌甚至桩顶钢筋全部外露打坏	1）桩制作时，要振捣密实，主筋不得超过第一层网片。桩成型后要严格加强养护，在达到设计强度后，宜有 1~3 个月的自然养护，以增加桩顶抗压能力。 2）应根据工程地质条件、桩断面尺寸及形状，合理地选择桩锤。 3）沉桩前应对桩构件进行检查，检查桩顶面有无凹凸情况，桩顶平面是否垂直于桩轴线，桩尖是否有偏斜，对不符合规范要求的桩不宜采用或经过修补等处理后才能使用。 4）检查桩帽与桩的接触面处及替打木是否平整，如不平整应进行处理方能施工。 5）稳桩要垂直，桩顶要加衬垫，如衬垫失效或不符合要求时要更换

2. 关键技术

预制管桩主要施工工艺流程如图 5-12 所示。

3. 验收要点

具体检验标准参照《建筑地基基础工程施工质量验收标准》GB 50202—2018。

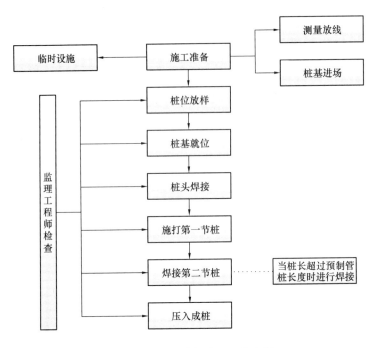

图 5-12 预制管桩施工工艺流程

5.2.4 旋挖灌注桩

1. 施工重难点

旋挖灌注桩施工重难点分析及解决方法如表 5-7 所示。

旋挖灌注桩施工重难点分析及解决方法　　表 5-7

序号	施工内容	施工重难点	解决方法
1	旋挖灌注桩	桩径 3m 的超大直径桩基施工成孔难度大，灌注是重点	超大直径桩基钻孔采用套钻法施工，先利用小直径钻头钻进，再采用大直径钻头逐步扩孔。采用大方量料斗，确保混凝土方量储备足够；同时确保混凝土供应充足、连续
2		桩基入中风化泥质粉砂岩，钻孔难度大	对钻孔设备进行选型分析，针对不同桩径的桩基选用功率更大的钻机设备，并针对不同的岩层采取不同的钻具组合，控制钻进速度，提高钻孔效率
3		防止混凝土灌注时钢筋笼上浮是重点	在钢筋笼上端钢筋套入钢管，随钢筋笼下孔就位，护筒上固定型钢，将钢管限制在型钢下部；防止在浇筑混凝土时，钢筋笼上浮。同时钢筋笼另外设置吊筋悬吊在型钢上，防止落地

2. 关键技术

旋挖灌注桩主要施工工艺流程如图 5-13 所示。

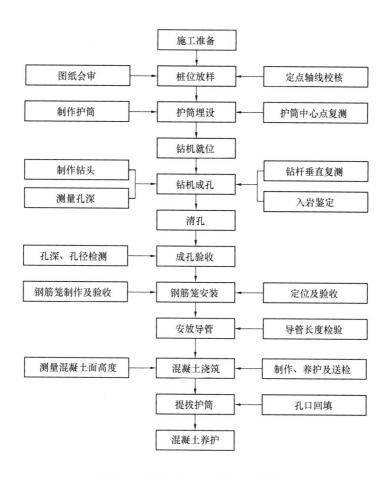

图 5-13 旋挖灌注桩主要施工工艺流程图

3. 验收要点

具体检验标准参照《建筑地基基础工程施工质量验收标准》GB 50202—2018。

5.3 钢结构冷库安装施工技术

钢结构在大跨度、大空间建筑中具备较大优势，故钢结构在冷链骨干网冷库结构体系中占比最大，其中钢结构冷库结构形式均为门式钢架，冷库附属月台为钢框架结构形式。此类冷库考虑建筑防火规范要求及建设成本，建筑高度通常控制在 24m 以内，冷库库内可使用净高 15~20m。

钢结构冷库施工主要涉及以下三方面内容：
1) 钢结构吊装施工。
2) 钢结构防火涂料施工。
3) 钢结构屋面及外墙围护结构施工。

5.3.1 施工重难点

钢结构施工重难点分析及解决方法如表 5-8 所示。

钢结构施工重难点分析及解决方法　　表 5-8

序号	施工内容	施工重难点	简要分析	解决方法
1		钢结构构件众多、作业量大且总体工期紧张	冷链系列项目钢结构冷库面积通常为 6000~8500m²	1）施工区域根据土建基础施工安排，每栋厂房通常划分为 2 个流水施工区，合理安排钢构件制作和加工计划，构件分批进场，确保施工堆场利用率。 2）合理安排钢构件制作和加工计划，构件分批进场，劳动力和机械设备保障充分，合理规划构件堆场，避免二次转运
2	钢结构吊装施工	钢结构安装精度要求高、难度大	1）钢柱安装垂直度、定位精度要求极高； 2）屋面梁等连接节点高强度螺栓终拧难度大	1）配备经验丰富的测量技术施工人员。 2）测量仪器必须年检合格或有出厂合格证，高强度螺栓扭矩扳手必须经过校核并合格。 3）图纸严格审核，确保构件尺寸准确。 4）从制作开始，控制钢板变形、焊接变形，以及运输、吊装过程中造成的构件变形。 5）注意保护高强度螺栓摩擦面
3		施工安全管理是钢结构施工管理的重点	1）钢结构起重吊装作业属于危险性较大的分部分项工程； 2）钢结构施工作业面广，立体交叉作业多； 3）高空、临边作业多	1）编制科学、合理的吊装专项安全方案。 2）工人进场进行三级安全教育，特殊工种实行持证上岗制度。 3）钢结构安装采用标准的钢爬梯、防坠器、生命线等一系列安全技术措施。 4）钢结构施工期间，严格执行公司的各项安全管理制度和奖罚制度。 5）定期召开安全教育会、危险区域张贴安全警示牌、吊装区域拉设安全警戒线
4	钢结构防火涂料施工	防火涂料喷涂成品保护	钢结构防火涂料施工时，施工范围内易产生污染，对其他单位的成品进行保护是重点	1）防污染措施： （1）针对地面、墙面、室内消防设施及其他设备要做好防污染保护措施，用彩条布或薄膜等材料及时做好防护工作。 （2）涂料施工过程中，考虑施工场地大、作业点多，对防火涂料空桶需做到工完场清，并进行合理堆放处理，及时对散落的、污染到临边设施及地坪的涂料加以清理。 （3）认真考虑涂刷先后顺序，避免交叉污染。及时清理外立面上积存的建筑垃圾灰土，避免涂料清理而造成污染。 2）防止碰撞损坏措施： 施工中易碰撞部位加以临时保护，成品区域悬挂"小心碰触"标识卡，防止不了解情况人员无意识造成的破坏，减少损坏
5	防火涂料及围护结构	高空作业安全性要求高	高空作业区域广，为杜绝安全事故，高空作业时做好安全防护措施是重点	1）各施工区域安排专人看护，按要求配备灭火器，做好临边防护工作，施工现场危险区域应设有警示带、安全标识牌、防火标志。 2）进行高空作业时，施涂人员须佩戴好安全带、安全帽、劳保鞋等

5.3.2 钢结构吊装施工技术

1. 单个区域吊装施工流程

单个区域吊装施工流程如图 5-14 所示。

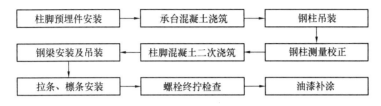

图 5-14 单个区域吊装施工流程图

2. 冷藏间门式钢架结构施工流程

以下流程以某冷链项目为例：

步骤一：钢柱安装利用一台 25t 吊机吊装 A 轴交 3-12 轴立柱和 B 轴交 3-12 轴立柱，立柱吊装定位后利用 12mm 钢丝绳作缆风绳从四个方向固定钢柱（图 5-15）。

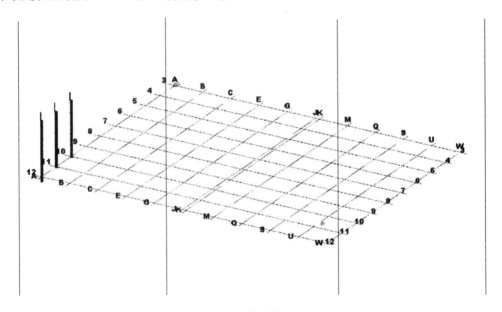

图 5-15 钢柱吊装示意图

步骤二：A 轴和 B 轴钢柱安装完成后，利用一台 25t 吊机安装屋面主梁，钢梁与钢柱利用高强度螺栓连接，安装就位后利用 12mm 钢丝绳作缆风绳从两侧拉紧固定屋面钢梁；系杆、支撑安装利用 25t 吊机吊装，单件吊装，将 A 轴和 B 轴之间的系杆、支撑安装完成，支撑安装完成后形成稳定的钢结构钢架体系（图 5-16）。

步骤三：先安装 C 轴钢柱和屋面梁，之后安装 B 轴和 C 轴之间的系杆和支撑，吊装机械和安装方法与之前的柱梁安装一致，使钢结构体系更加稳固（图 5-17）。

步骤四：分别往 A 轴和 W 轴安装推进，吊装方法与之前一致（图 5-18）。

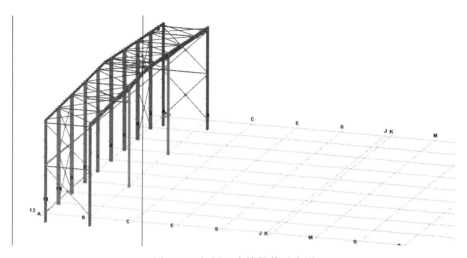

图 5-16　钢梁、支撑吊装示意图

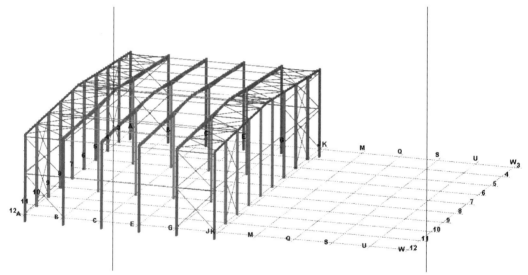

图 5-17　系杆、支撑安装示意图

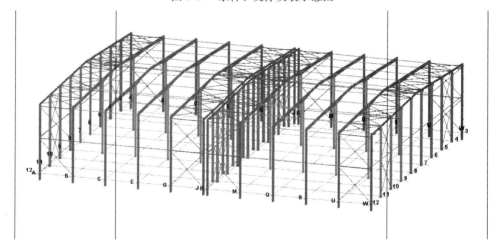

图 5-18　吊装完成示意图

3. 月台穿堂钢框架结构施工流程

以下流程以某冷链项目为例：

步骤一：钢柱由两段运至现场，现场组装后利用一台 50t 吊机吊装 W-U 轴交 13-15 轴立柱和 W-U 轴交 13-15 轴立柱，立柱吊装定位后利用 12mm 钢丝绳作缆风绳从四个方向固定钢柱（图 5-19）。

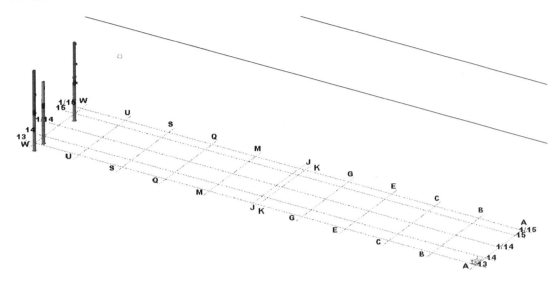

图 5-19 月台穿堂钢柱吊装示意图

步骤二：W 轴和 U 轴钢柱安装完成后，利用一台 25t 吊机先安装框架主梁，钢梁与钢柱利用高强度螺栓连接；利用 25t 吊机吊装次梁，单件吊装，将 W 轴和 U 轴之间的次梁安装完成，支撑安装完成后形成稳定的钢结构钢架体系（图 5-20）。

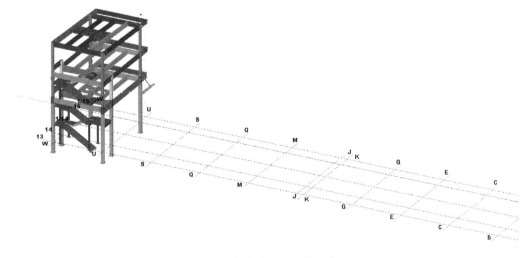

图 5-20 月台穿堂钢梁安装示意图

步骤三：吊装机械和安装方法与之前的柱梁安装一致，使钢结构体系更加稳固；分别往 W 轴和 A 轴安装推进（图 5-21）。

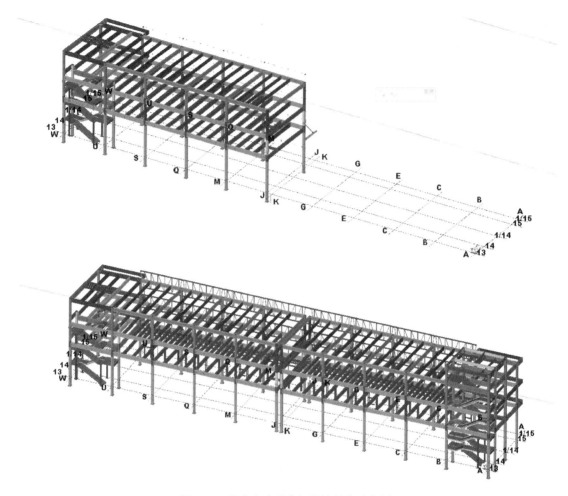

图 5-21　月台穿堂剩余钢结构吊装示意图

5.3.3　防火涂料施工技术

冷库钢结构的主要结构耐火等级为一级。固定防火墙的承重结构柱、梁的耐火极限为 4.0h；钢柱、柱间支撑的耐火极限为 2.5h；钢梁的耐火极限为 1.5h；屋面水平支撑、系杆等的耐火极限为 1.0h。选用的防火涂料应与防腐涂料兼容良好。防火涂料施工工艺步骤如表 5-9 所示。

防火涂料施工工艺步骤　　　　　　　　　　　　　　表 5-9

第一步	基层处理，达到喷涂第一遍条件
第二步	调制防火涂料，分层喷涂，达到设计要求厚度
第三步	处理边角及结合部位，检验合格后进行成品保护及工序交接

5.3.4 围护结构施工技术

1. 屋面系统工艺流程

围护结构屋面系统工艺流程如图 5-22 所示。

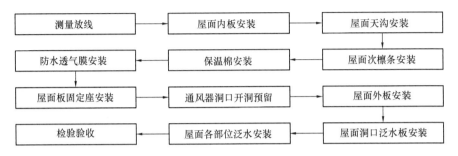

图 5-22 围护结构屋面系统工艺流程图

2. 墙面系统工艺流程

围护结构墙面系统工艺流程如图 5-23 所示。板材压型流程如图 5-24 所示。

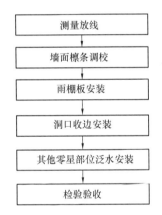

图 5-23 围护结构墙面系统工艺流程图

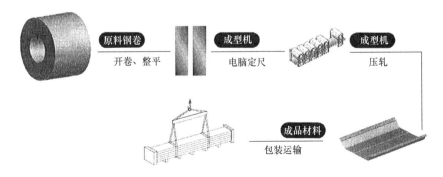

图 5-24 板材压型流程图

5.3.5 验收要点

1. 钢结构吊装验收要点

具体检验标准参照《钢结构工程施工质量验收标准》GB 50205—2020、《钢结构高强度螺栓连接技术规程》JGJ 82—2011。

2. 防火涂料施工验收要点

具体检验标准参照《钢结构防火涂料工程施工验收规范》DB 29—134—2005，并符合《钢结构防火涂料》GB 14907—2018 中的相关规定。

3. 围护结构施工验收要点

具体检验标准参照《建筑装饰装修工程质量验收标准》GB 50210—2018 及《钢结构工程施工质量验收标准》GB 50205—2020 中的相关规定。

5.4 混凝土冷库结构施工技术

混凝土冷库从结构及功能上可分为三个部分：冷藏间、首层月台及上层穿堂、制冷机房。冷藏间通常采用板柱－抗震墙结构，地面和楼面活荷载一般为 30kN/m²；穿堂及上层穿堂、制冷机房通常采用现浇钢筋混凝土框架结构，制冷机房屋面按上人屋面 2.0kN/m² 考虑；其他屋面均按不上人屋面 0.5kN/m² 考虑。根据广东地区施工经验，冷库基础形式通常考虑预应力混凝土管桩；地面部分若回填土厚，可考虑梁板架空工艺。

混凝土结构冷库施工主要涉及以下三方面内容：

1) 冷库主体结构及二次结构施工。
2) 冷藏间聚氨酯喷涂内保温施工。
3) 配筋钢纤维混凝土＋耐磨骨料＋固化剂的防裂耐磨地坪施工。

5.4.1 高大模板施工技术

冷链系列项目混凝土冷库容积率较大，且层数多为 2～3 层，所需配套制冷设备一般不少于 2～3 套，每套制冷设备均需配备 CO_2 储液罐、冷凝蒸发器及热回收器，导致制冷机房所需层高较高（普遍层高达 9～10m），且屋面梁跨度较大（12～13m），施工较为不便。本章节就高支模工程施工要点、施工工艺及验收要点进行分析。

1. 盘扣架体搭设

排列可调底座→安装标准基座→搭设第一层横杆→搭设起步立杆→搭设第二层横杆→搭设第一层斜杆→搭设第三层横杆→搭设第二层斜杆→重复上述流程搭设至预定高度→安装 U 形可调顶托。

2. 超高柱加固体系

因冷链系列项目层高普遍偏高，其结构柱高度普遍高于 7.5m，传统的钢管扣件式方柱加固体系暴露出施工加固速度慢、所需周转材料较多、现场安全文明施工难以保证等缺点，使现场施工受到掣肘。为解决以上问题，在确保方柱实测和观感质量取得很好效果的前提下，建议采用方圆扣施工体系，不仅解决了工程中存在的问题并且将混凝土方柱支模速度提高40%、支模成本降低40%。方圆扣施工体系比选分析如表5-10所示。

方圆扣施工体系比选分析表　　　　　　表 5-10

序号	优势	具体内容
1	强度更高	方圆扣使用8号加强工字钢（Q345B，宽度80mm，厚度18mm）以及10号加强工字钢（Q345B，宽度100mm，厚度25mm）定制而成，其强度是普通钢管的3~4倍
2	无须使用穿墙螺杆	尺寸小于2.5m的方柱，方圆扣加固体系可以不使用对拉螺杆的同时达到与钢管加固同等强度，并且成型效果也要好于后者
3	尺寸适用范围广	每一种方圆扣规格的适用尺寸变化都在300mm左右，使用一种方圆扣可以适用于多种尺寸的方柱，减少了材料的使用费用
4	安装简便快捷	方圆扣之间使用斜铁进行加固，与螺栓连接相比，操作简便。且每道加固只使用一道方圆扣，对比两道钢管安装更加方便
5	施工速度快	以1m×1m、柱高4m的方柱为例，两人一天可安装6~8个，相对于钢管加固速度有所提高，节约人力成本

超高柱加固体系施工工艺流程如图5-25所示。

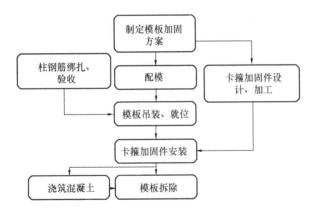

图 5-25　超高柱加固体系施工工艺流程图

5.4.2　架空层施工

冷链系列项目采用架空式冷库地面做法时，需在基础梁柱上架设钢筋混凝土楼板形成架空层，在架空层上施工隔热层，使地坪所散发出来的冷气通过架空层的空气散发掉，不再引起地下土壤的冻胀。本节就架空层施工过程中的重难点、施工要点进行分析。

1. 施工重难点

从防止土壤冻结的角度来看，其效果是很好的。但架空层施工造价高，比一般通风管或油管加热的地坪造价普遍高出25%左右。地坪架空分为矮架空（高度在0.8~1.8m）和高架空（高度在2.0~2.8m）两种。架空层作挑选间使用时，需设置冷风机，以便在炎热的季节降温和防止楼板下面的冷凝水下滴。架空地坪一般都有排水设施。故架空层施工过程中的重难点在于低层高支模施工及排水措施的布置。

2. 关键技术

1）工艺流程

架空层主体结构完成且模板全部拆除→挡墙防水施工→挡墙保护砖施工→回填范围内垃圾清理干净→土方分层回填夯实→水电预埋预留→基槽土方开挖→基底垫层混凝土浇筑→砌砖侧模→板底土方平整夯实→浇筑垫层混凝土（为板底模）→梁板钢筋植筋→检测→绑扎梁板钢筋→浇筑梁板混凝土→养护。

2）施工要点

（1）架空板下的地基土仍应夯实，尽量减少潮气向板下空间渗透（图5-26）。

图5-26 架空层地基夯实

（2）架空板下应有足够的空间和通风条件（图5-27）。因为架空板下的地基土虽经夯

图5-27 架空层模板支撑垫层施工

实，仍会不断有潮气向上渗透淤积，并向板内渗透。设置通风洞后，对地面干燥是极为有利的。

（3）重视架空板的拼缝质量，架空板的拼缝是地面防潮的薄弱部位，若处理不当，板下潮气将从此透入。铺板时，板间应留有一定的缝隙。嵌缝前，应认真清扫干净，并予湿润。嵌缝时，用细石混凝土仔细嵌实，当板较厚时，应分层嵌实。

（4）有条件时，铺板前应在板底刷一道热沥青，堵塞板底毛细孔，能有效地提高架空地面防潮效果。

3. 验收要点

模板相关检验标准详见《混凝土结构工程施工规范》GB 50666—2011 相关规定。

第6章　保温工程施工技术

冷库保温体系的施工质量决定了低温运行的效率，库内低温恒温可有效避免能源浪费，长期低温运行时，较好的保温性能可减少跑冷造成的经济损失，提高整体运营效益。

冷库根据设计温度高低，可分为中低温库（－28～－10℃）、高温库（－5～5℃）、变温库（高低温可调），不同形式冷库的保温体系选择不同，保温体系组成主要如下：

1）冷库地面保温。冷库地面保温还可采用地坪架空防冻、地坪通风防冻等方式解决地坪防冻胀，根据广东省冷链系列项目施工经验，地坪敷设热源（乙二醇PE管）防冻胀在成本、施工效果方面最佳，故本书仅对地坪敷设热源防冻胀施工技术做详细介绍。

2）墙面、顶棚聚氨酯夹芯板保温（钢结构库）。

3）墙面、顶棚聚氨酯喷涂保温（混凝土库）。

4）冷库保温门。

5）保温滑升门。

6.1　冷库保温地坪施工技术

冷库地坪防冻胀一般处理方式主要有：地坪架空防冻、地坪通风防冻、地坪敷设热源防冻。根据以往冷库施工经验，综合考虑建筑成本及防冻胀效果，常规选用地坪敷设热源防冻胀的处理形式，故此，本书就低温冷库采用的"地热＋XPS保温板＋防水卷材"保温体系进行简要描述，这种保温体系在保证了保温性能的同时，又可避免保温层有水汽产生冻融现象对冷库地坪造成破坏，避免产生质量及安全隐患。

6.1.1　施工重难点

冷库保温地坪施工重难点分析及对应措施见表6-1。

冷库保温地坪施工重难点分析及对应措施　　　表6-1

序号	施工内容	施工重难点	对应措施
1	冷库保温体系	地基土回填压实度达不到0.94，后期沉降将导致上层材料的不必要浪费，整体地坪完成后沉降过多造成地坪大面积开裂、保温层损坏，存在重大质量及安全隐患	首层素土回填须严格按照分层回填、多次压实进行，确保回填土压实度≥0.94
		在进行乙二醇加热管（PE管）的预埋敷设过程中，加热管采用钢筋固定，固定时容易造成破损，破损更换成本较高	PE管保证其整体性、完整性，进场验收时要保证其外观完整、无缺损、无变形、无开裂，敷设过程中不得用接头连接、单进单出

续表

序号	施工内容	施工重难点	对应措施
1	冷库保温体系	PE隔汽膜厚度较薄，容易破损，素土水汽进入保温层，造成冻融现象，破坏地坪	PE隔汽膜施工时需确保材料不破损，铺设完成后施工XPS保温板过程中需注意PE膜的成品保护
		冷库需保证恒温运行，尽量减少能量损失，杜绝冷桥产生，采取措施断冷桥，达到节能提效的目的	XPS保温板与墙边、柱边的留缝需按照设计要求进行，确保达到阻断冷桥的目的。分层错缝铺贴的方法，防止冷气通过通缝直接传递到结构垫层，减少搭接处冷桥，增强保温层的保温效果，降低建筑能耗
2	钢纤维耐磨地坪	冷库内空间相对封闭，混凝土浇筑时温度过高，对于金刚砂面层的施工质量有着一定的考验，施工时平整度达到3mm的允许误差要求较高，且金刚砂面层需与混凝土基层充分结合，避免出现起壳现象。冷库地坪单次浇筑施工面积通常在700~1000m²，混凝土浇筑期间原料不能断料，长时间的冷缝易造成后期打冷时地坪出现裂缝，影响地坪质量	冷库大面积地坪施工时，采取通风措施降低库内温度，混凝土浇筑时采用激光整平仪进行收光整平，提高施工平整度，混凝土初凝时分两次撒播金刚砂，并按照200m²/人的标准配备足够的磨光作业人员，确保金刚砂与混凝土面层充分结合，避免出现起壳的现象。合理分区且在浇筑时采用"大跳仓+流水段法"施工，提高混凝土浇筑质量，减少施工缝，提高整体地坪施工质量

6.1.2 预埋PE管地坪加热施工技术

低温冷库地坪防冻胀具体做法如表6-2所示。

低温冷库地坪防冻胀做法表　　　　　表6-2

1	冷间面层200mm厚C30细石混凝土内配Φ8@150钢筋（钢筋网距表面30mm），内掺冷拉钢丝切断型钢纤维
2	空铺SBS聚合物改性沥青防水卷材防水层
3	200mm厚XPS挤塑保温板分层错缝拼贴（B_1级）
4	满铺0.3mm厚PE膜隔汽层一道，接缝处搭接150mm
5	150mm厚C20混凝土垫层原浆收光
6	100mm厚石粉，内埋PE管$De32$
7	素土夯实，压实系数大于等于0.94

1. 素土夯实

冷库首层无结构做法，仅施工建筑地坪，故对土壤压实度要求极高，通常采用分层回填、压实方法，采用压路机分层多次压实以达到压实系数0.94的标准（图6-1）。

2. 石粉层铺设内埋PE管

1）PE管进场验收

此道工序为保障土层不冻胀的关键工序，PE管严格按照设计图纸标定的管间距和走向敷设。PE管应保持平、直，管间距的安装误差不应大于±1mm。PE管敷设前，应对照施工图纸核定PE管的选型、管径、壁厚是否满足设计要求；并对PE管外观质量和管内部是否有杂质进行认真检查，确认不存在任何问题后再进行安装（图6-2）。PE管安装间断或完毕的敞口处，应随时封堵。

图6-1　压路机分层压实　　　　　　　图6-2　PE管完整度验收

2）石粉层铺设

石粉颗粒坚硬，是一种化学稳定性好、抗风化能力强、水稳性好、亲水性差、无腐蚀性的材料，石粉垫层较于传统混凝土垫层，在满足地基承载力、减少沉降的同时，具有施工工艺简单、造价低、PE管埋设便利的优势。

于场内铺设10cm厚石粉，使用小压路机进行压平，后在石粉层上，按图纸PE管敷设位置用小铲勾出浅槽（图6-3）。

图6-3　石粉层铺设、勾槽

3）PE管敷设

待石粉层上按图纸位置完成勾槽后，将PE管沿浅槽敷设（图6-4）。

图 6-4　PE 管敷设

4）绑扎固定

将敷设好的 PE 管采用短钢筋及钢丝绳进行绑扎固定，确保后期回填后 PE 管不会产生位移（图 6-5）。

图 6-5　PE 管绑扎

5）石粉回填

待所有 PE 管按图纸完成敷设、绑扎固定后，将沟槽内 PE 管用石粉进行回填压平（图 6-6）。

图 6-6 石粉回填

6) 加压检测

当 PE 管敷设工序完成后,对所有 PE 管端口进行加压检测,确定 PE 管在敷设、绑扎过程中未出现破损(图 6-7)。

图 6-7 加压检测

6.1.3 XPS 保温板施工技术

挤塑式聚苯乙烯隔热保温板(简称"XPS 保温板")采用分层铺贴、错缝控制,XPS 保温板相邻两层以不同的方向铺设,横铺一层,竖铺一层,以达到错缝效果(图 6-8、图 6-9)。XPS 保温板拼缝应挤紧,板间缝隙应采用 XPS 保温板尾料或碎屑嵌填密实,表面应平整。

XPS 保温板分层错缝拼贴具体做法为:底层 XPS 保温板紧贴冷库立板,上层 XPS 保温板与冷库立板距离为 50mm,保温挤塑板共分 4 层(低、变温库)或 3 层(高温库),每层 50mm 厚,最底部一层紧贴冷库立板,上面三层/二层与冷库立板之间的 50mm 宽缝隙先用 XPS 保温板填充。

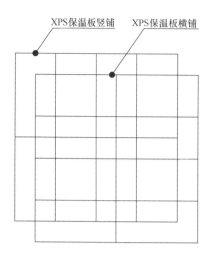

图 6-8 XPS 保温板分层铺贴示意图

图 6-9 XPS 保温板分层铺贴实例

XPS 保温板铺设完毕后,抽出上三层 XPS 保温板与冷库立板之间的 50mm 宽 XPS 保温板,用聚氨酯灌缝处理。

6.1.4 SBS 防水卷材施工技术

1) XPS 保温板铺贴严实,保温板与冷库立板间采用聚氨酯灌缝处理完成后,开始进行防水卷材铺设。

2) 卷材搭接宽度为 100mm。

3) 防水卷材铺设在冷库立板处上返至地面反坎平齐(卷材需要与库板粘结牢固,避免混凝土浇筑过程中,混凝土水分从缝隙流入保温层,如图 6-10 所示)。

图 6-10 防水卷材铺贴示意图

6.1.5 钢纤维耐磨地坪跳仓施工技术

1. 钢结构冷库地坪跳仓

根据广东省某冷链项目钢结构设计实际情况，钢结构冷库净高普遍在 15m 以上，地坪浇筑时混凝土水化热造成温度上升，结合实际通风条件且在通风散热条件充分时，单仓混凝土浇筑应控制在 700~1000m² （200m³ 混凝土以内）。

如图 6-11 所示，冷库区域分 6 个施工区段，由 1 区往 2 区跳仓流水施工，月台区域分为 2 个施工区段流水施工，每个施工段施工周期为 5d，原则上相邻仓区施工时间间隔至少 7d，库内采用"大跳仓＋流水法"施工，尽量降低混凝土初期膨胀收缩对施工质量的影响，跳仓施工存在局部功效降低的情况，相应施工段施工周期略有延长。

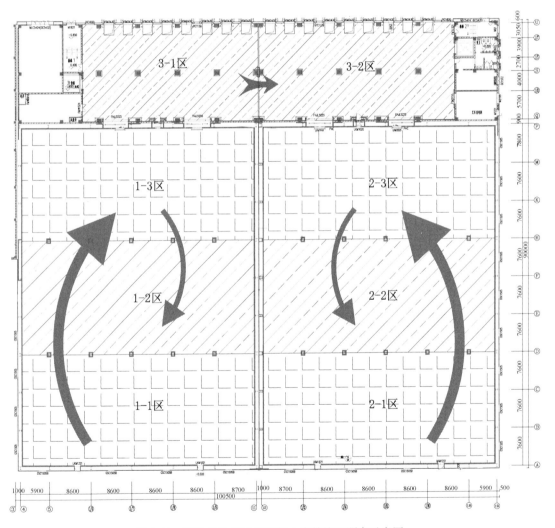

图 6-11 钢结构冷库地坪混凝土浇筑施工顺序示意图一

2. 混凝土冷库地坪跳仓

混凝土冷库净高普遍在 12m 以下，且通风口较少，通风口设置较难形成对流，地坪浇筑时混凝土水化热造成温度上升较快，结合实际通风条件，单仓混凝土浇筑应控制在 700~800m² （160m³ 混凝土以内）。

如图 6-12 所示，冷库区域分 4 个施工区段，由 3-2 区往 3-3 区跳仓流水施工，月台区域分为两个施工区段流水施工，每个施工段施工周期为 5d，原则上相邻仓区施工时间间隔至少 7d，库间跳仓可避免因混凝土库内温度较高造成的资源浪费，跳仓施工存在局部功效降低的情况，相应施工段施工周期略有延长。

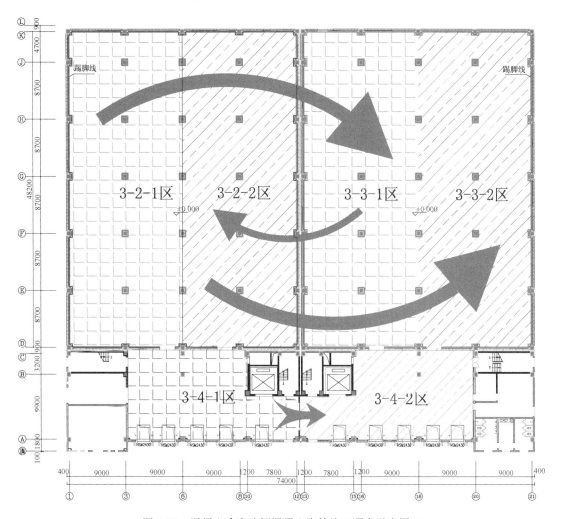

图 6-12 混凝土冷库地坪混凝土浇筑施工顺序示意图二

总体而言，冷库地坪混凝土跳仓施工虽使得施工周期略有延长，但对冷库地坪施工质量提升显著，合理的施工组织使得施工质量得到有效保障，可有效避免地坪开裂、起壳等不利现象的出现，以免影响后期的正常使用。

3. 工艺流程

冷库地坪施工工艺流程如图 6-13 所示。

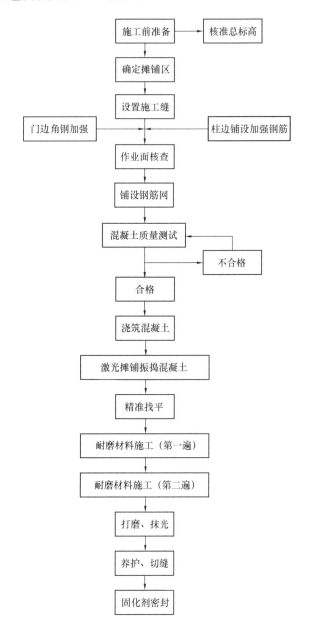

图 6-13 冷库地坪施工工艺流程

6.1.6 验收要点

具体检验标准参照《冷库设计标准》GB 50072—2021、《建筑工程施工质量验收统一标准》GB 50300—2013。

6.2 聚氨酯夹芯板保温施工技术

冷库运行时需保证库内低温恒温，确保农副产品的新鲜度，对冷库墙面、顶棚的保温性能要求极高，若保温性能不能达到设计要求，库房跑冷导致多余电力损耗，增加运营成本，钢结构冷库及月台墙面和顶棚保温、冷藏库及月台墙面和顶棚保温多采用聚氨酯夹芯板保温材料。

6.2.1 施工重难点

钢结构单层大容积冷库的聚氨酯夹芯保温板采用现场拼装的方式（图6-14）。但其空间尺寸较大，就其高度而言，冷库墙面保温板最高可达20m。

图6-14 聚氨酯夹芯板示意图

1. 特点分析

1) 保温板……
2) 超长的……
3) 保温……业的时间。
4) 拼装……

2. 解决办法

1) BIM排版：根据施工图纸，复核冷库空间尺寸，通过BIM深化完成保温立板、顶板及包柱所需板材的尺寸及数量，减少现场二次板材加工。

2) 选材优化：采用双槽式冷库板，保温板长边端口开槽，短边为平整面。拼接时，立板与顶板长边均在两边凹槽打冷库专用密封胶，中间打发泡剂后拼接（图6-15）；立板短边搁置在定位槽上即可，而顶板短边搁置在主吊梁上，预留2～3cm间隙发泡，缩短了拼接缝发泡处理时间（图6-16）。

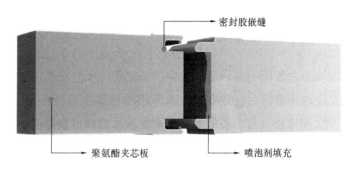

图 6-15　长边拼接节点

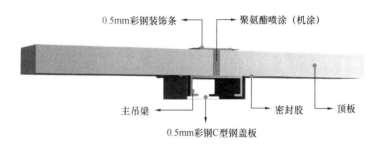

图 6-16　短边拼接节点

并对传统顶板短边节点进行了优化,将保温顶板主龙骨C型钢安装在库体内侧,保温顶板顶升搁置在主龙骨上,用螺钉固定后,即可安装下一保温顶板,加快了安装速度(图6-17)。

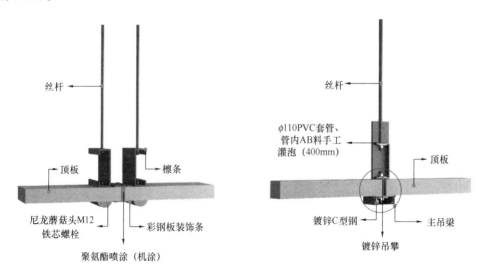

图 6-17　传统板端节点与优化后板端节点图

3)施工优化

在叉车货叉上焊制简易辅助安装施工工具,立板时,将保温板一端搁置在安装位置上,一端搁置在叉车货叉辅助装置上,随叉车缓慢前进及货叉顶升,实现保温立板快速安装

(图 6-18)。同时根据库内面积大小及安装时所需空间要求进行合理分区，进而达到快速流水施工的目的。

对于转角立板、包柱保温板等异形板，在地面加工成L状或凹状后再进行拼装，以加快施工速率并减少高空作业时间（图 6-19～图 6-21）。

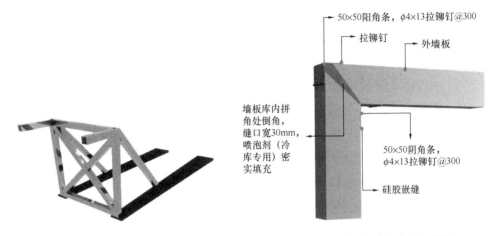

图 6-18 架子示意图　　　　图 6-19 外墙与外墙板凸转角连接

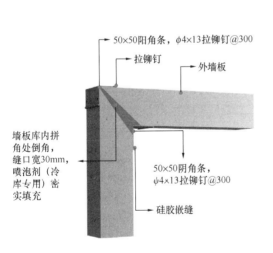
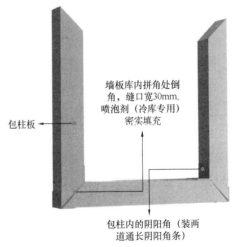

图 6-20 外墙与外墙板凹角转角连接　　　　图 6-21 包柱三面板拼接示意图

6.2.2 聚氨酯夹芯板安装施工技术

1. 施工工艺

聚氨酯保温板快速拼接施工工艺流程如图 6-22 所示。

1) BIM 深化排版及生产

根据施工图纸及现场复核尺寸，利用 BIM 深化确认保温板尺寸及数量（图 6-23），须注意：

（1）保温立板高度需考虑保温地面的厚度。

（2）保温顶板长度同柱距，以便铝吊梁固定于钢梁，保温顶板短边固定于铝吊梁。

（3）保温板长边开槽，短边为平整面。

2）立板定位槽安装

根据施工图纸放出保温立板定位线，安装 U 形定位槽，用膨胀螺栓固定（图 6-24）。

2. 保温立板快速拼装

1）墙板从转角处开始拼接，转角板可在工厂预制，若不能预制，可采用以下办法：

选取一块标准板，居中切开，切缝均开 45°斜角，斜角要平整光滑，无凸起凹陷。

用 L 形角条将两个墙板夹角形成的缝隙包裹起来，同时用包角将两块转角板的外角包裹起来，并在角条和彩钢包边的边缘用密封胶密封严实，避免喷泡时，发泡料溢出污染墙板表面。

在两块转角板和角条形成的三角空隙内用聚氨酯喷泡，为了避免喷泡长度太长，导致灌泡密度不足，每节角条的长度应≤6m，施工时喷泡与角条安装逐步进行，直至到墙板最顶部（图 6-25、图 6-26）。

注：转角板可在地面加工拼装成 L 板后吊装，以加快拼装速率并减少高空作业时间。

2）将原本平放的保温立板用叉车叉起，转运至安装区域，一头搁置于定位槽处，一头搁置于装有简易辅助安装装置的叉车上（图 6-27）。定位槽一头保温板位置（需注意：与拼接板应保持适当间距，以便立板竖起来后，在凹槽处打密封胶）可通过人工进行微调，调整完成后，通过叉车前进及货叉提升将立板竖起。

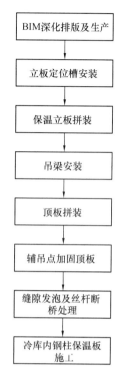

图 6-22 聚氨酯保温板快速拼接施工工艺流程图

图 6-23 BIM 深化图

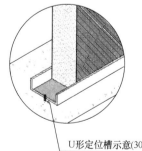

图 6-24 定位槽节点

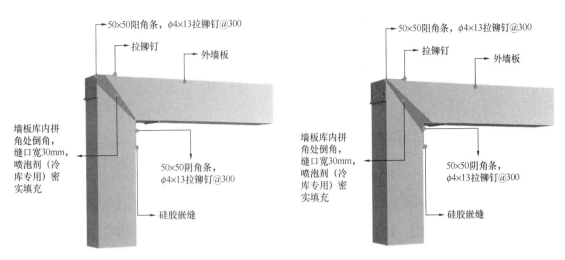

图 6-25 外墙与外墙板凸转角连接　　　　图 6-26 外墙与外墙板凹角转角连接

图 6-27 保温立板竖板示意图

3）保温立板竖立并调整好垂直度后，须在凹槽处填充密封胶及发泡剂。填充完成后，将移动安装的保温立板与已固定的保温立板拼接收紧（图 6-28）。

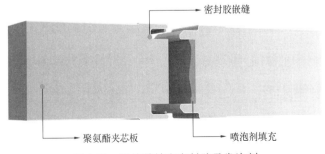

图 6-28 拼接前填充密封胶及发泡剂

4）保温立板拼接收紧后，用蘑菇头自攻钉固定在钢结构檩条上（图6-29）。蘑菇头扭紧程度以保温立板面稍凹为宜。须注意钢结构檩条安装时应往库内偏移，偏移距离以檩条紧贴保温立板外侧面为宜，若檩条与保温立板外侧面距离较远，可通过增加三角支架和檩条进行固定（图6-30）。

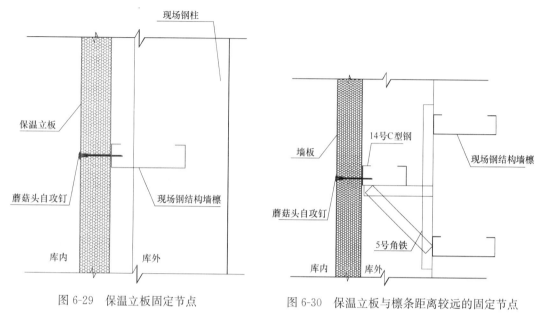

图6-29　保温立板固定节点　　　　图6-30　保温立板与檩条距离较远的固定节点

3. 保温顶板快速拼装

1）使用登高车，先行安装主吊梁（图6-31）。

2）将剪刀车开到顶板安装区域，用叉车将原本平放的保温立板插至剪刀车上固定完成后即进行顶升。顶升至预定高度后，人工将保温板两端搁置在主吊梁上，槽口处填充密封胶及发泡剂（同立板），填充完成后收紧。待主吊梁两侧保温板均吊装到位并收紧后，拧紧主吊梁与吊攀的螺母固定保温顶板（图6-32）。

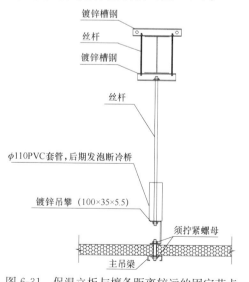

图6-31　保温立板与檩条距离较远的固定节点　　　图6-32　吊攀图片

3）待保温顶板完成 2～3 块区域后，开始安装辅助吊点（避免顶板过长下垂）。先用激光仪确定辅助吊点的位置，通常在顶板中线的 1/3 处设置两个辅助吊点；再用开孔器在对应位置开孔；然后将尼龙蘑菇头螺栓穿过顶板，用特制的花篮螺栓和吊攀将蘑菇头与钢丝绳连接（图 6-33、图 6-34）。

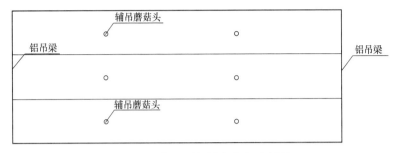

图 6-33　保温顶板吊点分布示意图

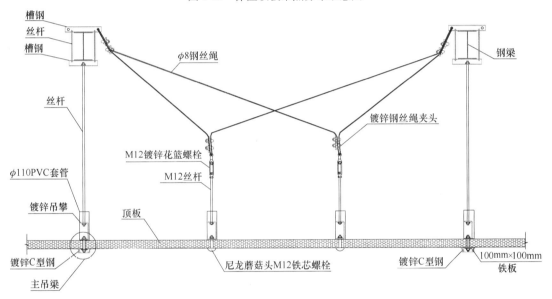

图 6-34　保温顶板辅助吊点示意图

4）辅助吊点安装好之后，对于主吊梁保温顶板间缝隙，灌注聚氨酯发泡料发泡，发泡完成后，将溢出的聚氨酯清理平整并安装彩钢装饰条；冷库内主吊梁用彩钢盖板遮挡，并用铆钉固定，两侧缝隙用密封胶封堵（图 6-35）。另须在顶板上沿的丝杆预留的套管灌注聚氨

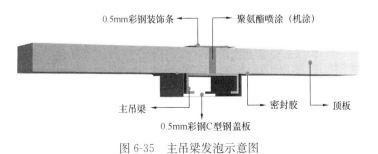

图 6-35　主吊梁发泡示意图

酯发泡料（低温库 400mm，高温库 200mm）。

4. 库内钢柱包柱快速拼装

大柱网、大跨度的单层大容积钢结构冷库内仍会存在钢柱，为避免钢柱漏冷，须用保温板将钢柱包封起来，其拼装方法如下：

1）沿钢柱安装 C 型钢，间距 5m，用于固定保温板（图 6-36）。

2）先于地面加工，拼装完成三面包柱板（图 6-37）。

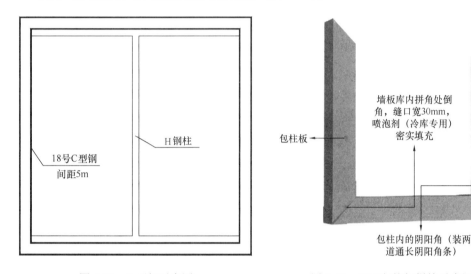

图 6-36　C 型钢示意图　　　　图 6-37　三面包柱板拼接示意图

3）将拼装完成的三面包柱板，采用立板竖板的方式竖立。调整好位置及垂直度后，用蘑菇头自攻钉固定在 C 型钢上（图 6-38）。

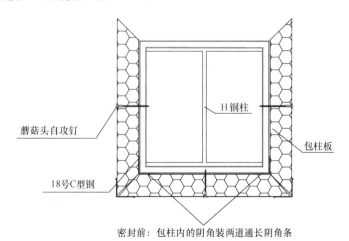

图 6-38　三面包柱板固定节点图

4）将剩余一面保温板顶立拼装，用蘑菇头自攻钉固定在 C 型钢上，固定完成后，缝隙用喷泡剂填充，填充完成后用彩钢装饰条遮盖（图 6-39）。

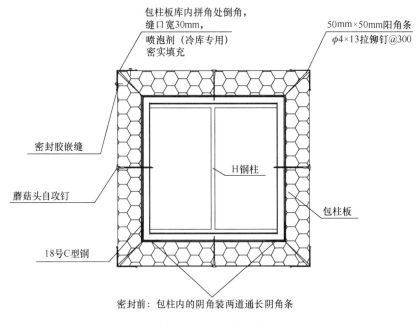

图 6-39 包柱节点图

6.2.3 验收要点

具体检验标准参照《冷库设计标准》GB 50072—2021、《建筑工程施工质量验收统一标准》GB 50300—2013、《铝箔面硬质聚氨酯泡沫夹芯板》JC/T 1061—2007。

6.3 聚氨酯喷涂保温施工技术

聚氨酯喷涂保温通常适用于混凝土结构冷库墙面、顶棚，在喷涂之前砌体基层面须干燥无水、清洁、无油污，确保氰凝防潮隔汽层达到良好的隔热效果，聚氨酯喷涂时应分层，首次喷涂 0.5cm 打底完成后以每枪 3cm 进行喷涂。

6.3.1 施工重难点

聚氨酯喷涂保温发泡过程是自然发生的化学反应，过程中难以控制发泡厚度完全一致，发泡完成后表面会凹凸不平，通常做法为削平聚氨酯外表面，再喷涂砂浆防火保护层，安装彩钢板与其贴合固定在一起。由于聚氨酯外表皮的密度和硬度远大于内部，能对内部聚氨酯起到保护与隔绝外部环境的作用。

1. 特点分析

1) 在冷库冻霜、冷风、冰水的恶劣环境下，保温聚氨酯在没有表皮的情况下，降解速度为 1~2mm/年，10 年减薄 1~2cm，直接影响保温效果。

2) "冷桥"是传递热量的"桥梁"。在相邻库温不同的库房或库内与库外间，由于建筑结构的联系构件或隔热层中断等都会形成"冷桥"。在冷桥处容易出现结冰、霜、露等现象，如不及时处理，该现象逐渐加重，致使冷桥附近隔热层和构件发生损坏。"冷桥"是冷库保温工程破坏的主要原因之一，不仅会降低冷库的隔热性能，大幅增加能耗，还会破坏建筑物结构，因此，冷桥的处理情况直接影响了冷库的保温性和耐久性。

2. 解决办法

1）聚氨酯外墙内保温施工关键技术

对于混凝土结构冷库聚氨酯保温工程，聚氨酯泡沫降解一般从泡沫表面开始，根据冷库内部环境，通常有冷风、水、冰霜等条件，经过长时间的侵蚀降解泡沫，将新鲜泡沫暴露在外部环境下，聚氨酯保温材料厚度不断减薄，降低保温效果，加大能耗，影响货物储存（图 6-40）。为延长冷库内保温聚氨酯的寿命，通过优化工艺，确保聚氨酯表面密度高、硬度大的表皮不被破坏，从而起到阻隔外部环境和保护内部聚氨酯的作用及效果（图 6-41）。

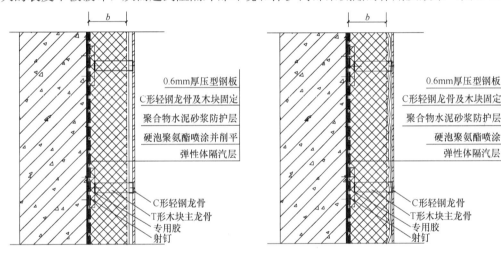

图 6-40 原设计聚氨酯保温做法　　　　图 6-41 优化设计聚氨酯保温做法

计算机模拟同等条件该项目保温聚氨酯带表皮和不带表皮两种状态下使用 15 年后的保温效果，具体效果如图 6-42、图 6-43 所示。

 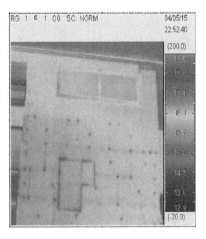

图 6-42 带表皮保温效果良好　　　　图 6-43 不带表皮保温效果衰减

墙面彩钢板材质为镀锌钢板,"T形桩"木龙骨的材质选择以及固定显得尤为关键和重要,处理不当将直接影响承重能力以及产生"冷桥"(表6-3)。

"T形桩"木龙骨与墙和彩钢板交接部位处理措施 表 6-3

部位	"T形桩"木龙骨与墙和彩钢板交接部位
创新设计	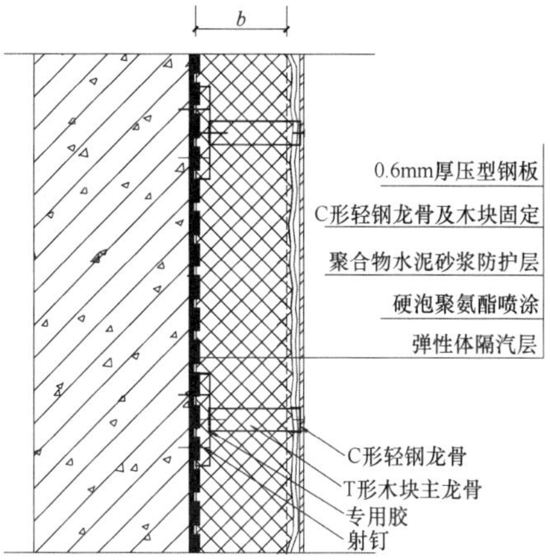 (图示：0.6mm厚压型钢板；C形轻钢龙骨及木块固定；聚合物水泥砂浆防护层；硬泡聚氨酯喷涂；弹性体隔汽层；C形轻钢龙骨；T形木块主龙骨；专用胶；射钉)
处理措施	"T形桩"木龙骨选择红松,并进行防腐处理,以适应冷库环境,通过射钉及专用胶加工成"T形",按照一定间距固定在墙面上,然后施工保温层,聚氨酯喷涂时将木龙骨一同包裹,最后安装轻钢龙骨并固定彩钢墙面板

2)外墙与楼板接槎部位施工关键技术

外墙内保温一般采用聚氨酯喷涂的形式,楼板保温同地坪一样,主要采用挤塑板,墙面与楼板保温无法形成闭合的整体"内胆",在墙面与楼板交接位置处容易产生贯通缝,从而使冷库内冷量传递至墙面外,形成"冷桥"(表6-4)。

外墙与楼板交接部位处理措施 表 6-4

部位	外墙与楼板交接部位
创新设计	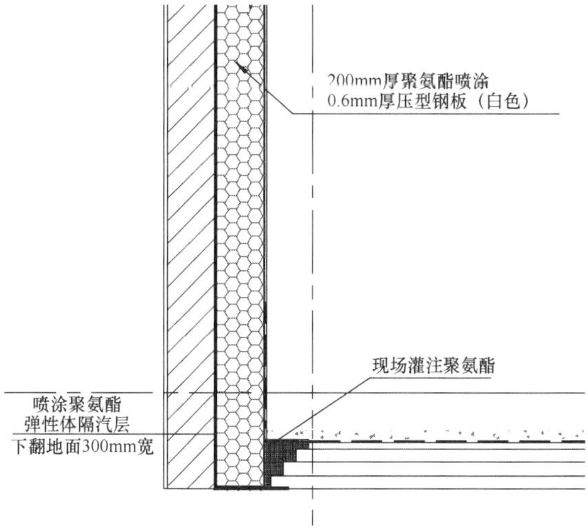 (图示：200mm厚聚氨酯喷涂；0.6mm厚压型钢板(白色)；现场灌注聚氨酯；喷涂聚氨酯；弹性体隔汽层；下翻地面300mm宽)
处理措施	楼地面挤塑板,在铺设至墙脚处进行台阶错缝处理,错缝为1/3~1/2挤塑板宽度,空余位置最后随墙面聚氨酯一同施工,形成整体,避免贯通缝

3）金属管线穿墙/板施工关键技术

金属管线的导热系数可达到 45W/(m·K)，由于金属的传热系数非常大，传热能力强，因此库内通往库外的所有金属管线都易形成"冷桥"（表 6-5）。

金属管线穿墙/板部位处理措施 表 6-5

部位	金属管线穿墙/板部位
创新设计	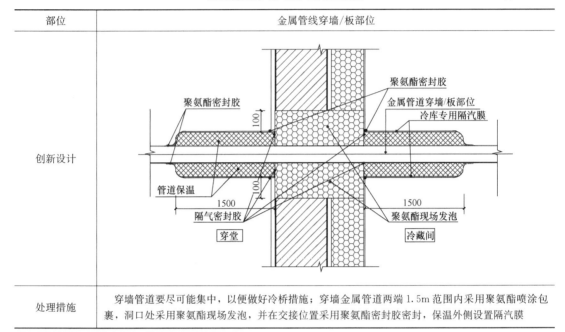
处理措施	穿墙管道要尽可能集中，以便做好冷桥措施；穿墙金属管道两端 1.5m 范围内采用聚氨酯喷涂包裹，洞口处采用聚氨酯现场发泡，并在交接位置采用聚氨酯密封胶密封，保温外侧设置隔汽膜

6.3.2 聚氨酯喷涂施工技术

1. 工艺流程

聚氨酯墙面保温工程工艺流程如图 6-44 所示。

2. 操作要点

1）基层墙面找平

在抹灰前一天对砌体墙进行洒水润湿，凡不同墙体材料连接处、墙面开孔、剔槽的填补、墙体易开裂的薄弱部位、易于损坏的部位等，均应加抹 2~3mm 水泥砂浆加强，并随即压入一层耐碱玻纤网格布作抗裂增强处理。抹灰前先进行甩浆，甩浆材料为 1:1 素水泥浆，内掺水重 20% 的 801 胶，随后抹上灰饼，再抹中灰饼，最后抹下灰饼，灰饼宜用 1:3 水泥砂浆抹成 5cm 见方形状，最后抹灰找平，操作时最好两人同时配合进行，一人先刮一遍薄灰，另一人随即抹平。

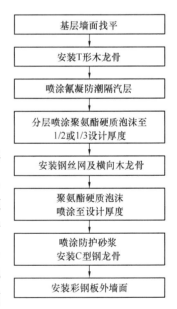

图 6-44 聚氨酯墙面保温工程工艺流程图

2）安装 T 形木龙骨

"T 形桩"木龙骨选择红松，并进行防腐处理，以适应冷库环境。为避免产生"冷桥"，通过射钉以及专用胶加工成"T 形"，按照一定间距固定在墙面上，水平和垂直方向距离均为 1.2m，安装时T形桩应垂直于基层面,且水平、垂直方向均在一条直线上。然后进行聚氨酯保温层喷涂施工,聚氨酯喷涂时将木龙骨一同包裹,最后安装轻钢龙骨并固定彩钢墙面板(图6-45)。

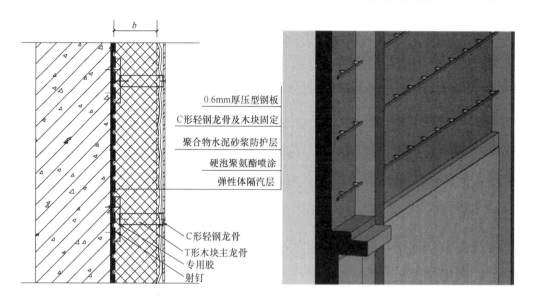

图6-45　T形木龙骨安装设计图和BIM模型

3)喷涂氰凝防潮隔汽层

先清理基层面,确保基层无水、清洁、无油污,喷涂氰凝前需用专用试剂清洗喷涂机及其管路,清洗完毕后进行试枪。试枪完毕后进行喷涂,枪头与墙面距离保持在1~1.5m。氰凝设计厚度为0.3mm,墙面凹陷处和墙角处应多次喷涂,喷涂完成后,氰凝层应呈光滑密实的薄膜层,严禁出现流淌、漏喷现象(图6-46)。

图6-46　氰凝隔汽层及T形木龙骨实施图

4)喷涂1/2或2/3设计厚度聚氨酯硬质泡沫

喷涂前需检查基层面是否有水、油污等杂质,检查氰凝层是否与基层面脱离,根据现场情况对基层进行清理和修补。喷涂时应备好所用原料,同时进行试枪,调节参数,使雾化状态达到最佳。喷涂时应进行基层打底，打底厚度 5mm，打底层完全熟化后，用手触摸，泡沫干燥坚硬，后续泡沫层以每枪 30mm 正常喷涂。喷涂时应合理控制喷枪与被喷面之间的距离，一般为 1～1.5m，且同时控制喷涂范围，左右距离为 1～1.5m，上下距离为 1～1.5m，合理选择喷涂角度，每遍喷涂厚度应控制在 1.5～2cm。喷涂时应控制好泡沫层的平整度，保持表面的美观性（图 6-47）。

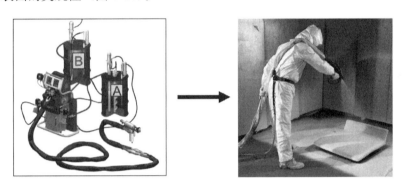

图 6-47　聚氨酯 A、B 料配合及喷涂实施图

5）安装钢丝网并喷涂至设计厚度聚氨酯硬质泡沫

将钢丝网贴合在聚氨酯表面，并通过 T 形木龙骨固定。单张网长度不宜大于 6m，铺贴遇有搭接时，必须满足横向 100mm、纵向 80mm 的搭接长度要求，并用锚固件进行加固处理。之后继续分层喷涂聚氨酯至设计厚度，每层间隔 2～3min（图 6-48）。

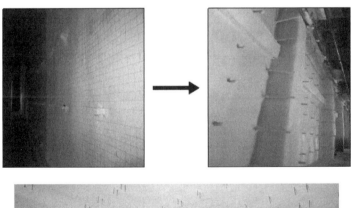

图 6-48　安装钢丝网及喷涂聚氨酯实施图

6) 喷涂防护砂浆并安装 C 型钢龙骨

聚氨酯喷涂达到设计厚度，静置 5d，待其充分反应后，仔细观察状态，对产生裂缝、气泡等现象的部位先进行铲除和修补。之后喷涂防护砂浆，混凝土喷射机喷射口离坡面 60~100cm，施工过程中应不断调整喷射角度以确保喷射砂浆与聚氨酯贴合密实。砂浆终凝 2h 后，应浇水养护。砂浆喷涂后进行 C 型钢龙骨安装，通过螺栓/射钉与木龙骨固定，过程带线并激光校对，确保龙骨顺直并处于同一平面（图 6-49）。

7) 安装彩钢板外饰面

安装墙面彩钢板时，首先要确定安装起始点，一般选择从墙侧的一端往另一端安装。第一块板安装时，必须控制水平的直线度和竖向的垂直度，并应先行安装好墙脚的泛水板。在安装过程中，可先用拉线拉出控制基准线，并每隔 15m 左右设一控制网线来调整水平的直线度；垂直度则可通过磁力线锤等工具来完成（图 6-50）。墙面彩钢板如有搭接缝，其搭接处必须设置在衣条处，搭接长度应≥100mm。对于缝隙或搭接处要涂透明中性密封硅酮胶密封，并用相应彩钢板罩面盖紧固定。

图 6-49 喷涂防护砂浆并安装 C 型钢龙骨实施图

图 6-50 喷涂防护砂浆并安装 C 型钢龙骨实施图

6.3.3 验收要点

具体检验标准参照《冷库设计标准》GB 50072—2021、《冷库喷涂硬泡聚氨酯保温工程技术规程》T/CECS 498—2017。

6.4 冷库保温门施工技术

冷库门是指安装在冷库设备、冷冻库房等冷冻环境中起保温密闭作用的门，主要由门扇、门槛、五金及其他配件组成的具有保温隔热功能的专用门。冷库门可分为手动平开式、手动推拉式、电动推拉式、手动或电动垂直升降式等（图 6-51）。

图 6-51 冷库门

6.4.1 施工工艺流程

冷库保温门施工工艺流程如图 6-52 所示。

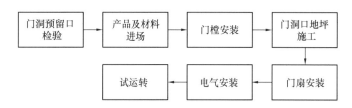

图 6-52 冷库保温门施工工艺流程图

6.4.2 主要施工工艺

1. 材料进场验收

冷库门进场时,应对其外观、尺寸、装配质量、构造等进行检查验收,应符合设计及使用要求。冷库门门扇组装尺寸允许偏差应符合表 6-6 规定。

冷库门门扇组装尺寸允许偏差　　　　表 6-6

项目类型		允许偏差
门扇高度、宽度	≤2000mm	±2.0mm
	>2000mm	±3.0mm
门扇对角线尺寸之差	≤3000mm	≤3.0mm
	>2000mm	≤4.0mm
平整度		≤0.5%

2. 门樘安装

门樘的安装应符合下列规定:

1) 门樘的密封面应在同一铅垂面内。

2) 门或门洞包边在墙厚方向应在同一平面内,其允许偏差应为±1mm。

3）门樘与墙体应紧密结合。

4）门樘与门洞包边的接缝处、门樘与库板的结合面应用颜色相近的密封胶涂敷密封，密封胶不得有断开缺陷，总厚度不应小于3mm。

5）冷库门一侧设计温度低于0℃时，门樘面板与门扇密封处应做断冷桥处理。

3. 门洞口地坪施工

1）地坪加热器的设置：地坪电加热器的安全电压不应大于50V，地坪电加热丝的敷设深度宜为60mm，并设置备用加热丝组。

2）冷库门口地坪灌浆：预留地坪灌浆前，灌浆处应清洗洁净；灌浆宜优先采用灌浆料灌注，也可采用细石混凝土，其强度应比基地坪的混凝土强度高一级。

3）灌浆层厚度不宜小于80mm，且灌浆前应对过道板进行固定，并应进行水平检测，其偏差不应大于3mm。

4. 导轨及门扇安装

安装门框上导轨后把另外一段导轨与导轨支架连接好，再与门框上导轨连接（连接处有圆柱销），调整导轨水平度，保证≤0.5mm/m，导轨须保证成一条直线（直线度要求≤2mm），然后把导轨支架与库体连接，如果是装配式冷库，则导轨支架与库体连接采用拉钉，土建库则采用膨胀螺栓；完成后，导轨固定螺栓须打螺纹胶。冷库门的导轨应安装牢固，缓冲定位装置在门调整后应紧固。冷库门扇的安装定位应与门樘贴近、密封，启闭应灵活。

5. 齿条及皮带安装

安装齿条，并调整使门扇运动自如，此时用手开启门扇会比未安装齿条前稍重些。齿条水平度：1mm/m，齿条与导轨平行度：1mm/齿条。

6. 电气接线及调试

明配线管应采用金属导管或金属槽盒敷设。钢管进入控制箱时应一孔一管，管与盒（箱）的连接应采用爪式螺纹接头连接，且应锁紧，内壁应光洁。根据电控箱内说明书将控制线路驳接好；按钮开关与拉绳开关安装于用户指定的位置。以上工作完成后，可对门进行开启与关闭的调试。通电调试前，门扇处于关闭状态。

6.4.3 验收要点

具体检验标准参照《冷库施工及验收标准》GB 51440—2021、《冷库门工程技术规程》T/CECS 550—2018。

6.5 保温滑升门施工技术

保温滑升门又称保温提升门（图6-53）。门板是由两层镀锌钢板组成，表面喷涂聚酯涂层，两钢板之间填充高密度膨胀聚氨酯泡沫，具有操作轻便、良好的保温与密封性、较强的机械抵抗力等优点。适用于各类型的有较高保温密封与美观要求的厂房、物流仓库或特种车库。

图 6-53 保温滑升门

6.5.1 提升方式的分类

保温滑升门的提升方式有以下 4 种，根据门顶空间的高度匹配合适的提升方式。

1) 标准提升：适用于门顶空间≤300mm。
2) 高位提升：适用于 300mm＜门顶空间＜门洞高度。
3) 垂直提升：适用于门顶空间≥门洞口高度。
4) 斜顶提升：适用于门顶吊顶斜坡形状，轨道与顶棚成平行状态。

6.5.2 施工工艺流程

保温滑升门施工工艺流程如图 6-54 所示。

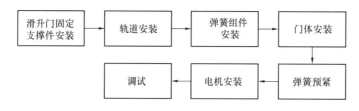

图 6-54 保温滑升门施工工艺流程图

6.5.3 主要施工工艺

1. 滑升门垂直固定支撑件安装

滑升门轨道固定支撑件采用方通或檩条，安装面不小于 100mm。以月台保温滑升门 2400mm×3000mm，月台吊顶标高 5900mm 为例，当月台为装配式钢结构，内墙保温采用双面彩钢聚氨酯夹芯板时，3000mm 以下的轨道固定支撑件利用门框立柱，3000mm 以上的轨道固定支撑件采用方通或檩条沿门框立柱上端延长至吊顶；当月台采用混凝土框架结构，内墙保温采用聚氨酯喷涂时，保温滑升门的固定檩条从月台±0.000 处沿门洞两侧施工至吊顶，固定檩条成 H 形，固定檩条在墙面涂刷氰凝隔汽层后进行固定安装（图 6-55）。

2. 轨道安装

1）立轨安装

先将定位角铁放置在门框内侧，并紧贴门框。定位角铁比门框长 145mm，即每边比门框两侧多出 72.5mm，紧贴定位角铁在地面用记号笔做好标记。将竖直轨道组件按标记竖起，用木工夹将竖直轨道组件紧固在门框上。检查确认单个轨道的竖直及两个轨道的水平。轨道安装使用的紧固件为 M6.3×25 的高强度自钻自攻钉。全部紧固后卸掉各类辅助工具，如木工夹等。

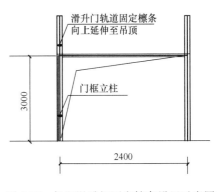

图 6-55 保温滑升门固定檩条设置示意图

2）提升轨道的安装

用木工夹将高提升轨道组件固定在门框上。必须使高提升轨道与竖直轨道过渡平滑，连接孔位置正确。先将高提升轨道与立轨部分固定，然后按照立轨的安装方法将高提升轨道紧固在门框上。完成后卸掉各类辅助工具。

3. 弹簧组件安装

弹簧组件必须保持水平，在拧紧螺钉前必须用水平尺检查，保证水平。

4. 门体安装

1）将合页、滑轮固定座固定在最底部的门板上。

2）将安装了合页、滑轮固定座的门板竖起放在两轨道之间，安装滑页及滑轮。必须调整滑页的位置使门板紧靠在固定角板的密封条上。

3）重复上述第 1）步做法，将门板竖直叠放。用合页将两块门板连接在一起。

4）重复上述第 1）～3）步，直至整个门体安装完成。

5）视窗口安装：先将合页固定在最底下的门体上，通过小门框合页将小门板固定在大门板上，用合页将小门板连接在一起。

6）将防钢丝绳断裂装置固定在最底部的门板上。

5. 弹簧预紧

1）将钢丝绳安装在防钢丝绳断裂装置和鼓轮上。

2）先松开弹簧座上的螺钉，使用弹簧紧固棒将弹簧拧紧到规定的圈数，再将弹簧座上的螺钉拧紧。（注意：必须保证其中的一颗螺钉是顶在门轴的键上。）

6. 电机安装

将电机安装在指定的位置，保证与轴的同心度。

6.5.4 验收要点

具体检验标准参照《冷库施工及验收标准》GB 51440—2021、《冷库门工程技术规程》T/CECS 550—2018。

6.6 太阳能应用技术

6.6.1 光伏冷库的发展前景

随着消费水平的不断提升，冷链物流行业呈增长趋势。2021年，国务院办公厅发布《"十四五"冷链物流发展规划》，这是我国冷链物流领域第一份五年规划，各地政府也开始制定相应的地区政策，在政策利好情况下，可以预见2022～2025年冷库市场投资将持续升温。

近年来我国物流仓储行业高速发展，高标仓、智能仓逐渐取代传统仓库，并向全自动化、高标、智能化方向发展。随之而来的，传统仓库只需要简单照明、通风等低用电情况也渐渐变为需要为全自动化机器人、空气循环系统、制冷系统等供能的高耗电情况。

冷库运行过程中耗电量大，大部分冷库年耗电量高达上千万度，随着能源短缺加剧，节能降耗已成为冷库仓储急需解决的现实问题。

在此情形下，"光伏＋冷库"模式应运而生。在冷库屋顶上安装太阳能电池板，形成光伏发电能源供应系统，解决冷库运行过程中的能源消耗问题，节约发展得天独厚，经济效益和环保效益明显。

6.6.2 "光伏＋冷库"的特点

1. 不占土地，空间优势

冷库有大面积的闲置屋顶，加装光伏板有得天独厚的空间优势，可以对面积广阔的冷库基地进行二次开发利用。

2. 隔热保鲜，延长寿命

冷库多为储存量大的食品厂、果蔬仓库、制药厂、乳品厂等，冷库加装光伏后能起到恒温隔热的作用，长期来看更加节能，也有利于生鲜保鲜储存。光伏板遮挡住了直射的阳光，可以起到遮挡风雨雪及避免杂物撞击的作用，延长屋顶寿命，降低设备损耗。

3. 投资稳定，市场量大

从目前市场对冷库的需求来看，我国现有的冷库容量缺口较大，2022～2025年冷库投资将持续升温，相对于发展分布式光伏，有较好的投资稳定性。

4. 高效降本，绿色环保

冷库用电负荷高，且24h连续运转，负荷稳定，光伏发电量基本都能被消纳，符合"自发自用,余电上网"模式。"双碳"目标下,光伏发电对企业带来的绿色经济效益进一步凸显。

6.7 保温工程精益建造

冷库保温隔热对维持库内温度的稳定、降低冷库热负荷、节约能耗及保证食品冷藏储存质量有着重要作用,若冷库保温工程的设计施工不合理,将导致水蒸气和水分不断渗入保温隔热层,使保温材料受潮,热导率增大,保温隔热性能显著降低,严重时会使冷库建筑结构或构件结霜结冰,降低冷库寿命,因而保温工程精益建造的推广实施对保证冷库围护结构的保温隔热性能起到关键作用。保温工程精益建造主要包括三方面内容:设计优化、工艺优化及措施优化。

6.7.1 设计优化

1. 钢结构冷库墙面与地坪保温接槎优化

钢结构冷库墙面与地坪保温接槎各项目设计做法略有不同,设计做法多为墙面板与地坪留置垂直地面竖向缝,然后采用聚氨酯喷涂填缝,以达到密封保温效果,因冷间地坪保温板厚度为200mm,多为分层错缝铺贴,该做法一是导致保温板分层错缝铺贴损耗大,二是竖向缝密封保温效果欠佳。常规设计做法示意如图6-56所示。

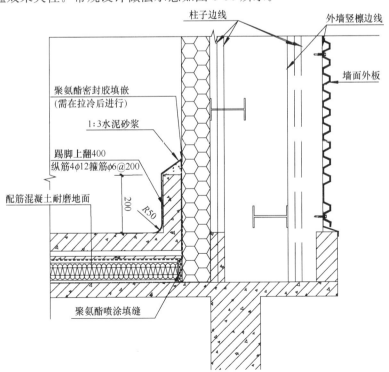

图6-56 墙面保温板与地面保温接槎设计做法

通过设计优化，在地坪保温板错缝铺贴时，预留台阶型槎口，每个台阶宽度50mm，地坪保温全部施工完成后，形成150～200mm宽扩大槎口，采用聚氨酯发泡填充，以达到保温密封效果，优化做法示意如图6-57所示。

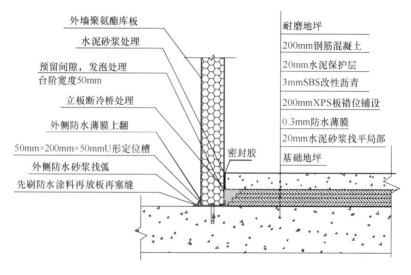

图6-57　墙面保温板与地面保温接槎优化设计

2. 钢结构冷库墙面与顶棚保温设计优化

钢结构冷库墙面与顶棚保温接槎常规设计做法先安装顶棚保温板，再采用0.5mm厚彩钢板包边，然后在包边上打孔，注入聚氨酯发泡灌缝。采用上述做法，一是彩钢板包边量大，因钢结构单层冷库层高较高，彩钢板施工工效低，影响施工进度；二是通长接缝保温密闭性差，存在跑冷风险。常规设计做法示意如图6-58、图6-59所示。

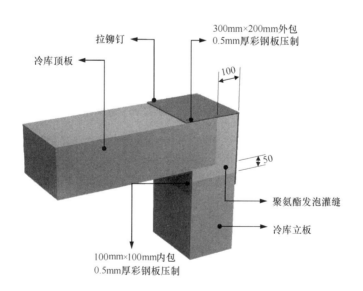

图6-58　墙面保温板与顶板保温接槎常规做法一

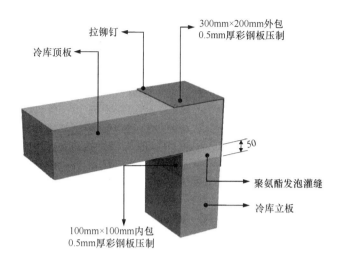

图 6-59　墙面保温板与顶板保温接槎常规做法二

通过设计优化，在墙面板顶部切割 L 形槽口，宽度 150mm，高度同顶棚保温厚度，立面保温 50mm 宽，然后安装顶棚保温板，预留 30mm 宽缝隙，顶棚保温安装后进行彩钢板包边并注入聚氨酯发泡灌缝。优化做法示意如图 6-60 所示。

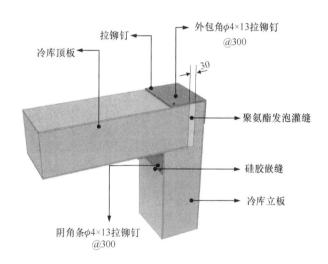

图 6-60　墙面保温板与地面保温接槎优化设计

3. 混凝土结构冷库外墙与楼板保温设计优化

混凝土结构外墙内保温一般采用聚氨酯喷涂的形式，楼板保温同地坪一样，主要采用挤塑板，墙面与楼板保温无法形成闭合的整体"内胆"，在墙与板交接位置容易产生贯通缝，从而使冷库内冷量传递至墙面外，形成"冷桥"。常规设计做法示意如图 6-61 所示。

通过优化设计，楼地面挤塑板在铺设至墙脚处进行台阶错缝处理，错缝为 1/3～1/2 挤塑板的宽度，空余位置最后随墙面聚氨酯一同施工，形成整体，避免贯通缝。优化做法示意如图 6-62 所示。

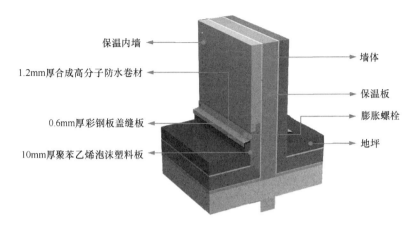

图 6-61　外墙与楼板保温接槎部位常规做法

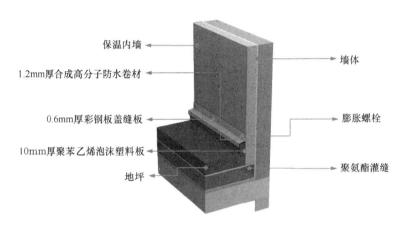

图 6-62　外墙与楼板保温接槎优化设计

4. 其他保温"防冷桥"设计节点做法

其他保温"防冷桥"设计节点做法如表 6-7 所示。

其他保温"防冷桥"设计节点做法　　　　表 6-7

序号	部位	详图
1	钢结构穿墙节点	（图：聚氨酯现场发泡、聚氨酯密封胶、冷库专用隔汽膜、钢结构、100mm厚保温板、聚氨酯密封胶）

续表

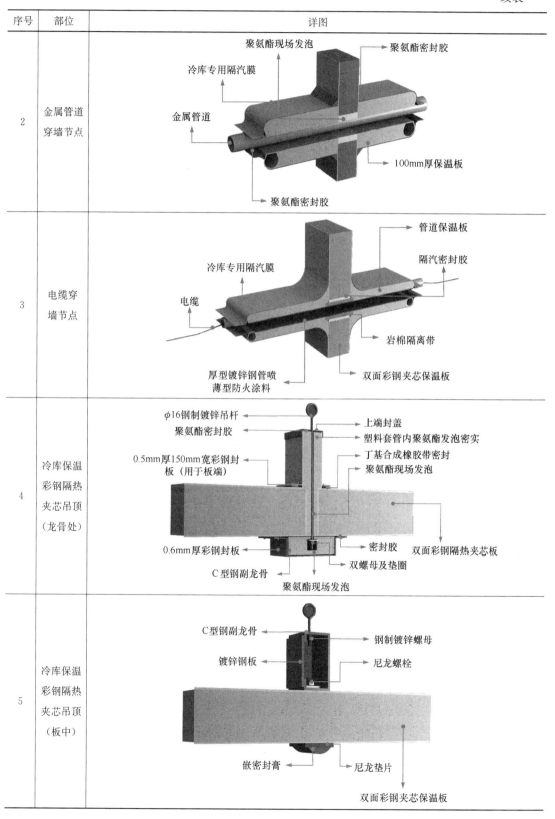

续表

序号	部位	详图
6	冷库内墙面保温立板连接大样	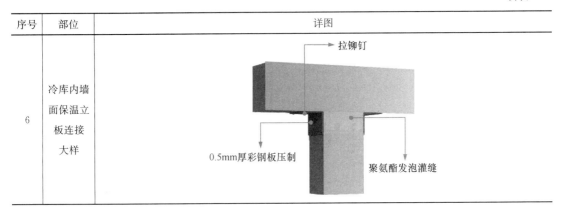

6.7.2 工艺优化

1. XPS 挤塑保温板分层铺贴错缝控制

XPS 挤塑保温板相邻两层应以不同的方向铺设,横铺一层,竖铺一层,以达到错缝效果(图 6-63、图 6-64)。挤塑保温板拼缝应挤紧,板间缝隙应采用挤塑保温板尾料或碎屑嵌填密实,表面应平整。

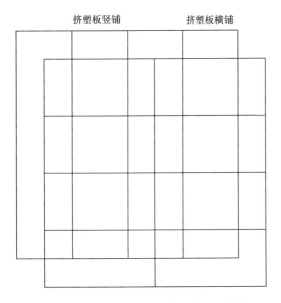

图 6-63 XPS 挤塑保温板分层铺贴示意图

图 6-64 XPS 挤塑保温板分层铺贴现场图

冷库区域 200/150 厚 XPS 挤塑保温板分层错缝拼贴,底层挤塑保温板紧贴冷库立板,上层挤塑保温板与冷库立板距离为 50mm,保温挤塑板共分 4/3 层,每层 50mm 厚,最底部一层紧贴冷库立板,上面三层/二层与冷库立板之间的 50mm 宽缝隙先用挤塑板填充。

挤塑保温板铺设完毕后,抽出上三层挤塑保温板与冷库立板之间的 50mm 宽挤塑板,用聚氨酯灌缝处理。

2. 聚氨酯顶棚喷涂基层增设金属网片

聚氨酯顶棚喷涂前可按实际情况用冲击射钉在钢筋混凝土楼板底固定一层条状金属网片，以增强泡沫体与混凝土表面的粘结强度。

3. 聚氨酯夹芯板长边拼接采用密封胶处理

聚氨酯夹芯保温板目前一般采用双槽式冷库板，保温板长边端口开槽，短边为平整面。通常做法为立板与顶板长边均在两边凹槽打冷库专用密封胶，中间打发泡剂后拼接，该做法常常因为涂满发泡剂的保温板未能及时将保温板拼接固定到位，而发泡剂已固化成型，造成保温板之间无法紧密连接，形成跑冷通道，影响保温效果（图 6-65）。通过工艺优化，采用冷库专用耐低温密封胶取代发泡剂，采用 S 形打胶手法，以便排除空气，使冷库库板间紧密连接。

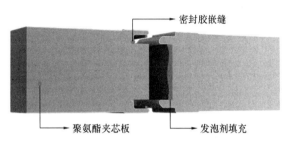

图 6-65 库板发泡剂常规做法

6.7.3 措施优化

1. BIM 排版深化技术

根据施工图纸及现场复核冷库空间尺寸，通过 BIM 深化完成聚氨酯夹芯保温立板、顶板及包柱所需板材的尺寸及数量，减少现场二次板材加工，减少拼缝，降低跑冷量。

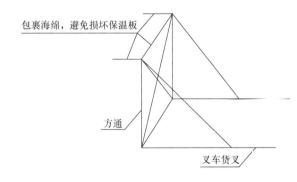

图 6-66 立板辅助安装架子示意图

2. 保温立板辅助安装装置

在叉车货叉上焊制简易辅助安装施工工具，立板时，将保温板一端搁置在安装位置上，一端搁置在叉车货叉辅助装置上，随叉车缓慢前进及货叉顶升，实现保温立板快速安装（图 6-66）。同时根据库内面积大小及安装时所需空间要求进行合理分区，进而达到快速流水施工的目的。

3. 冷库试运转逐步降温控制

冷库试运转投产前需要对冷库库内进行降温，为防止降温速度过快、降温幅度过大致使库房围护结构及地面产生裂缝，试运转应缓慢逐步降温，降温期间不宜紧闭冷库门，每天降温幅度控制如表 6-8、表 6-9 所示。

装配式冷库降温幅度　　　　表 6-8

库温	+5℃以上	0～5℃	−4～0℃	−18～−4℃
降温速度（℃/d）	5	4	4	5
当室温降至 4℃时，应暂停降温，维持 4℃温度 3～5d，以利于库房结构中游离水分析出来，减少冷库隐患			

土建冷库降温幅度　　　　　　　　　　　表 6-9

库温	+5℃以上	0~5℃	-4~0℃	-18~-4℃
降温速度（℃/d）	3	2	2	3
当室温降至4℃时，应暂停降温，维持4℃温度5~7d，以利于库房结构中游离水分析出来，减少冷库隐患				

4. 保温工程施工前工作面移交检查

保温工程施工前，应组织相关单位及保温施工单位做好工作面移交工作，应严格按照如下内容对交接面进行全面检查，不合格处须整改到位后方可进行保温工程的施工（表6-10）。

保温工程工作面交接检查事项　　　　　　　表 6-10

工作内容	工作面移交检查重点
双面彩钢聚氨酯夹芯板施工	1）结构屋面及楼层闭水完成，顶棚及墙面无渗水漏水，地面无积水。 2）库板内挂固定檩条满足安装要求。 3）地坪加热管（若有）施工完成，管道压力保压正常。 4）混凝土找平层施工完成，地面平整，无沉降开裂。 5）材料堆场及运输通道满足施工要求
喷涂硬泡聚氨酯保温施工	1）结构屋面及楼层闭水完成，顶棚墙面无渗水漏水，地面无积水。 2）砖砌墙面抹灰完成，基层表面牢固、平整、洁净、干燥，无空鼓、裂缝和起砂等缺陷。 3）穿墙脚手架及对拉螺杆洞口封堵完成。 4）混凝土结构表面平整，无杂物、蜂窝、麻面、裂缝。 5）库内动火作业已全部完成。 6）保温墙体上机电预留洞口完成，标高及尺寸满足要求。 7）喷涂顶棚机电管线支架施工完成（先支架施工，待保温喷涂完成后再进行机电管线安装）

第7章 制冷与机电工程施工技术

7.1 制冷工程施工技术

制冷工程可以分成七个大的分部工程，即机房制冷系统、库房制冷系统、水电安装、系统调试、电气及自动化、系统保温及外保护层安装。每个系统段按安装工艺流程分为管道吊装、支架安装、设备安装、管道焊接、阀门安装、系统油漆防腐、系统排污。考虑到制冷系统是一个相对完整、封闭的系统，系统严密性试验、系统充气试验、系统保温及系统调试共同进行。附属水系统安装工程，考虑到水系统工作量比较少而且服务于制冷系统，所以附属水系统安装穿插在制冷系统安装时进行。

7.1.1 施工工艺流程

制冷工程施工工艺流程如图 7-1 所示。

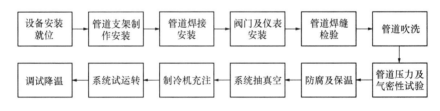

图 7-1 制冷工程施工工艺流程图

7.1.2 主要施工工艺

1. 制冷压缩机安装前的检查

基础的检查：基础的外形尺寸、基础平面的水平度、中心线、标高、地脚螺栓孔的深度和距离、混凝土内的埋设件等，这些应符合设计或现行的机械设备施工及验收规范的要求。基础四周的模板、地脚螺栓孔的模板及孔内的积水等，应清理干净。对二次灌浆的光滑基础表面，应用钢钎凿出麻面，以使二次灌浆与原来基础表面接合牢固。地脚螺栓预埋位置是否正确，其长度、强度是否符合标准。基础检查完毕要根据实物认真填写"基础验收记录"，并作交接记录。基础验收时尺寸的偏差：长度不大于 20mm，凹凸不大于 10mm，地脚螺栓孔中心距不大于 5mm，机座主要轴线之间的尺寸不大于 2mm。

2. 制冷压缩机的安装

1) 设备就位找正和初平：制冷压缩机就位前，将其底部和基础螺栓孔内的泥土、污物清扫干净,并将验收合格的基础表面清理干净。根据施工图及建筑的定位轴线,对其纵横中心进行放线,可采用墨线弹出设备的中心线;放线时,尺子摆正且拉直,尺寸要量测准确。

2) 制冷压缩机的就位:就位是开箱后将压缩机由箱底座搬运到设备的基础上。将制冷压缩机和底座运到基础旁摆正,对好基础,再卸下制冷压缩机与底座连接的螺栓,用撬杠撬起压缩机的另一端,将几根滚杠放到压缩机与底座之间。使压缩机落到滚杠上,再将已放好线的基础和底座上放三四根滚杠,用撬杠撬动制冷压缩机,使滚杠滚动,将制冷压缩机从底座上水平划移到基础上。最后撬起制冷压缩机,将滚杠撒出,按其具体情况垫好垫铁。

3) 制冷压缩机的找正:找正就是将其就位到规定的部位,使制冷压缩机的纵横中心线与基础中心线对正。

4) 制冷压缩机的初平:初平是在就位和找正之后,初步将制冷压缩机的水平度调整到接近要求。制冷压缩机的地脚螺栓灌浆并清洗后再进行精平。

5) 设备的精平和基础抹面:地脚螺栓孔二次灌浆,制冷压缩机初平后,可对地脚螺栓孔进行二次灌浆。灌浆采用细石混凝土和水泥砂浆,其强度等级至少比基础等级高一级。为了灌浆后使地脚螺栓与基础形成一个整体,灌浆前应使基础孔内保持清洁,油污、污土等杂物必须清理干净。每个孔洞的混凝土必须一次灌成。灌浆后应洒水养护,养护不少于 7d。待混凝土养护达到强度的 70% 时,才能拧紧地脚螺栓。

3. 制冷辅助设备的安装

1) 制冷辅助设备的安装

(1) 制冷设备到现场后应加以检查和妥善保管。对封口已敞开的应重新封口,防止污物进入,减少锈蚀。对放置过久的设备,安装前应检查内部是否有锈蚀或污染,并用压缩空气进行单体排污。

(2) 基础要按具体设备的螺孔位置布置样板,并预埋地脚螺栓。样板必须平整,尺寸必须正确,用水平尺校核水平。浇灌混凝土时,地脚螺栓的位置不能移动。

(3) 低温设备安装时,为尽可能减少"冷桥"现象,在基础之上应增设木垫。使用的垫木应预先在沥青中煮过,以防腐朽。

(4) 低温设备周围应有足够的空间,保证隔热层的施工。低温设备与其连接的阀门之间应留出隔热层的尺寸,以免阀门被没入低温设备的隔热层内,影响阀门的操作和维修工作。

(5) 对有玻璃管液面指示器的设备,在安装前应拆下玻璃管液面指示器的玻璃管,待设备安装就位后重新装上,且应给玻璃管设防护罩。

(6) 在设备安装过程中进行搬运、起吊时,应注意设备的法兰、接口等部位不能碰撞,还要注意选择起吊点及绳扣的位置。

(7) 制冷辅助设备安装时,蒸发式冷凝器采用吊车直接吊至机房顶部预制基础上就位,其他附属设备采用吊车吊至机房门口,然后用滚杠滚至各设备基础旁,最后用捯链提升起来就位。

2) 蒸发式冷凝器的安装

蒸发式冷凝器安装在机房顶部,机房的屋顶结构需特殊处理,要求能承受蒸发式冷凝器的重量。蒸发式冷凝器安装必须牢固可靠且通风良好，安装时其顶部应高出邻近建筑物300mm，或至少不低于邻近建筑物高度，以免排出的热湿空气沿墙面回流至进风口；若不能满足上述要求，安装时应在蒸发式冷凝器顶部出风口上装设渐缩口风筒，以提高出口风速和排气高度，减少回流。蒸发式冷凝器的安装分为单台和多台并列式等安装形式。安装时需注意与邻近建筑物的间距，一般要注意以下情况：

(1) 当蒸发式冷凝器四面都是墙时，安装时进风口侧的最小间距为1800mm，非进风口的最小间距为900mm。

(2) 当蒸发式冷凝器处于三面是实墙，一面是空花墙时，进风口侧的最小间距应为900mm，非进风口侧的最小间距为600mm。

(3) 当两台蒸发式冷凝器并联安装时，如两者都是进风口侧，它们之间的最小距离为800mm，如一台为进风口侧，另一台为出风口侧时，其最小间距为900mm；如两台都不是进风口侧时，最小间距为600mm。

3) 贮液器的安装

立式贮液器的安装垂直度应符合设计要求，安装时应先拆下玻璃管液面指示器，待安放妥当后再装上。

4) 库房冷风机的安装

冷风机靠墙一侧至少应留有350~400mm的距离。吊装时先将捯链上端挂在事先制作好的吊点上，捯链下端挂在捆绑冷风机的钢丝绳上，然后拉动捯链将冷风机吊起。冷风机安装完毕后应进行试水，要求淋水管喷水均匀，下水通畅，不应有外溅现象（图7-2）。试风机应检查叶片有无机壳碰撞、摩擦。

图7-2 冷风机安装实景图

4. 管道系统安装

1) 管道除锈

制冷系统所用无缝钢管采用酸洗钝化的除锈方法，其他制冷管道和水系统管道采用人工除锈方法。经酸洗钝化的无缝钢管在吹干后，管口应用专用塑料封头封口。管道运至工地现场后应在通风好、干燥的场地堆放，并做好相应防淋、防潮、防污染措施，在管道安装前应检查管道内清洁度，管内不得有泥土、石块、沙粒、杂物、积水等，必要时用布清除管内的氧化物、污垢或用压缩空气清理。

2) 管道支架制作安装

(1) 管道支架按其使用要求来分有固定支架、活动支架和弹簧支吊架三种，制冷系统管道安装时一般都采用固定支架。支架安装主要有三种方式：①直接埋入墙体法；②预埋件焊接法；③射钉、膨胀栓固定法。制冷系统管道支架安装一般采用后两种方法，对于比较重的主管道往往采用预埋件焊接法安装支吊架，对于重量较轻的管道可采用膨胀栓固定法安装管道支架。

（2）管道支吊架的形式、材质、加工尺寸等应符合设计文件的规定，管道支、吊架应牢靠，并保证其水平度和垂直度；管道支、吊架所用型钢应平直，确保与每根管子或管垫接触良好；管道支、吊架焊缝应进行外观检查，不得有漏焊、欠焊、裂纹、咬肉等缺陷，其焊接变形应予矫正；管道支吊架应进行防腐处理，在进行支吊架外表面除锈后，刷防锈二道，支架不应布设在管道焊缝处。

（3）确定管道支吊架间距时，不得超过最大允许间距，并应考虑管道荷重合理分布，支、吊架位置应靠近三通、阀门等集中荷重处。管道支、吊架最大允许间距如表 7-1 所示。

管道支、吊架最大允许间距　　　　　　　　　　　表 7-1

外径×壁厚 （mm）	无保温管 （m）	有保温管 （m）	外径×壁厚 （mm）	无保温管 （m）	有保温管 （m）
10×2	1.0	0.6	76×4.0	5.0	3.5
14×2	1.5	1.0	89×4	6.0	4.0
20×2	2.0	1.5	108×4	6.0	4.0
25×2.5	2.0	1.5	133×4.5	7.0	4.0
32×2.5	3.0	2.0	159×4.5	7.5	5.0
38×3	3.5	2.5	219×6	9.0	6.0
45×3	4.0	2.5	273×10	10.0	6.5
57×3.5	5.0	3.0			

3）管道安装

（1）管道坡度要求

为使制冷系统中的制冷剂能顺利流动，制冷管道安装时应注意要有一定的坡度坡向（表 7-2）。

制冷系统管道及坡向　　　　　　　　　　　表 7-2

管道名称	倾斜方向	倾斜度（‰）
压缩机排气管至油分离器水平管段	坡向油分	3～5
安装在室外与冷凝器连接的排气管	坡向冷凝器	3～5
压缩机吸汽管的水平管段	坡向气分	3～10
冷凝器至贮液器的出液管段水平管段	坡向贮液器	1～5
液体调节站至蒸发器供液管	坡向蒸发器	1～3
汽体调节站至蒸发器回汽管	坡向蒸发器	1～3

为使库房冲霜水系统中的水能够顺利排出，冲霜水系统管道安装时应注意要有一定的坡度坡向（表 7-3）。

冲霜水系统管道安装坡度　　　　　　　　　　　表 7-3

管道名称	倾斜方向	倾斜度（‰）
冲霜水给水管（进入库体前）	坡向库前排水管	5～10

(2) 管道间距要求

管路间距以便于对管子、阀门及保温层进行安装和检修为原则，由于室内空间较小，间距也不宜过大。对于管子的外壁法兰边缘及保温层外壁等管路最突出的部分，距离墙壁或柱子边不应小于100mm，距管架横梁保温端部不应小于100mm。两根管子最突出部分的净间距，中低压管路为80～90mm，高压管路100mm以上。对于并排管路上的并列阀门手柄，其净间距应不小于100mm。吸入管和排出管安装在同一支架上时，水平装时两管管壁的间距不得小于250mm，上下装时不得小于200mm，且吸入管在排出管下面。

(3) 管道焊接

① 管道焊接采用氩弧焊打底、电弧焊盖面的焊接工艺。焊接应在环境温度0℃以上的条件下进行，如果气温低于0℃，焊接前应注意清除管道上的水汽、冰霜，并要预热，使被焊母材有手温感，预热范围应以焊口为中心，两侧不小于壁厚的3～5倍。

② 管道焊接前需对管端口加工坡口。焊接应使焊后管道达到横平竖直，管道、管件的坡口形式和尺寸应符合设计要求文件规定，当设计文件无规定时，可按《工业金属管道工程施工规范》GB 50235—2010的规定确定。制冷系统管道坡口形式常采用V形坡口。

③ 管子、管件的坡口形式和尺寸的选用，应考虑容易保证焊接接头的质量、填充金属少、便于操作及减少焊接变形等原则。

④ 管子安装定位时，可用钢板在焊缝两边的管子上用电焊固定，可防止在焊缝处电焊固定时焊渣进入管内，管路连接完毕后，将定位钢板敲掉，并将多余焊材打磨掉。

⑤ 管道对接焊口中心线距弯管起点不应小于管子外径，且不小于100mm（不包括压制弯管）；直管段两对接焊口中心面间的距离，当公称直径大于或等于150mm时，不应小于150mm；当公称直径小于150mm时，不应小于管子外径；管道对接焊口中心线与管道支、吊架边缘的距离以及距管道穿墙墙面和穿楼板板面的距离均应不小于100mm。

⑥ 弯管制作及其质量要求应符合现行国家标准《工业金属管道工程施工规范》GB 50235—2010的有关规定。

⑦ 管道呈直角焊接时，应按制冷剂流动方向弯曲，机房吸入总管接出直管时，应从上部和中部接出，避免停机后压缩机吸入管道氟液，排汽总管接出支管时，应从侧面接出，以减少排汽阻力，汽体管接出时应从上部进行，液体管接出时应从下部进行。

5. 阀门及仪表安装

制冷系统所用的各种阀门（如截止阀、节流阀、止回阀、电磁阀、安全阀等）、仪表须用专用产品，安装前要进行全面检查，合格后方可安装。

1) 阀门、仪表安装前的检查

仪表安装前应先检查仪表应用范围，系统应采用专用产品。阀门在安装前除制造厂铅封的安全阀外，必须将阀门逐个拆卸（安全阀除外），用布沾着稀料清洗油污、铁锈。电磁阀的阀芯组件清洗时不必拆开，电磁阀的垫圈不允许涂抹黄油，按要求涂抹冷冻机油。截止阀、止回阀、电磁阀的阀门应检查阀口密封线有无损伤，填料是否密封良好，电磁阀、浮球阀动作是否灵活，安全阀在安装前应检查铅封情况和出厂合格证，若没有铅封，须到有关部门进行调整、检查，然后进行铅封。

2）阀门试压

阀门拆洗重组后，先将阀门启闭 4~5 次，然后关闭阀门，进行试压。试压介质可用压缩空气。利用专用试压卡具，试验压力为工作压力的 1.25 倍，以试压时不降压为合格。为了检查阀体是否因裂纹、砂眼造成阀体渗漏，也可将试验的阀门放在水中通入压缩空气进行阀体检漏。一般阀门出厂前都经过以上试验，并随附出厂合格证，以上工程可免予进行。

3）温度、压力、压差等传感器安装

传感器在安装后，要做好防护措施，以免砸伤、损坏；传感器安装时，安装角度及引线方向、方式要相同；传感器本体所带引线长度不足时，要采用相同规格型号的引线加以连接，线头一定要焊接，并用绝缘胶带包扎好；传感器引线长度要统一，以离信号输入控制柜最远的传感器引线为准，并有至少 1m 余量，多余部分放置在控制柜底部，并做有规则的缠绕后，用尼龙扎带扎紧；传感器连接线缆进入电缆桥架前要穿软电线管，线管的弯曲方向、方式要相同；传感器线缆在桥架敷设时，要用尼龙扎带包扎成束，每 1.5m 一处；传感器线缆与采集器端子连接时，线缆每个线头要套管状或 UT 形接线端子后再加以连接。

6. 管道焊缝检验

1）管道焊接时，要专人记录，做到每条焊缝检查到位。

2）管道焊接后，检查时应将妨碍检查的渣皮和飞溅物清理干净。外观检查应在无损探伤、强度试验和严密性试验之前进行。

3）规定必须进行无损探伤的焊缝，应对每一焊工所焊的焊缝按比例进行抽查，在每条管路上最低探伤长度不应少于一条焊缝。若发现不合格者，应对该焊工所焊焊缝进行加倍抽检。凡是无损探伤不合格的焊缝必须进行返修，返修后仍按原检验方法进行检测。

4）系统管道中焊缝必须按规范及设计要求进行探伤检验。

5）管道焊缝等级、质量标准按《工业金属管道工程施工规范》GB 50235—2010 执行（图 7-3、图 7-4）。

图 7-3　射线探伤

图 7-4　压力试验

7. 管道吹洗

1）管道采用 0.8MPa 干燥氮气或干燥空气吹扫。

2）吹洗前的准备

(1) 编制吹洗方案。以设备进出口为界，分段进行，保证管道吹洗的脏物不得进入设备。

(2) 隔离不允许吹洗的设备和管道。

(3) 封堵或拆除已安装仪表、过滤器滤网、调节阀、止回阀、节流阀等，对于焊接的上述阀门和仪表，采取流经旁路或卸掉阀头及阀座加保护套等保护措施。

(4) 检验管道支、吊架的牢固程度，必要时应予以加固。

3）干燥氮气（干燥空气）吹扫

(1) 吹扫气采用干燥瓶装氮气或采用空压机加上冷冻干燥机的形式。

(2) 按先主线，后分支的顺序依次进行。

(3) 吹扫压力不得超过管道的工作压力。吹扫流速应大于 20m/s。

(4) 质量检验：吹扫过程中，当目测排气无烟尘时，在排气口 300mm 处设点贴白布或涂白漆的木制靶检验，5min 内靶板上无铁锈、尘土、水分及其他杂物为合格。

(5) 吹扫后拆卸可能积存污物的阀门，并将其清洗干净然后重新组装。

8. 管道压力及气密性试验

管道吹洗完毕进行压力及气密性试验，试验介质为干燥氮气或干燥空气。

1）试验前应具备的条件

(1) 管道安装工程，包括一次仪表的安装已经完成。

(2) 管道的无损检测工作已全部完成。

(3) 与试压无关的管道或管件已用盲板或其他措施隔开。

(4) 试压用的压力表已经校准，并在检验期内，配备两块以上、精度不低于 1.6 级的压力表，表的刻度值为被测最大压力值的 1.5~2 倍。

(5) 试验时需要加固的管道已经加固。

2）压力试验

系统压力试验按照设计压力的 1.15 倍进行。管道系统气压试验时，管道系统内压力应逐级缓升。升压至试验压力值的 50% 时，停止升压并保持 10min，对试验系统管道做一次全面检查，发现异常应及时处理。若无异常现象，再以试验压力的 10% 分次逐级升压，每级稳压保持 3min，达到设计压力后停止升压并保持 10min，若无异常现象，则将试验压力继续升至强度试验压力，停止升压并保持 10min，对试验系统管道再做一次全面检查，如无异常则将压力降至设计压力。

3）气密性试验

气密性试验在压力强度试验合格后进行，可使用压力试验剩余气压，试验压力应为设计压力。试验时，压力逐级缓慢上升，当达到试验压力时，停压 10min 后，用涂刷中性发泡剂的方法仔细巡回检查所有密封点，以不泄露为合格。重点查看法兰连接处、各种焊缝外有无泄漏。

9. 防腐及保温

1) 设备及管道防腐

（1）制冷设备和管道防腐工程应在系统严密性试验合格后进行。

（2）涂漆前应清除设备、管道表面的铁锈、焊渣、毛刺、油和水等污物。

（3）涂漆施工宜在5～40℃的环境温度下进行，并应有防火、防冻、防雨措施。

（4）涂漆应均匀一致，漆膜附着力应牢固，无剥落、无皱皮、无气泡。

（5）对于无保温层的制冷设备及管道的外壁涂漆的种类、颜色等应符合设计文件的要求。当设计无规定时，一般应采用防锈漆打底、调和漆罩面的施工工艺。

（6）采用镀锌钢板、不锈钢板、防锈薄铝板等作隔热保温材料的金属保护层时，其表面不涂漆，刷贴色环。

2) 保温及外保护层施工

（1）设备保温及管道一般采用聚氨酯现场灌注（图7-5、图7-6）。其方法为：根据设备筒体大小及保温厚度，计算好保护层铝板的尺寸，固定在筒体外部，将喷涂料用喷涂设备喷涂于设备或管道的外壁，使其瞬间发泡，生成闭孔型泡沫塑料绝热层，这种方法没有接缝，冷损失少。

图7-5 设备保温

图7-6 管道保温

（2）保温设备或管道上的裙座、支座、吊耳、仪表管座、支架、吊架等附件，当设计无规定时，可不必保温。保冷设备或管道的上述附件，必须进行保冷，其保冷层长度不得小于保冷层厚度的四倍或敷设至垫木处。

（3）对于阀门、管件、法兰及其他异形部位，可采用将发泡料注到需绝热物体外部的模壳中，经发泡形成绝热层。制冷管路也可采用现场制模浇注发泡的方式，将预制的管壳涂抹黄油固定于需保温的管道外壁，定位后将发泡料注到壳体内，待保温体形成后，将管壳取下移位到下一管段继续浇注，可以形成一个完整的保温体。

10. 系统抽真空

1) 制冷系统抽真空试验应在系统排污和气密性试验合格后进行。

2）抽真空时，除关闭与外界有关的阀门外，应将制冷系统中的阀门全部开启。抽真空操作应分数次进行，以使制冷系统内压力均匀下降。

3）当系统内剩余压力小于 5.333kPa 时，保持 24h，系统内压力无变化为合格。系统如发现泄漏，补焊后应重新进行气密性试验和抽真空试验。

11. 制冷剂充注

充注制冷剂需在制冷系统气密性试验和制冷设备及管道隔热工程完成并经检验合格后进行，充注前必须保证制冷系统真空度符合设计要求，防止系统杂质过多。

制冷剂充注应该逐步进行，当制冷系统内压力升至 0.1~0.2MPa 时，应对制冷装置进行全面检查，无异常可继续充注，当充注量达到设计的 70% 时基本完成首次充注，待运行一段时间后，视制冷压缩机的回气压力变化，再向系统内补充部分制冷剂，直到制冷装置达到设计工况稳定工作，并应做好制冷系统制冷剂总体充注量的记录。

12. 制冷系统试运转

1）制冷系统试运转应按设计文件和设备技术文件的有关规定进行。

2）单体制冷设备空载运行正常，贮液器、中间冷却器、气液分离器和调节器等液位正常。

3）制冷系统配套冷却水系统试运转正常。

4）制冷系统配套电气控制系统调试正常。

5）各种显示仪表应准确，误差范围应符合设计文件及设备技术文件的规定。

13. 调试降温

冷库各楼层、各房间宜同时全部降温，使主体结构及各部分构造的温度应力及干收缩率保持均衡，避免建筑物裂缝损坏。

1）土建冷库

土建冷库试运转降温时，室温在 4℃ 以上时，每天降温不应超过 3℃，当室温降至 4℃ 时，应暂停降温，维持 4℃ 温度 5~7d；室温在 -4~4℃ 时，每天降温不超过 2℃；室温降至 -4℃ 以下时，每天降温不超过 3℃，直至达到设计温度。

2）装配式冷库

装配式冷库试运转降温时，室温在 4℃ 以上时，每天降温不应超过 5℃，当室温降至 4℃ 时，应暂停降温，维持 4℃ 温度 3d，室温在 4℃ 以下时，每天降温幅度为 4~5℃，直至达到设计温度。

7.2 冷库机电工程施工技术

7.2.1 登车桥施工技术

卸货平台又称登车桥，是用于连接装卸货月台和货运车辆车身，解决月台与货车之间的高度差，与叉车配合使用的货物装卸辅助设备，可根据汽车车厢的高低调节高度，叉车可以直接通过本设备驶入车厢内部进行货物的批量装卸。目前冷库常用的登车桥主要有翻板式登车桥和伸缩式登车桥两种（图7-7、图7-8）。

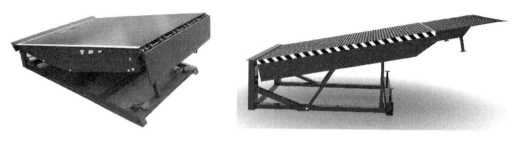

图7-7　翻板式登车桥　　　　　　　图7-8　伸缩式登车桥

1. 施工工艺流程

登车桥施工工艺流程如图7-9所示。

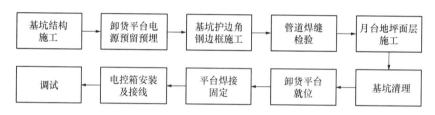

图7-9　登车桥施工工艺流程图

2. 主要施工工艺

1）基坑结构施工

卸货平台基坑结构施工前，须与厂家就产品所需基坑尺寸进行确认。基坑高度施工至月台面层地坪底，并预留供护边角钢边框固定用的钢筋（图7-10）。

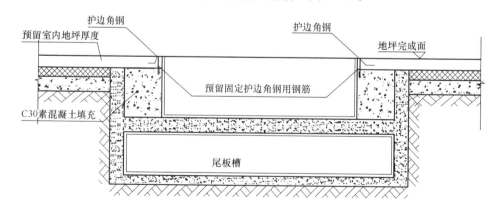

图7-10　预留固定护边角钢钢筋示意图

2）基坑护边角钢施工

基坑护边角钢现场预制时，角钢搭接缝先采用点焊固定，待边框成型后，边框内设置两

根 $\phi 10$ 钢筋形成"X"形内支撑固定角钢边框，防止焊缝施工引起角钢边框变形。

基坑宽边 W 及长边 L 的护边角钢预埋高度为月台地坪完成面高度（图 7-11）。

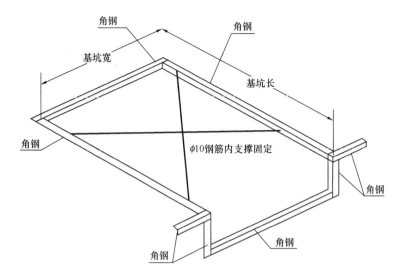

图 7-11 角钢边框制作焊接内支撑固定示意图

3）卸货平台电源预留预埋

卸货平台电源管预埋时，线管直径不小于 SC25，应从基坑宽边内侧进线，严禁从基坑侧边进线（图 7-12）。

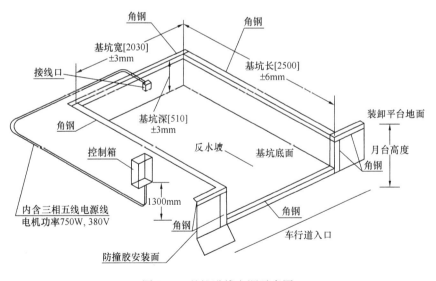

图 7-12 基坑进线电源示意图

4）月台地坪面层施工

地坪面层施工时，基坑边做好支模固定，确保护边角钢下方混凝土填充密实，同时避免混凝土砂浆流进基坑。

5）卸货平台就位及焊接

使用叉车将平台放入基坑进行就位，基坑底部局部不平整时采用垫铁进行调整，调整完成后，将卸货平台尾部与护边角钢进行焊接固定（图7-13）。

图 7-13　卸货平台与护边角钢焊接固定示意图

6）电控箱安装接线及调试

将电控盒安装在确认的位置，连接电控盒与液压系统之间的电源和控制线。安装完成后对卸货平台进行调试，将平台升起后再放入回收位置，确保平台运行平稳，无卡、蹭。

7.2.2　机电工程施工技术

1. 冷库内机电管线

1）工程简介

冷库库内常规机电系统组成如表 7-4 所示。

冷库库内常规机电系统组成　　　　表 7-4

序号	系统名称	包含内容
1	给水排水系统	冲霜水系统
2	电气系统	照明系统、电力配电系统
3	通风空调系统	地坪加热系统、织物风道系统

2）施工流程

以装配式钢结构及混凝土冷库为例，机电专业施工流程如图 7-14、图 7-15 所示。

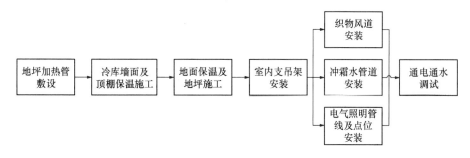

图 7-14　装配式钢结构冷库机电专业施工流程图

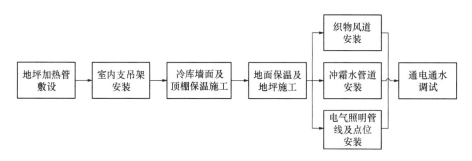

图 7-15　装配式混凝土冷库机电专业施工流程

3）施工要点

（1）冷库内灯具安装施工要点

① 钢结构装配式冷库

A. 冷库灯具安装前须结合货架、织物风道进行深化排布，确保灯具位于通道正上方，保证照明照度（图 7-16）。

B. 冷库灯电源线穿越库板时应做好防冷桥措施，电源线与保温板间的间隙用聚氨酯发泡填充，彩钢板表面用聚氨酯密封胶进行密封处理（图 7-17）。

② 混凝土冷库

A. 混凝土冷库顶棚做法若为喷涂聚氨酯外包压型钢板，则结构施工时无须进行线管线盒预埋，待喷涂聚氨酯外包压型钢板施工完成后在钢板表面进行明配管施工，同时结合货架及织物风管排布进行灯具布置。

B. 混凝土冷库顶棚做法若为结构原顶

图 7-16　灯具、货架、织物风管安装效果图

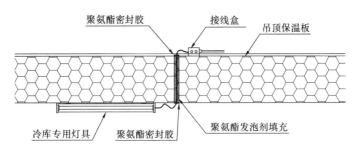

图 7-17 灯具电源线穿越保温墙体防冷桥节点图

或无机防霉涂料，线管仍采用明配管施工，同时结合货架及织物风管排布进行灯具布置。

(2) 地坪预埋加热管施工要点

① 聚乙烯塑料管（PE 管）必须保证其整体性、完整性，进场验收时要保证其外观完整、无缺损、无变形、无变形、无开裂，敷设过程中不得采用接头连接，单进单出。

② PE 管使用前、石粉层及上部垫层铺设完成后，需进行水压试验。工作压力为 0.4MPa（表压），试验压力不小于 0.6MPa（表压）。升压过程中应随时观察，不得有渗漏。在试压下稳定 1h，其压力下降应该不小于 0.05MPa，稳定 24h 无渗漏为合格。

③ PE 铺设完成至混凝土保护垫层施工完成前，管道须一直处于保压状态，若发现压力下降时，应及时排查管道漏点并进行修复处理。

(3) 织物风管安装要点

织物风管是一种由特殊纤维织成的柔性空气分布系统，是替代传统送风管、风阀、散流器、绝热材料等的送出风末端系统（图 7-18）。它主要靠纤维渗透和喷孔射流的独特出风模式实现均匀线式送风。

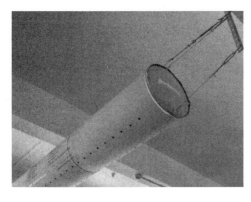

图 7-18 织物风管实景图

织物风管一般采用钢丝绳或滑轨安装方式。

① 双排钢丝绳吊挂安装

采用钢丝绳吊装时，为方便安装一般在 2 点和 10 点方向或者 3 点和 9 点方向外加挂钩。双排钢丝绳安装材料采用 4 号过塑钢丝绳、5 号锁扣和 10 号花篮螺栓（图 7-19）。

第 7 章 制冷与机电工程施工技术

花篮螺栓

锁扣

过塑钢丝绳

图 7-19 双排钢丝绳安装材料实景图

双排钢丝绳安装过程（图 7-20、图 7-21）：

A. 确定支吊架位置并固定；

B. 悬挂钢丝绳；

C. 横拉双排钢丝绳固定双排竖向钢丝（6m 一个）；

D. 悬挂风管（拉链连接）；

E. 整体检查安装质量，风机试通风；

F. 安装完成。

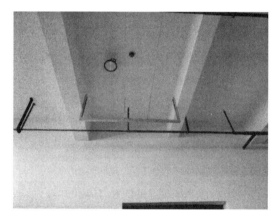
图 7-20 支吊架固定及悬挂双排钢丝绳安装实景图

图 7-21 织物风管双排钢丝绳安装完工实景图

② 铝合金滑轨安装

采用铝合金滑轨安装时（即吸顶安装），为方便安装，一般在 12 点方向或者 3 点、9 点方向安装滑块或滑条。

织物风管在冷库中吸顶安装，根据库体确定织物风管高度，合理利用空间高度提高货物容积率，冷库中一般选用 3 点和 9 点方向吸顶安装。

铝合金滑轨安装过程（图 7-22、图 7-23）：

A. 确定静压箱位置固定铝合金滑轨并悬挂静压箱；

B. 确定风管位置固定铝合金滑轨；

C. 悬挂风管；

D. 整体悬挂风管（拉链连接）；

E. 整体检查安装质量，风机试通风；

F. 安装完成。

图 7-22 静压箱及滑轨安装实景图

图 7-23 织物风管铝合金滑轨安装实景图

2. 月台机电管线

1）工程简介

冷库月台常规机电系统组成如表 7-5 所示。

月台常规机电系统组成　　　　　　　表 7-5

序号	系统名称	包含内容
1	给水排水系统	消防卷盘系统、消防喷淋系统、冲霜水系统
2	电气系统	照明系统及应急照明系统、电力配电系统、消防报警系统等
3	通风空调系统	防排烟系统

2）施工流程

常见的钢结构和混凝土冷库机电系统施工流程如图 7-24、图 7-25 所示。

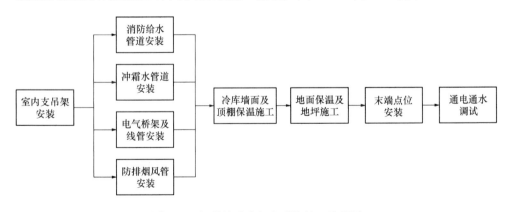

图 7-24 钢结构冷库机电系统施工流程图

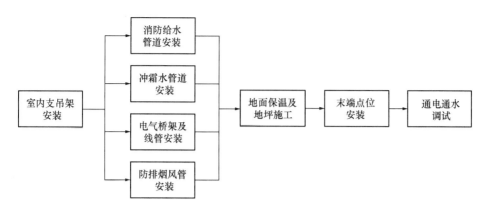

图 7-25 混凝土冷库机电系统施工流程

3）施工要点

（1）配电箱及桥架安装要点

月台控温穿堂内照明配电箱、动力配电箱及风机控制箱均应为防水型箱体，防水等级为 IP65。箱体采用明装，箱体与墙面采取必要的隔冷、隔热措施，配电线缆采用下进下出形式，所有落地安装的配电柜应加装 200mm 高的不锈钢底座（图 7-26）。控温穿堂区域的桥架均采用不锈钢桥架，桥架与角钢支架横担之间做好防电化学腐蚀措施。

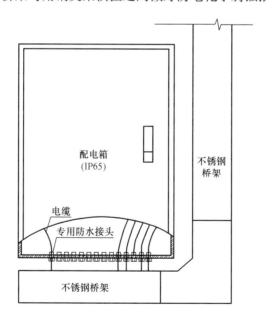

图 7-26 控温穿堂配电箱进出线示意图

（2）电气线路穿越保温墙体施工要点

冷库内动力线缆在月台区域沿电缆桥架敷设，进出冷库时出桥架改穿钢管敷设。穿冷库墙体的桥架、线管做好保温及隔热措施，具体做法如图 7-27 所示。

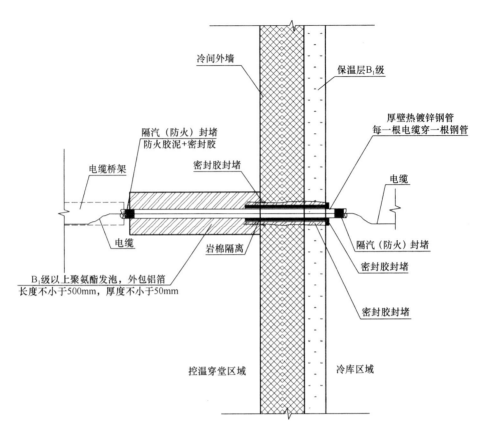

图 7-27 电气线路穿越保温墙体做法示意图

第 8 章　工程总承包管理

本章节针对冷链系列项目的特点，重点从项目组织管理、平面管理、进度管理、设计与技术管理、合约与供应链管理、质量及安全管理等维度进行阐述。力求能充分发挥资源优势、履行管理职责，构建完备的管理体系、合理制定各项管理措施，做好参建各方、外部单位的组织协调工作，确保工期、质量、造价、安全及文明施工等工程目标的全面实现。

8.1　概述

冷链项目总承包管理包括报批报建、设计、采购、施工、调试、验收和试运行全过程的质量、安全、成本、效益及进度等全方位的策划、组织实施、控制与收尾等。建设过程中总承包管理的核心目标是将设计、采购、施工各环节进行融合，统筹各方资源，进行一体化管理，充分利用内部协调机制实现工程项目各项目标，从而降低建设成本，提高工程实施效率。

以广东省冷链系列项目为例，该省冷链项目存在点多面广、偏远散小、开发频次高、施工周期短、界面接口多、交叉作业频繁、交付标准高等特点。就单个冷链子项目而言，保质保量交付并不具备难度，但是按照常规管理覆盖 46 个项目，多项目同期赶工，项目模板木枋、周转架料、设备、劳动力等资源需求量大，短时间内大宗材料快进快出、劳动力组织难度大，将造成资源大量集中投入，不切合精益建造管理理念。如何在满足各方需求、实现各方目标的同时，提高管理水平和效率，成为冷链系列项目成败的关键。

基于各子项目建设单位与设计单位相同、结构形式和工艺参数高度统一、高频次周期性开发等特点，可将各子项目类比于"工业流水化生产"，将项目各部分分解、标准化、统一建造，形成"建筑工程流水线"。以冷链项目指挥部为管理中枢，通过统一使用功能，固定建筑设计、工艺参数、施工方法、施工工期、交付标准，打造项目群集成管控体系，最终形成"最优的投入""标准的项目"和"集成的管理"。

8.2　管理特点及难点

8.2.1　项目集群化总承包管理特点

1. 点多面广、偏远散小

截至目前，广东省冷链系列项目共 46 个，总合同额近 60 亿元，项目平均合同额为

1.30亿元，项目规模较小。46个项目分布在广东省内各地区，项目所在地多为县、镇，靠近高速路口处，地理位置偏僻。

2. 合作方相同

广东省冷链系列项目由同一建设单位开发、同一设计单位设计，同类型项目合同条件、建设需求、设计理念、施工周期等基本一致。

3. 业态统一

各子项目建设单位需求及设计理念基本相同，根据功能划分，其业态可分为以下3类（图8-1）：

1）综合型物流园：冷库、粮库、中央厨房、化肥干仓、加工车间、办公楼等；
2）冷链物流园：冷库、干仓、加工车间、分拣配送中心、办公楼等；
3）田头冷链：小型田头冷库及配套设施等。

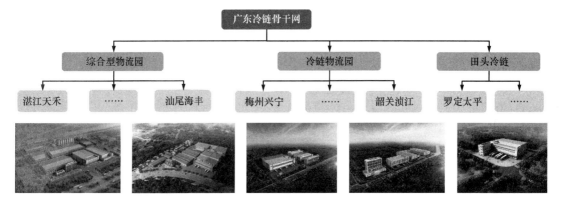

图8-1　2022年广东省冷链骨干网系列项目业态

同业态项目高度相似，主要施工内容可分为三部分，即场区市政、冷库和其他混凝土结构（钢结构）单体，结构形式、工艺标准、功能需求、建筑设计相似。

4. 开发高频

根据建设单位开发进度，广东省冷链系列项目按计划分批落地，平均每月落地3～4个项目，开发频次高。

5. 工期一致

同类型项目业态基本一致，建设周期基本相同，各项目报批报建时间为30～45d，设计周期约为25d，临建、道路、围墙等施工约60d，制冷设备安装调试约100d，冷库保温施工约30d。

8.2.2　项目集群化总承包管理难点

广东冷链系列项目是地区乃至国家高度重视的民生工程，就单个冷链子项目而言，保质保量的交付并不具备难度，但是按照常规管理全覆盖46个子项目，造成资源大量集中投入，不切合精益建造管理理念。面对点多面广、偏远散小的46个子项目，如何在满足各方需求、实现各方目标的同时，提高管理水平和管理效率，成为冷链系列项目成败的关键。

冷链系列项目不同于常规工程项目，总承包管理的重难点及应对措施如表 8-1 所示。

冷链系列项目管理重难点及应对措施一览表　　　　表 8-1

序号	重难点	分析	应对措施
1	开发频次高，出图效率和质量要求高	广东省冷链系列项目平均每月落地 3~4 个项目，建设单位要求"跑步进场"，项目体量虽不大，但工序多，多数项目由冷库、加工车间和综合楼组合而成，要求 6~12 个月内交付。工期极为紧张，进度管理要求高。但施工周期短，施工速度快，要求设计出图效率及质量高。设计单位人员有限，出图进度、质量难以满足施工要求	1) 统一管理体系，由指挥部与设计院对接，固化设计标准，减少设计周期，提高出图效率和质量。 2) 根据现场施工情况分批次出图，项目部根据施工进度情况制定出图计划，汇报冷链指挥部及设计院，由指挥部制定总体设计计划。 3) 项目部收到图纸后对比其他项目设计图纸，快速进行内部图审，将图纸问题反馈设计院进行修改。 4) 提前咨询当地政府各职能部门报建窗口和权威的业内人士，精确整理报建全流程节点和所需申报材料清单，制定切实可行的报建计划。 5) 申报实施提前介入，联合建设单位积极与政府职能部门沟通：一是尽量缩短报批报建手续的办理、审批时间；二是办理相关临时施工许可证明，确保工程按时开工；三是办理提前介入手续
2	项目数量多、专业内容多，资源招采效率、质量要求高	项目开发频次高，专业内容多，招采效率和质量要求高，根据经验，单项目招采次数约 40 次，46 个项目共约 1840 次。若要保质保量地完成繁重的招采工作，需配置完整且强大的招采部门，投入大量的时间组织招采，与"集成化管控"背道而驰	1) 组建一个高效、精干的项目管理团队，健全各项总承包管理制度、规范业务流程以协调解决实施过程中各单位、各专业间工作界面、工序移交等问题。 2) 通过分解合约界面，制定招采计划，集成来自公司、分公司优质资源，进行集中招采，并与安装部同步管理机电招采工作。 3) 提前了解各类设备的招采、排产及安装时间，制定预警机制，提前对安装部招采负责人员进行交底
3	项目点多面广、偏远散小，资源组织难度大	冷链系列项目分布较广，多在偏远地区，存在多个项目同期赶工，项目模板木枋、周转架料、设备、劳动力等资源需求量大，短时间内大宗材料快进快出、劳动力组织难度大	1) 项目前期做好当地资源摸排，如混凝土搅拌站、设备租赁单位、料具租赁单位、管桩生产单位、钢筋供应商、地材供应单位等，为工程材料设备供给保驾护航。 2) 深化设计工作前置，在项目前期做好钢结构、装饰、安装、门窗、幕墙等优化设计，合理安排材料排产进场计划，避免出现待料延误工期现象。 3) 优选分包资源，适当增加分包单位数量，减少每个分包单位资源组织难度；合理划分分区，将工期紧急工程分散配置；优化流水施工安排，确保施工流水实施顺畅

续表

序号	重难点	分析	应对措施
4	项目专业多、接口多，建造接口协调管理难度大	冷链项目给水排水、电气、暖通空调、消防、柴油发电机、电梯、制冷设备、高低压等机电专业之间，包括机电专业与建筑、装饰、制冷设备、钢结构等专业之间都存在管理接口，建造接口协调管理难度大	1）将施工措施、创优做法等融入全周期建造流程，对全专业图纸信息进行集成，强化接口管理，并在施工前进行图纸平面建造推演，实现施工图"所见即所得"，避免因专业"打架"而不断拆改，一次成优，提高建筑品质。从而达到高效建造、缩短建造工期、降低建造成本的目的。 2）以表格方式列出各专业在空间、功能方面的接口管理。 3）依据接口管理表划分出重点管理内容，重点加以跟踪。 4）在接口管理表中划分各方责任。明确各方责任，并严格按照要求落实
5	立面交叉作业多、危险性大，安全管理难度大	设备基础、钢结构主体、工艺设备钢结构平台、常规厂房公用管线、工艺设备管线交叉，立面多工序同时交叉、多单位共同作业，总包协调量大，验收复杂，专业性强	1）提前与专业分包、各标段施工单位协商，制定交界处施工作业管理办法，错开交界处双方作业时间，合理布置场内道路、大型设备，减少因界面交接带来的交叉问题。 2）合理规划施工分区及各区总体施工顺序。通过大分区流水施工，大区内小分区平行施工的方式，弱化因施工大面铺开而带来的各种不利因素的影响。 3）提前策划总平面布置，进场阶段形成临时道路硬化环网，分散各专业堆场，减少交叉施工
6	建造周期短、交付标准高，工期管理难度大	冷链项目虽体量不大，但工序多，多数项目为冷库、加工车间、综合楼组合而成，普遍要求6~12个月内交付。工期极为紧张，且冷库交付标准高，进度管理是大难点	1）前期策划：对整个工程进行统筹规划，对施工进度进行合理安排。合理划分施工区域，施工的先后顺序以及分区施工路线按照施工组织设计方案进行。 2）责任下沉：在各专业分包合同签订时即明确所有工期节点，与各队伍、各主要人员签订责任状，制定奖罚措施。 3）制定专项、关键节点督导专报：监督、催促、考核现场专项、关键节点施工进度，对滞后情况列出具体原因，并督促各部门配合解决，针对不同结果进行相应考核奖罚，提高现场施工整体进度把控，实现从问题提出到问题解决的全过程督导。 4）针对广东沿海地区多雨及台风天气，制定预防季节性措施方案，保证在受到季节、气候变化和自然环境影响的情况下，现场能有序地进行施工

续表

序号	重难点	分析	应对措施
7	组织机构多，沟通周期长，外围协调量大	项目点多面广，参建单位、监督部门多，沟通周期长，总承包单位、建设单位、设计单位及其他参建单位管理力量不足，无法全覆盖管控项目建设成本、质量、安全	1）梳理管理流程，包括：设计方案确认流程、初步设计确认流程、图纸审批流程、预结算报送流程、认价流程、认样流程、进度款申报流程等，助力项目快速启动、建造。 2）采用合适的管理组织架构，提升沟通协调效率

8.3 管理思路

成立冷链指挥部，由指挥部具体参与项目实施，统一项目管理标准及流程体系。由于各子项目结构形式、工艺参数、功能需求高度统一，可将各子项目类比于"工业流水化生产"，将项目各部分分解、标准化、统一建造，形成"建筑工程流水线"，由项目群多资源全周期流水施工。以冷链系列项目指挥部为管理中枢，通过统一使用功能、固定建筑设计、工艺参数、施工方法、施工工期、交付标准，打造项目群集成管控体系，最终形成"最优的投入""标准的项目"和"集成的管理"（图8-2）。

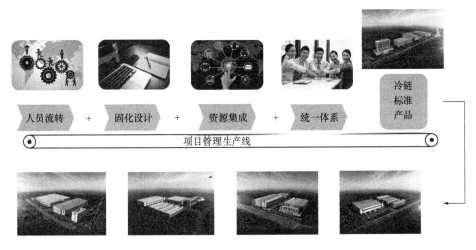

图 8-2 流水线建造

冷链项目集成管控的核心是根据项目设计、施工、交付的统一，实现项目集成与高周转，子项目集成管理的核心是组合，如何合理组群，是决定项目能否快速建造的基础。各子项目分批次开发，间隔约1个月，根据项目分批次开发的时间间隔是否合适、项目体量是否相似、设计标准是否统一等原则，将地理位置较为集中的项目组建为项目群，打破项目与项目之间的壁垒（图8-3）。

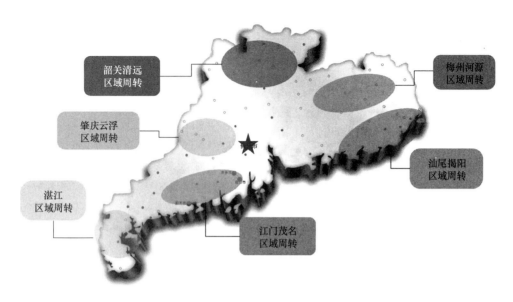

图 8-3 项目群组合示意图

以某项目群为例,各子项目均为"冷库+其他混凝土结构单体",故将项目分为两个专业施工组,即"冷库组"和"土建组"。从管理人员、劳动力、材料设备等三个维度进行部署,各专业组独立施工,在项目群内各项目之间流转。冷库施工为各项目施工关键线路,融入"精益建造理念",通过合理分配资源投入,从而实现"最优的投入"(表 8-2)。

某项目群分析　　　　　　　　　　　　　　　表 8-2

项目名称	东源项目	兴宁项目	马宫项目
项目位置	河源市东源县	梅州市兴宁市	汕尾市城区
项目间距离	138km		222km
合同额	1.89 亿元	1.03 亿元	1.13 亿元
建筑面积	8.55 万 m²	2.47 万 m²	2.33 万 m²
项目业态	1~4 号单体,混凝土框架 5 号单体,钢结构 6 号单体,混凝土框架 7 号单体,钢结构	1 号单体,钢结构 2 号单体,钢结构 3 号单体,混凝土框架 4 号单体,混凝土框架	1 号单体,钢结构 2 号单体,钢结构 3 号单体,混凝土框架 4 号单体,混凝土框架
合同工期	600d	600d	600d
中标时间	2020.7.10	2020.8.6	2020.11.18
出图时间	2020.8.5	2020.9.25	2020.12.15
开工日期	2020.8.14	2020.11.10	2020.12.30
周转策划	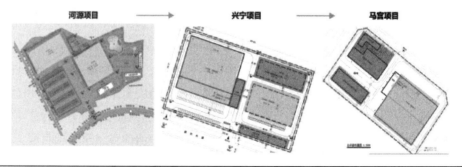		

8.4 管理体系

8.4.1 管理架构

1. "指挥部"组织架构

受建设单位委托，成立广东供销冷链物流骨干网建设指挥部（简称"广东冷链项目指挥部"）统筹协调各参建单位，实行总承包管理，推进项目施工生产。项目指挥部下设 1 个领导小组和 6 部 1 室（其中 1 个为冷库专业管理部），领导小组由 1 名指挥长、3 名副指挥长组成，统筹广东省冷链系列项目各子项目的施工建设，协调各部门工作。

工作组下设 6 部 1 室，包括设计技术部、商务管理部、供应链管理部、项目管理部、财务管理部、冷库专业管理部、办公室，工作组按分工及工作需要，对接项目指挥部相应工作组，组织各项施工资源，协调各项目施工生产（图 8-4）。

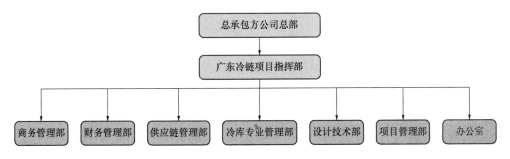

图 8-4 广东冷链项目指挥部组织架构

为进一步发挥资源组织与调配优势，加强企业总部对项目指挥部的后台支撑，管理团队成立了以总承包方的集团董事长、总经理为组长，副总经理为副组长的应急工程建设工作领导小组，统筹协调工程项目建设，决策建设工作中的有关重大事项。

2. 项目群组织架构

冷链系列项目偏远散小，施工管理及资源组织难度较大，分包单位多专业性强、整体建设系统性强且精细化程度要求高，项目协调管理工作量大且复杂，对总承包项目的整体管理有着很高的要求。根据冷链项目的建设特点，采用合适的管理组织架构。

为确保工程各项管理目标和服务目标的实现，项目群采用以下组织架构，项目管理团队划分为企业保障层、项目群管理层、子项目实施层三个层次（图 8-5）。

项目群管理层接受冷链指挥部直接领导，负责项目群区域内实际施工相关工作，同时向指挥部反映设计、施工、招采中的各类问题，设计图纸、文件、清单由指挥部统一提供。项目经理调动公司各项资源为工程施工提供保障，项目前期进场阶段选择综合素质高、具有丰富的大型工程施工经验的项目班子组成主要岗位：项目群经理 1 名、技术总工 1 名、生产经理 1 名、商务经理 1 名、质量总监 1 名、安全总监 1 名。项目群班子在公司和指挥部的直接

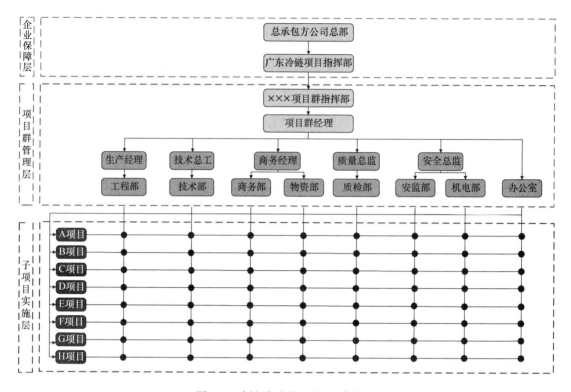

图 8-5 冷链系列项目群组织架构图

监督与指导下，履行总承包的权力和义务，代表法人全面履约，负责工程的计划、组织、指挥、协调和控制。项目部下设 7 个部门及办公室，分别是技术部、商务部、工程部、质检部、安监部、物资部、机电部、办公室，项目人员配置按照公司定岗定编相关文件执行。

3. 子项目组织架构

为确保项目各项管理目标和服务目标的实现，子项目可采用以下组织架构：项目管理团队划分为企业保障层、项目群管理层、子项目实施层、施工作业层四个层次。

子项目实施层受所属项目群管理层直接领导，负责子项目实际施工相关工作，同时向项目群管理层反映设计、施工、招采中的各类问题。

子项目实施层配置子项目负责人 1 名，生产经理、技术总工、商务经理、质量总监、安全总监与项目群共用，配置 1 名施工员、1 名技术员、1 名预算员、1 名质检员、1 名安全员，具体负责工程的计划、组织、指挥、协调和控制。

考虑项目中后期多个专业插入施工，进入协调作业阶段，专业管理成为项目管理的重点，项目将对组织结构优化，将专业性强、施工难度大的土建、钢结构、钢围护、机电安装、室外管网及道路等分为自行施工组，将钢结构、钢围护安装等冷库区施工队伍分为专项施工组。把职能部门中与分包项目部直接对接的协调工作放到专业组，将专业间的协调分解到专业组，缩短项目管理流程，提高管理效率。

4. 同一项目不同阶段的动态调整

1) 项目初期阶段

(1) 选择类似于直线职能式组织结构

在冷链项目建设初期阶段，一般设计图纸变化、技术和安全等问题比较突出，此时项目组织架构应"弱化运行主体，强化职能部门"，集中有限的资源，解决项目初期存在的突出和共性问题，类似于直线职能式组织结构形式。

(2) 职能式组织结构的特点

各级管理机构和人员实行高度的专业化分工，各自履行一定的管理职能，因此，每一个职能部门所开展的业务活动将为整个组织服务。

职能式组织结构实行纵向垂直式领导制，领导班子对其直属下级有发号施令的权力，对非直属下属则只是业务上的指导、监督和服务作用。

职能式组织结构中，项目经理管理权力高度集中。由于各个职能部门和人员都只负责某一个方面的职能工作，唯有项目经理才能纵观全局，所以，生产经营的决策权必然集中于最高领导层，主要是经理身上。

(3) 采用职能式组织结构的原因

职能式组织结构通过将专业技能紧密联系的业务活动归类组合到一个单位内部，可以更有效地开发和使用技能，提高工作的效率。

由于专业人员属于同一部门，有利于知识和经验的交流，一个项目就能从该部门所存在的一切知识与技术中获得支持，这极为有助于项目的技术问题获得创造性的解决。

企业内人员的流动性是不可避免的，在这种情况下，要保持项目技术和管理经验的连续性，职能部门就是最为可靠的基础。

然而由于职能式组织结构过度强调职能部门目标的完成而忽略了整个项目目标，造成跨部门的交流和合作难度较大；同时由于许多工作是由多个部门协调共同完成的，职能式组织结构容易造成责任划分不明确。对于沟通协调和相互配合阶段较多的情况，要慎重选择组织结构方式。

在项目初期阶段，项目职能部门任务、问题集中，部门之间的沟通协调工作相对较少，采用职能式组织结构可以最大限度地发挥其优势，并降低其劣势的影响。

2) 项目中期阶段

(1) 选择矩阵式组织结构形式

在冷链项目建设中期，一般在各个区段或专业都有各自特点，且进展状况不同，加之时间紧迫，现场工作需及时有效地处理，集中的管理已不利于此阶段工作开展。因此，项目应渐渐强化针对区段或专业的组织管理，弱化职能部门的直接管理，将职能部门资源和职责转移到区段或专业，统一归属区段或专业负责人领导和考核。此时组织架构转变为扁平化矩阵式组织结构模式，整个体系处于"强化运行主体，弱化职能部门"状态。

（2）矩阵式组织结构的特点

矩阵式组织结构具有双道命令系统，两道系统的权力平衡是这一组织结构的关键。但在现实中无法存在绝对的平衡，因而在实际工作中就会存在两条相互结合的划分职权的路线：职能与区段或专业组，并形成两种深化演化形式，职能式矩阵和区段或专业组矩阵。前者是以职能部门主管为主要决策人，后者则是以区段或专业负责人为主。这种组织结构最为突出的特点就是打破了单一指令系统的概念，而使管理矩阵中的员工同时拥有两个上级。

（3）采用矩阵式组织结构的原因

矩阵式组织结构同时具备区段或专业组织结构与职能式组织结构的优点，因为职能式职能划分与区段或专业组职能划分的优缺点正好为互补型。

矩阵式组织结构加强了横向联系，专业设备和人员得到了充分利用，实现了人力资源的弹性共享，缩短了职能部门间的沟通链条。

矩阵式组织结构具有较大的机动性，促进各种专业人员互相帮助、互相激发。

然而矩阵式组织结构成员位置不固定，有临时观念，有时责任心不够强；人员受双重领导，有时不易分清责任，需要花费很多时间用于协调，从而降低人员的积极性。

在项目中期阶段，项目职能部门业务总量有所减轻，业务规律性更强，部门之间的沟通协调工作相对较多，区段或专业组工作难度集中，采用矩阵式组织结构综合考虑可以最大限度地发挥其优势，做到人力资源的充分利用。

3）项目收尾阶段

（1）重新选择职能式组织结构形式

当项目进入收尾阶段，由于试运行、设施设备移交、合同结算、竣工资料整理、剩余物资处理等的集中和整体管理需要，项目结构模式应重新调整为"弱化运行主体，强化职能部门"的类直线职能式组织结构形式。

（2）采用职能式组织结构形式的原因

项目进入收尾阶段时，职能部门的工作和问题再次集中，区段或专业组任务基本完成，即将撤销，职能部门间协调配合工作相比职能工作比例下降，采用类直线职能式组织结构形式能更好地发挥其优势，提高工作效率，有利于项目总体目标的实现。

5. 不同项目同一阶段的动态调整

1）项目中期阶段性设立专业或区段组

在施工过程中，对一些专业性较强、工期较短、体量较小、协调难度小的专业项目，矩阵式组织架构不可能做到面面俱到，使每个专业均在职能部门设置对应的专项对接人，否则人力资源需求过大。对这样的专业可设置临时专业组，由职能部门主管选派部门人员兼职，并随着专业内容的结束而撤销。

施工过程中，工程关键线路随着不同施工阶段的递进发展而不断变化和调整，可能原来的非关键工作因为某些原因成为关键工作，影响项目整体目标的实现。对这样的工作，可成立临时区段组，由职能部门主管选派部门人员专门负责，并随着区段组集中攻坚任务的完成而撤销。

2）项目中期阶段专业或区段组与职能部门之间的组织协调

尽管项目中期阶段项目组织结构处于"强化运行主体、弱化职能部门"状态，但是矩阵式组织结构"纵向定规，横向执行"的基本原则没有改变，职能部门对专业或区段组的监管作用没有改变。

区段或专业任务的集中攻坚不能放弃项目实施原则，应由职能部门制定和监管。职能部门工作人员除了要实施好区段或专业组的工作任务外，还要坚持其负责监管的项目实施原则，从而做到项目健康平稳运行。区段或专业组负责人一方面要充分利用和发挥职能部门选派人员的业务功能，还要接受其专业意见，接受职能部门的监督和考核。

8.4.2 工作机制

1. 会议工作机制

为凝聚思想认识，提高沟通效率，合理安排分工，实现统一指挥，做到各项工作有计划、有部署、有检查、有落实，及时有效决策和解决生产过程中的困难和问题，形成了指挥部、项目群、子项目三位一体的会议机制。从整体上来看，各项会议重点关注施工生产，尤其是施工进度，研究解决影响生产的各类问题，部署下一阶段工作计划，并逐步实施。遇有重大问题或特殊情况，会议牵头人可以随时随地召集有关人员开会。但三种层级会议机制又有所不同：

1）建设指挥部会议。指挥部牵头各参建单位定期召开例会，各参建单位主要负责人、子项目所属单位负责人（指挥长）参会。会议包含两个阶段：一是集中会议，面对面交流，传达上级精神指示，解决各单位施工过程中遇到的共性问题，集中讨论需要指挥部协调的外部资源问题，并对下一日工作进行部署和安排；二是现场巡查，指挥部负责人带队到现场巡查工程进度，检查当日施工内容完成情况，现场反馈发现的各类问题。

2）项目指挥部会议。由项目指挥部指挥长牵头，每周定时召开，带班领导、各项目群负责人、项目部负责人参加。会议主要讨论各子项目当日进度完成情况、研究生产过程中遇到的各项问题，明确项目工作面、工作内容，并部署下一步工作计划。

3）项目部会议。各项目部负责人牵头，项目所有管理人员参加，每周定期召开，集中讨论工作计划完成情况、需要解决的各项问题，制定下一步工作计划，并逐步实施。

2. 信息沟通工作机制

数据和信息的共享与交换对工程建设而言至关重要，信息沟通的效率是建设项目成功的关键要素之一。根据本工程工期紧、受关注度高、参建单位多等特点，为加强各参建单位信息沟通的效率，保证对外信息统一，由建设单位牵头成立信息沟通小组，各参建单位指定信息专员负责信息接收、转发和反馈。

除通过会议、公告、公函等形式实现双方或多方的信息传递和共享外，根据两级三维矩阵式组织架构图，以信息专用群形式搭建两级信息共享平台，确保高效实现上令下达。各参建单位参加例会时报告形象进度、劳动力、机械设备、材料情况及后续施工计划。

8.4.3 管理流程

1. 指挥部管理流程

指挥部负责统筹协调各参建单位，实行总承包管理，推进项目施工生产。项目指挥部下设1个领导小组和6部1室（其中1个为冷库专业管理部），领导小组由1名指挥长、3名副指挥长组成，统筹广东省冷链系列项目各子项目的施工建设，协调各部门工作，包括技术设计部、商务管理部、供应链管理部、项目管理部、财务管理部、冷库专业管理部、办公室。工作组按分工及工作需要，对接建设指挥部相应工作组，组织各项施工资源，协调各项目施工生产，主要管理职责如下：

1）负责项目投标过程的总图方案确认、估算确认等。

2）负责合同编制、谈判及签订，并向项目进行交底。

3）负责项目设计过程中的设计进度节点督办、初步设计确认、报规文本确认、组织施工图内审、施工图外审督办等。

4）负责项目实施过程中的施工图预算进度跟踪、报建进度督办、协调解决进场开工存在的问题、冷库专项工程的采购及指导、相关工程认价、施工进度节点确认、设计变更管理、质量管理、安全与防疫管理、收款及付款等。

5）负责在项目结算交付阶段，组织开展项目交付验收、对外最终结算进度跟踪等。

6）负责日常文件的收发、组织专项培训、开展对外宣传、冷链相关课题研究等。

2. 项目群管理流程

项目群受冷链指挥部直接领导，负责项目群区域内实际施工相关工作，同时向指挥部反映设计、施工、招采中的各类问题，设计图纸、文件、清单由指挥部统一提供。项目群下设7个部门及办公室，分别是技术部、商务部、工程部、质检部、安监部、物资部、机电部、综合办公室，项目人员配置按照公司定岗定编相关文件执行。

3. 子项目管理流程

子项目配置子项目负责人1名、生产经理1名，技术总工、商务经理、质量总监、安全总监与项目群共用，具体负责工程的计划、组织、指挥、协调和控制。

8.4.4 管理制度

总承包管理制度如表8-3所示。

总承包管理制度 表8-3

序号	制度类别	制度名称	
1	安全环境职业健康管理制度	（1）安全生产责任制度	（2）安全教育制度
		（3）安全检查制度	（4）安全巡视制度
		（5）安全交底制度	（6）安全生产例会制度
		（7）安全生产值班制度	（8）特种作业持证上岗制度

续表

序号	制度类别	制度名称	
1	安全环境职业健康管理制度	（9）安全生产班前讲话制度	（10）安全生产活动制度
		（11）安全奖罚制度	（12）安全专项方案审批制度
		（13）安全设施验收制度	（14）安全设施管理制度
		（15）临时照明系统管理制度	（16）施工现场安全应急救援制度
		（17）动火审批管理制度	（18）安全标牌管理制度
		（19）安全生产费用管理制度	（20）安全专项资料管理制度
		（21）施工现场消防及演练制度	（22）安全整改制度
		（23）安全物资采购验收制度	（24）施工现场污水排放制度
		（25）建筑垃圾分类堆放处理制度	（26）施工现场卫生间管理制度
		（27）安全事故报告制度	（28）安全事故调查处理制度
2	技术管理制度	（1）图纸会审制度	（2）施工组织设计编制审批制度
		（3）技术标准和规范使用制度	（4）图纸管理制度
		（5）技术交底制度	（6）档案资料收集管理制度
		（7）技术变更管理制度	（8）技术资料保密管理制度
		（9）材料报审制度	（10）信息化施工管理制度
3	材料管理制度	（1）早期强度检测及材料检验制度	（2）材料进场验收制度
		（3）材料见证取样制度	（4）材料储存保管制度
		（5）材料试件养护保管制度	（6）不合格材料处置制度
		（7）材料紧急放行制度	（8）材料招标采购制度
4	合同管理制度	（1）合同签订管理制度	（2）合同保管发放制度
		（3）合同变更管理制度	（4）合同信息平台评审制度
		（5）施工签证管理制度	（6）合同执行检查制度
5	质量管理制度	（1）隐蔽工程验收制度	（2）工程质量创优制度
		（3）质量监督检查制度	（4）样板引路制度
		（5）质量会议、会诊及奖评制度	（6）质量检测仪器管理制度
		（7）重大原材、设备质量跟踪制度	（8）质量回访保修制度
		（9）工程成品、半成品保护制度	（10）质量检测、标识制度
		（11）质量奖罚制度	（12）技术质量交底制度
		（13）三检制度	（14）质量预控制度
		（15）质量检试验及送检制度	（16）质量竣工验收制度
		（17）关键工序质量控制策划制度	（18）质量事故报告制度
		（19）质量报表制度	（20）质量验收程序和组织制度
		（21）质量整改制度	（22）质量教育培训制度
6	行政后勤管理制度	（1）宿舍管理制度	（2）食堂管理制度
		（3）生活区卫生管理制度	（4）卫生防疫制度
		（5）生活垃圾存放处理制度	（6）工人工资发放监管制度
		（7）门禁管理制度	（8）居民投诉处理制度

续表

序号	制度类别	制度名称	
6	行政后勤管理制度	(9) 生活污水处理、排放制度	(10) 行政文件处理制度
		(11) 车辆出入管理制度	(12) 宣传报道制度
		(13) 工人退场管理制度	(14) 参观接待制度
		(15) 治安管理制度	(16) 视频监控管理制度
7	生产管理制度	(1) 生产例会制度	(2) 临时堆场和仓库管理制度
		(3) 进度计划编制和报审制度	(4) 夜间施工管理制度
		(5) 进度计划检查与奖罚制度	(6) 垂直运输机械协调管理制度
		(7) 施工总平面管理制度	(8) 施工用水用电申请制度
		(9) 塔式起重机使用申报审批制度	(10) 工作面移交管理制度

8.5 配合与协调管理

8.5.1 各专业交叉施工工作面的协调与管理

各专业交叉施工工作面协调管理内容如表 8-4 所示。

各专业交叉施工工作面的协调与管理　　　　表 8-4

序号	协调管理项	协调管理内容
1	交叉作业面管理的基本原则	1) 保证施工作业面的施工安全。 2) 保证各交叉施工方能够正常施工。 3) 保证各交叉施工方能够有序流水施工。 4) 做好各专业之间成品保护协调工作
2	重点交叉作业面的管理	1) 加强对交叉作业的安全管理,明确权责,消除安全隐患。安排专人对交叉作业施工工作面进行巡视,对于存在安全隐患的情况及时提出整改意见并督促相关方及时整改。 2) 交叉作业前施工各方编制"交叉作业安全施工方案",并报送审核。 3) 施工作业前对施工人员进行技术交底,并检查完善现场安全设施。 4) 交叉作业施工前各分包单位提前沟通,明确各自施工内容及范围,减少施工过程中的矛盾。 5) 对施工现场各交叉施工方的顺序进行协调,保证施工作业有序进行。 6) 向各交叉施工方提供必要的配合措施

8.5.2 与业主、监理及设计的配合协调

1. 与业主关系的协调

与业主关系协调如表 8-5 所示。

与业主关系的协调　　　　表 8-5

序号	协调措施
1	根据总体进度计划安排,对分包商的考察时间、进退场时间等作出部署,制定各分包工程的招标及进场计划

续表

序号	协调措施
2	根据施工进度需要,编制图纸需求计划,提前与业主、监理、设计进行沟通;指导和协助幕墙、弱电、精装修等专业分包进行专业图纸深化设计,防止因图纸问题耽误施工
3	对业主提供的材料设备提前编制进场计划
4	结合经验向业主提出各专业配合的合理化建议,满足业主提出的各种合理要求
5	做好图纸会审、洽商管理、优化设计、施工方案,从而降低造价、控制投资
6	根据合同为业主提供其他配合服务

2. 与监理关系的协调

与监理关系协调如表 8-6 所示。

与监理关系的协调　　　　表 8-6

序号	协调措施
1	学习监理管理要求,服从监理单位的监理
2	与监理配合执行"三让"原则,即总承包商与监理方案不一致,但效果相同时,总承包商意见让位于监理;总承包商与监理要求不一致,但监理要求有利于使用功能时,总承包商意见让位于监理;总承包商与监理要求不一致,但监理要求高于标准或规范时,总承包商意见让位于监理
3	向监理提供所要求的各种方案、计划、报表等
4	在施工过程中,按照经业主和监理批准的施工方案、施工组织设计等进行质量管理。各分部分项工程在经总承包商检查合格的基础上,请监理检查验收,并按照要求予以整改
5	各分包商均按照总承包商要求建立质量管理、检查验收等体系流程,总承包商对自身分包商的工程质量负责,分包商工作的失职、失误均视为总承包商的工作失误,杜绝现场施工分包商不服从监理工作的现象发生,使监理的指令得到全面执行
6	向监理提交现场使用的成品、半成品、设备、材料、器具等产品合格证或质量证明书,配合监理见证取样,对使用前需进行复试的材料主动递交检测报告
7	分部、分项工程质量的检验,严格执行"上道工序不合格,下道工序不施工"的准则,对可能出现的工作意见不一致的情况,遵循"先执行监理的指导,后予以磋商统一"的原则,维护监理的权威性
8	建立积极的沟通渠道,如会议制度、报表制度等,交换工程信息,解决问题
9	与监理意见不能达成一致时,与业主三方协商,本着对工程有利的原则妥善处理
10	按合同为监理提供其他配合服务

3. 与设计、顾问关系的协调

与设计、顾问关系协调如表 8-7 所示。

与设计、顾问关系的协调　　　　表 8-7

序号	协调措施
1	管理专项工程深化设计工作
2	参与不同专业间的综合图纸会审,指出各专业图纸的接口、协调等问题,组织编制组合管线平衡图,向业主提出合理化建议

续表

序号	协调措施
3	参加各专业工程的图纸会审,提出相关建议
4	及时掌握每个专业工程的变更情况,从施工角度评价其影响,及时提出相关建议
5	严格按照设计图纸施工,施工中的任何变更都要经过设计或顾问同意
6	根据合同为现场设计代表提供其他配合

8.5.3 与政府管理部门及相关单位的配合

与政府管理部门及相关单位配合如表8-8所示。

与政府管理部门及相关单位的配合　　　表8-8

序号	政府主管部门及其他机构	协调措施
1	建委	优良样板工程的检查、评比
2	质量监督站	1）建设工程质量报监。 2）日常、分部分项节点部位、单位工程施工的监督工作的对接,以及工程竣工验收过程监督工作的对接。 3）工程创优检查、指导与推荐。 4）工程施工过程中质量管理突发事件的协调处理。 5）建设工程安全报监。 6）建设工程日常安全监督检查接待,节点部位安全监督检查,工程竣工安全评估。 7）文明样板工程的检查、评选。 8）工程施工过程中安全突发事件的协调处理
3	城市建设档案馆	1）施工过程中档案资料收集整理的指导和检查。 2）工程竣工时建设工程竣工档案资料的预验收。 3）工程竣工验收后建设工程档案的移交
4	规划局	开工时规划验线、施工过程中规划验收、竣工规划验收,核发"建设工程规划验收合格证"
5	消防大队	1）消防报监、施工过程中消防检查、系统验收。 2）竣工后进行消防验收,签发"建设工程消防验收意见书"
6	建筑业协会	优良样板工程、建设项目结构优良样板工程、安全生产、文明施工样板工地的检查、评比
7	质量技术监督局	大型机械设备和计量器具的检定工作
8	安全生产监督管理局	1）施工现场日常安全检查和专项检查、安全突发事件的处理。 2）工程安全生产条件和有关设备检测检验、安全评估和咨询
9	城市管理综合执法纠察大队	1）施工现场周边环境卫生、综合治理的组织协调。 2）建筑施工渣土申报和运输的检查、协调
10	公安交通管理局	施工现场日常交通路线的协调,大体积混凝土浇筑过程中的交通协调,大型构件、设备运输协调
11	公安局	1）施工现场综合治理检查、突发事件处理。 2）施工现场工人办理暂住证等其他相关证件
12	环境保护局	开工污水排放的申请、施工过程中渣土外运审批、淤泥渣土排放证核发、日常市容环境的检查

8.6 项目集群化管控措施

冷链系列项目融合多方价值需求，在已有管理成果的基础上探索升级，形成冷链系列项目集成管理措施。通过管理体系化、人员固定化、设计标准化、技术统一化、工期模型化、资源集成化，降低管理成本、提升管理效率，实现资源共享、达到均质履约。

8.6.1 管理体系化

指挥部作为建设单位的"大管家"，并联设计院、串联 46 个子项目，全面协调、统筹管理；作为两级公司的"践行者"，集合资源、落实策划；作为设计单位的"引导者"，加强设计单位出图、施工融合、设计优化；作为子项目部的"指挥官"，统一部署、标准管控，制定统一的管理体系与标准，以最少的人员实现最完整的管控，通过统一管理标准，加速集成管控（图 8-6）。

图 8-6 管理体系示意图

1. 统一管理制度

项目点多面广，沟通周期长，总承包单位、建设单位、设计单位及其他参建单位管理力量不足，无法全覆盖管控项目建设成本、质量、安全。通过梳理各方管理诉求，量身打造业冷链系列项目管理制度，从设计、进度、商务、质量、安全、资料等方面制定制度，提高管理水平和管理效率（图 8-7）。

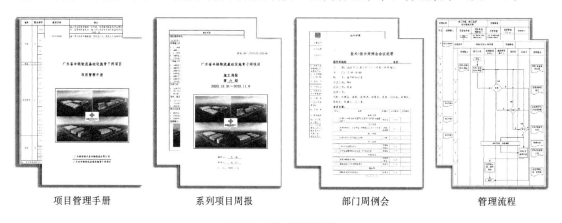

项目管理手册　　　系列项目周报　　　部门周例会　　　管理流程

图 8-7 统一管理制度

2. 明确管理流程

冷链系列项目数量众多、合作单位多、开发频次高，项目偏远散小，涉及范围广，资源管理难度大，流程冗杂，项目快速启动、建造难度大。加之联合体设计单位力量不足，缺乏多项目同步设计的经验，无法满足项目快速启动需要。通过梳理管理流程，包括设计方案确认流程、初步设计确认流程、图纸审批流程、预结算报送流程、认价流程、认样流程、进度款申报流程，助力项目快速启动、建造（图 8-8）。

明确管理流程

- ◻ 方案确认流程
- ◻ 初步设计确认流程
- ◻ 图纸审批流程
- ◻ 预结算报送流程
- ◻ 认价流程
- ◻ 认样流程
- ◻ 进度款申报流程

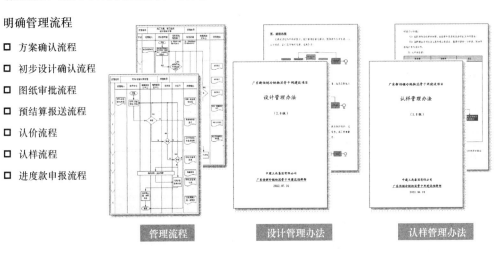

图 8 8　明确管理流程

3. 统一管理标准

通过统一设计原则、交付标准、构造做法，明确估算指标、造价指标、设备排产计划，建立品牌库、项目工期模型、合约界面划分模型、报批报建模板、预算模板、质量管理标准、安全管理标准、施工方案模板（图 8-9）。从而统一各类型项目管理标准，为项目建造引领方向，提升项目建造品质，实现项目优质履约。

统一管理标准

- ◻ 设计原则
- ◻ 交付标准
- ◻ 构造做法
- ◻ 品牌库
- ◻ 造价指标
- ◻ 设备排产计划
- ◻ 工期模型
- ◻ 合约界面划分模型
- ◻ 估算指标

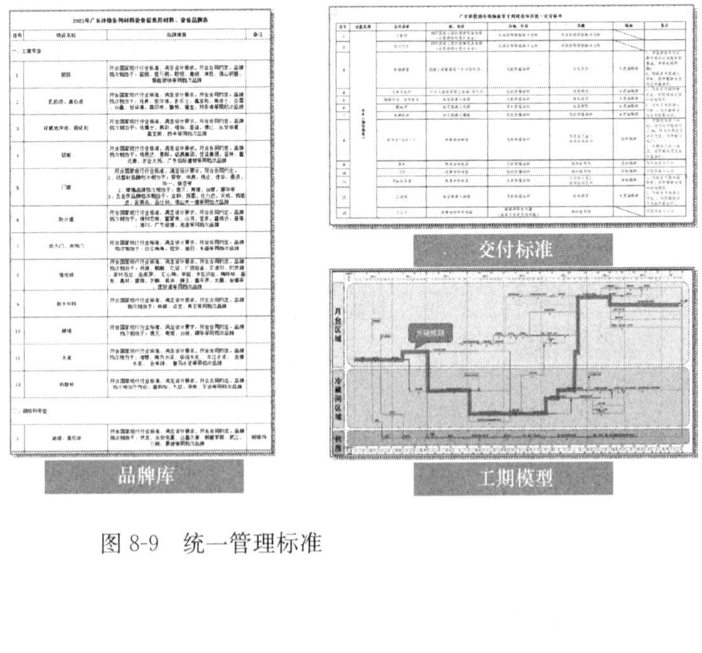

图 8-9　统一管理标准

4. 明确沟通渠道

指挥部代表项目群和子项目与建设单位和设计单位沟通协调，并通过智慧工地等信息化系统进行信息处理、分级、传递，项目部直接对接建设单位项目工程师，形成一对一信息沟通方式。以建设单位利益出发，秉持"把钱用在刀刃上"原则，通过施工融合、设计优化、精益建造、新技术应用、技术攻关等方式，降低投资、提升品质，实现共赢。

8.6.2 人员固定化

按照常规管理全覆盖 46 个子项目，需投入大量管理人员，项目交付后，管理人员撤场，管理团队变换过快，将增加后续项目沟通协调难度。基于广东省冷链系列项目业态高度相似、开发连续性强等特点。冷链系列项目采用不同阶段人员配置固定、"两级人员集成再分解"模式，设计、技术、成本、招采等工作集中处理，"人员先集中后分散"，项目各阶段人员配置、管理分工如下。

1. 项目初期阶段

施工准备阶段管理分工如表 8-9 所示。

施工准备阶段管理分工　　表 8-9

机构	工作		机构	工作
指挥部	设计管理	设计优化	项目部	报批报建 ↓ 资源摸排 ↓ 场地平整 ↓ 临建施工
		深化设计		
	技术管理	方案编制		
		总平与施工部署		
	计划管理	计划编制与下沉		
		计划考核		
	商务管理	设计阶段成本核算		
		成本核算与下达		
	招采管理	招采策划		
		资源统筹、调度		

2. 项目中期阶段

施工阶段管理分工如表 8-10 所示。

施工阶段管理分工　　表 8-10

机构	工作	机构	工作
指挥部	履约管控	项目部	成本管控
	质量监管		建造管理
	安全监管		质量管理
	成本考核		安全管理
	结算收款		外部协调

3. 项目收尾阶段

收尾阶段管理分工如表 8-11 所示。

收尾阶段管理分工　　　　　　　　　　　表 8-11

机构	工作	机构	工作
指挥部	履约管控	项目部	成本管控
	质量监管		建造管理
	安全监管		质量管理
	成本考核		安全管理
	结算收款		外部协调

8.6.3 设计标准化

冷链系列项目众多、专业性强，发挥总承包单位总承包管理能力、结合设计院专项设计能力，从设计原则制定、构造做法固化、优化及二次深化入手，设计标准化，为形成标准项目奠定基础。

1）指挥部集中设计、技术、商务所有人员对前三个项目施工图纸进行集中审图，从施工、造价、优化等角度提出图纸问题清单，固化构造做法，形成"冷链系列项目构造做法"。针对围墙、门窗、栏杆、幕墙等需进行二次深化施工内容，发挥深化能力，于同类首个项目施工阶段，完成深化设计、材料认样等工作，固化二次深化（表 8-12）。

深化设计与优化设计列表　　　　　　　　　表 8-12

序号	深化设计项	序号	深化设计项
1	钢结构深化、钢结构节点优化	5	幕墙二次深化
2	固化两种道路做法，便于永临结合	6	门窗二次深化
3	统一围墙形式	7	装修二次深化
4	栏杆二次深化		

2）针对相同业态的项目，在首个项目施工阶段，与建设单位确认各类功能性房间交付标准，固化交付标准，后续业态相同项目直接按此标准施工。

3）推行《设计管理考核》，与设计院签订奖惩协议，提升设计师工作积极性。通过设计标准的固化，统一冷链所有项目施工标准，提高设计环节的工作效率与出图质量（图 8-10）。

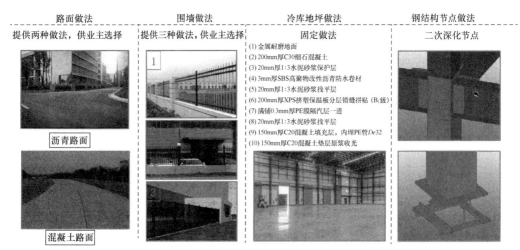

图 8-10　部分做法设计标准固化

8.6.4 技术统一化

对冷链系列项目不同建造技术、施工关键技术、施工方案进行总结，技术管理统一化、技术文件模板化。成立冷链工作组负责冷链项目的专项技术支撑，设立项目群技术部，负责项目群内子项目的现场技术管理，为冷链系列项目快速建造保驾护航（图8-11）。

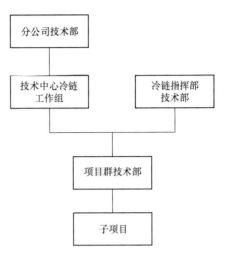

图8-11 技术管理组架构图

1. 建造技术总结

形成《广东省冷链系列项目技术总结》，针对同类型项目，从设计与设计管理、施工部署、工期及进度计划管理、关键施工技术、设计质量安全风险管理、主要施工方案等方面统一化，加速项目建造。

2. 关键施工技术

针对冷链系列项目技术重难点，总结形成冷库大面积回填土地坪裂缝控制技术、冷库大厚度喷涂保温防开裂施工技术、冷库地坪保温施工技术、冷库高要求保温冷桥切断关键建造技术、悬挑屋檐支模技术、冷库出入口防冻胀防结霜技术、制冷设备及管道安装技术、溶洞处理施工技术等关键技术，为冷链系列项目快速建造保驾护航。

3. 专项技术支撑

1）由集团公司技术支持中心成立冷链专项支撑工作组，根据项目类型（新开项目、在建项目、收尾项目）形成专项支撑方案，通过《冷链系列项目新开项目、在建项目、收尾项目技术支撑需求汇总表》每周收集项目支撑服务需求，经与项目沟通确认后进行专项支撑，重点技术风险直接管理。

2）建立收尾项目技术管理台账，总结形成不同类型项目结算、交档需求技术资料清单，建立结算资料、竣工资料移交制度，规定结算、竣工资料整理移交时间，结算资料由工作小组统一整理，帮助项目快速收尾（表8-13）。

冷链系列项目专项技术支持服务一览表　　　表8-13

序号	项目类型	技术支持服务
1	新开项目	1）施工组织设计编制； 2）总平面布置、总进度计划； 3）大型施工机械配置（含选型、布置、基础）； 4）精益建造策划； 5）招采合约规划； 6）超危大施工方案、重点施工方案编制； 7）临建施工方案； 8）图纸会审、设计优化； 9）重点技术风险管理，如溶洞、边坡支护等

续表

序号	项目类型	技术支持服务
2	在建项目	1）施工组织设计编制； 2）大型施工机械配置（含选型、布置、基础）； 3）超危大施工方案、重点施工方案编制； 4）重点技术风险管理，如溶洞、边坡支护等
3	收尾项目	结算资料整理

8.6.5 工期模型化

冷链系列项目偏远散小、开发频次高、施工周期短、界面接口多、交叉作业频繁、交付标准高，涉及专业、分包商、供应商众多，大宗材料设备采购量大，总承包管理和协调难度大，必须采取行之有效的调控手段，以实现进度、安全、质量、成本等目标。基于上述情况，结合不同业态、不同规模项目实施情况，考虑正常施工工序，为保证履约的合理性，形成冷链系列项目通用工期模型，后续同类型项目工期计划均在此基础上调整完善，有助于项目优质履约（图8-12）。

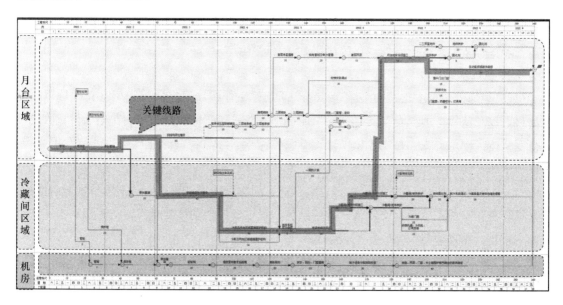

图 8-12　冷藏间工期模型

8.6.6 资源集成化

通过设计标准化、技术统一化、工期模型化，形成标准的项目。基于此可实现资源的集成招采，节约时间和精力，赢得最低招采价、最优分包商。资源集成是决定冷链系列项目实现高周转、集成管控的有力保障。

1. 提升招采效率

根据经验，单项目招采次数约 40 次，46 个项目共约 1840 次。若要保质保量地完成繁重的招采工作，需配置完整且强大的招采部门，投入大量的时间组织招采，与"集成化管控"背道而驰。通过分解合约界面，制定招采计划，集成来自公司、分公司优质资源，进行集中招采，简化了繁重的招采流程及招标数量，预计可将招采数量控制在 60 次。在提升招采效率的同时，也确保招采的时效性，可随时为后续项目提供分包资源。

2. 提高招采效益

冷链单个子项目体量较小，地处偏远，若对子项目进行单独招采，则会因为体量小、工期短、资源集中投入、材料无法流转而导致招采价格偏高。通过集中招采，扩大体量，吸引优质分包，合理降低价格，平均可降低约 10% 的招采成本，形成良性竞争。

3. 提高周转效率

资源集成、集中招采不仅为各子项目的快速启动提供保障，同时为公司冷链产品线储备了优质资源，形成"冷链产业分包工程资源库"，实现品质招采，有效提高项目资源周转效率（图 8-13）。

图 8-13 资源周转示例

8.7 平面管理

8.7.1 阶段划分与施工流程

1. 阶段划分

冷链物流园项目常采用工程总承包模式，以广东某项目为例，主要基于业主需求进行招标，项目总承包管理需完成从方案设计到交付运营的全过程工作，结合工程管理特征与工程实践经验，主要划分为四个阶段。

1）进场与报批报建阶段

冷链物流园项目一般在立项完成后即进行 EPC 招标，由于项目工期较短，此阶段管理是以现场工程实体启动为中心，各部门分工明确，快速做好相关工程前期准备工作，主要包括以下四个方面：

（1）项目经理牵头，快速联动业主与地方规划、住房和城乡建设、城管等相关职能部门进行对接，了解地方报批报建相关流程及资料要求，完成工程用地规划许可、工程规划许可、施工许可等相关前期手续办理。

（2）技术总监牵头，快速对接勘察方与设计方，完成现场详细地质勘察，将地质勘察报告递交至设计院，联合设计方完成项目方案设计、初步设计、施工图设计直至施工图审查合格，过程中与业主加强沟通，确保图纸设计满足业主功能及概算需求。

（3）建造总监牵头，快速完成现场"三通一平"施工准备，尤其部分偏远地区项目，周边无相关市政配套设施，需采取现场设置发电机、打井等方式解决现场施工水电供应问题。针对大面积场地，现场需同步完善相关临时排水设施，避免排水不畅影响进场施工。

（4）合约总监牵头，快速完成前期招标、采购工作，对资源充分调研、掌握相关资源信息，根据资源需求的紧急情况，各分包商、机械设备租赁商、材料供应商等提前开标、定标，及时组织人员、机械、材料进场，各种资源需要提前掌握清楚具体情况，尤其部分属地化资源，进场后保证资源及时组织到位。

2）主体结构施工阶段

主体结构施工阶段核心是快速建造，主体结构是物流园的基础框架部分，常规采用混凝土框架结构和单层门式钢架结构，其施工组织难度、技术难度较小，快速建造的核心是施工资源的合理组织，冷链项目工期短、体量不大，通常各单体之间平行施工，单体内部划分为若干流水段进行流水作业，避免工作面的闲置与工人窝工。此阶段需以冷库、设备机房建设为重点，为后续冷库制冷、保温工艺插入施工创造前提条件。

3）装饰与设备安装阶段

装饰与设备安装阶段的核心是工序穿插，厘清装饰装修、设备安装的前置条件与相互关系，建立工序穿插标准模型，指导现场各工序合理有序穿插施工，在加快施工进度的同时做好现场成品保护工作。此阶段需以冷库降温调试为主线，施工的重点是冷库墙地面保温、地面大面积地坪及制冷设备的安装与调试，其他配套加工车间、综合楼等相对简单，同步实施完成即可。

4）交付与运维阶段

冷链物流园项目作为交钥匙工程，后期交付与运维管理是项目快速投产运营的关键，冷链运维系统采用新型工艺设计、新型物流技术、新型物流装备、新型物流系统，通过大数据集中平台实现无人化、智能化管理，其中所涉及软硬件系统复杂、智慧化程度高，此阶段工程总承包单位应重点配合运维单位完成现场设备调试与试运行,工程试运行正常且验收合格后办理移交手续。

2. 施工流程

冷链物流园项目总体施工流程以冷库施工为主线,其他综合楼、加工车间等配套建筑同步进行施工,按照"各单体平行推进,各工序分区流水"的思路进行快速建造(图8-14)。

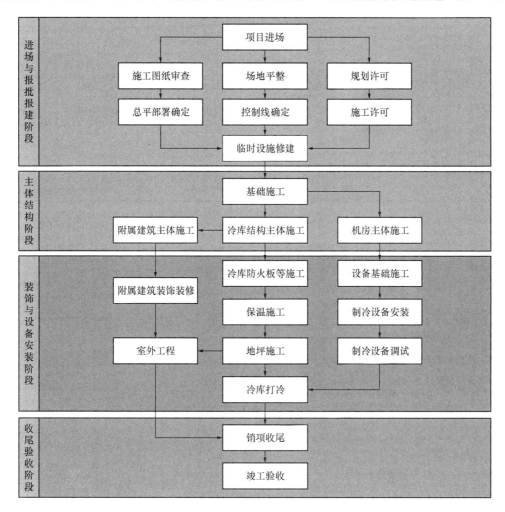

图 8-14　总体施工流程示意图

8.7.2　施工分区与施工组织

1. 总体思路

冷链物流园项目一般为群体建筑,包含冷库、加工车间、综合办公楼、消防水池、设备机房等建筑单体。整体分区按照总平面布置中各单体位置来划分,一般按照冷库、加工车间、办公楼等不同位置划分为不同分区。通常一些小单体,如设备机房、水泵房等划分在临近建筑分区中。

其中冷库、加工车间单体建筑面积相对较大，一般为 $8000\sim30000m^2$，且层数不超过 3 层，可根据结构形式、变形缝、施工缝等划分，流水段划分时需考虑以下因素：

1）根据结构形式划分为不同流水段；

2）相同结构形式一般以施工缝为界进行流水段划分；

3）流水划分时需考虑各工序的穿插衔接，大小宜适中，一般 $1500\sim3500m^2$ 为宜；

4）各工序因功能不同存在施工管理难度差别，需合理安排管理人员。

2. 施工分区

某项目包括 1 栋 1 层冷库，1 栋 1 层加工车间，1 栋 5 层综合楼，总体分为 3 个大区，其中 1 号冷库为 A 区，2 号加工车间为 B 区，3 号综合楼为 C 区。A 区内部分为 $A_1\sim A_5$ 共 5 个小区，B 区内部分为 $B_1\sim B_3$ 共 3 个小区，C 区内部分为 $C_1\sim C_2$ 两个小区。

3. 施工组织

各阶段施工组织部署如表 8-14 所示。

各阶段施工组织部署　　　　表 8-14

第一施工阶段：桩基及基础施工阶段

说明：

1. 1 号冷库进行桩基及基础施工，2 号加工车间进行场地平整，3 号综合楼进行桩基施工；

2. A 区北侧按 $A_1\rightarrow A_3\rightarrow A_5$ 顺序组织基础施工，A_2 区、A_4 区进行混凝土管桩及水泥土搅拌桩施工，整体按由北向南顺序施工，A 区北侧基础完成后进入 A_2 区及 A_4 区进行基础施工；E 区进行桩基施工，桩基施工按照 $C_{1-1}\rightarrow C_{1-2}\rightarrow C_2$ 的顺序组织流水施工；

3. A 区北侧基础施工完成后进入南区基础施工，基础施工与钢结构施工同步进行，适时插入钢结构吊装，南区基础施工完成后进入 A_2 区、A_5 区主体结构施工，C 区基础施工后适时插入主体结构施工

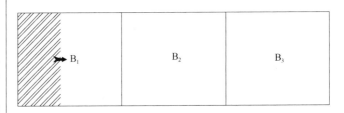

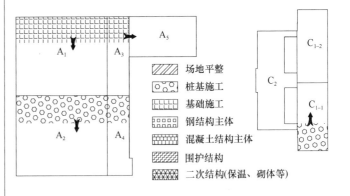

续表

第二施工阶段:基础及架空层施工阶段	
说明: 1. 1号冷库 A_1 区进行钢柱吊装,A_2 区及 A_4 区进行基础施工,2号加工车间 B_3 区进行管桩施工,3号加工车间 C_{1-1} 区进行地下结构施工,C_2 区进行基础施工; 2. A_2 区及 A_4 区管桩施工完成,进入 B_3 区施工管桩,A_1 区、A_3 区、A_5 区基础完成,流向 A_2 区、A_4 区进行基础施工,A_1 区、A_3 区开始进行钢结构吊装,A_2 区、A_4 区基础完成后进入 A_3 区、A_5 区进行主体结构施工,A_2 区、A_4 区、A_5 区主体结构施工完成后进入 B_1 区进行基础施工,C_{1-1} 地下室结构施工完成后开始进行 C_1 区主体施工,C_1 区一层施工完成后进入 C_2 区进行主体结构施工; 3. A_2 区、A_4 区基础完成后进入 A_3 区、A_5 区主体施工,A 区主体施工结束后进入 B 区进行基础施工	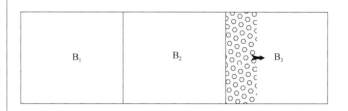 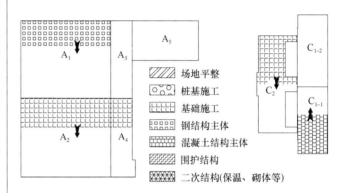
第三施工阶段:主体结构施工阶段	
说明: 1. A_1 区进行围护结构施工,A_2 区进行钢结构主体施工,A_3 区及 A_5 区进行主体结构施工; 2. A_2 区及 A_4 区基础施工完成,进入 A_3 区、A_4 区及 A_5 区进行混凝土主体施工,混凝土主体施工按照 $A_2 \rightarrow A_5 \rightarrow A_4$ 区的顺序组织流水施工,A 区混凝土结构施工完成后进入 B 区进行混凝土结构施工,A_1 区钢结构吊装完成,流向 A_2 区进行钢结构吊装施工,A_1 区开始进行围护结构施工,围护结构施工完成后及时插入地坪 PE 管及填充层、防火涂料、防火板等工序施工,C 区主要进行混凝土主体结构施工,其混凝土主体施工按照 $C_{1-1} \rightarrow C_{1-2} \rightarrow C_2$ 区的顺序流水施工; 3. A 区钢结构主体施工完成后及时插入围护结构施工,并进行防火板和防火涂料施工,混凝土主体施工完成后及时插入砌体结构施工,C 区主体结构施工完成后及时插入砌体结构施工	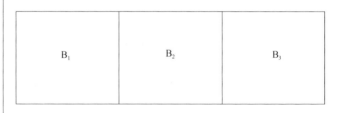 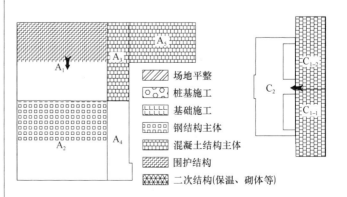

续表

第四施工阶段：二次结构施工阶段	
说明： 1. A_1 区进行保温板安装，A_4 区、A_5 区进行砌体施工，B_1 区进行钢结构吊装施工，B_2 区进行混凝土主体结构施工，C_1 区进行主体结构施工，C_2 区进行砌体施工； 2. A 区冷库保温板按照 $A_1 \rightarrow A_2$ 区的顺序组织施工，保温板施工完成后及时插入地坪保温防水施工，为地坪工程提供工作面，A_3 区、A_4 区、A_5 区二次结构逐层向上组织流水施工，二次结构施工与机电安装施工同步进行，二次结构施工时即插入装饰装修施工，机房设备基础、电缆沟及砌体同步组织施工，为制冷设备安装尽早提供条件，B 区混凝土基础及结构柱按照 $B_1 \rightarrow B_2 \rightarrow B_3$ 的顺序组织流水施工，并在合适位置插入钢结构及屋面围护结构施工，C 区主体结构基本完成，开始进行内架拆除及二次结构施工，二次结构按照一层向上的顺序组织流水； 3. A_1 区、A_2 区保温板完成后及时插入地坪施工，机电管线安装与保温板安装同步进行	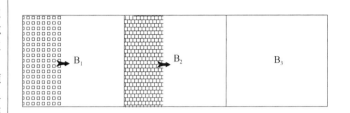 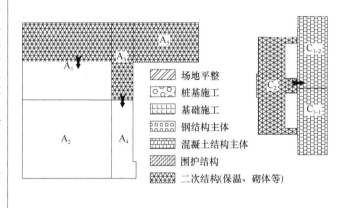

8.7.3 平面规划

1. 办公生活区

冷链物流园一般都为"短平快"项目，办公生活区的布置主要以简单、适用为原则，可采用 K 式房或箱式房形式，办公生活区建设标准见表 8-15。

办公生活区建设标准　　　　　　表 8-15

人员类别	办公室		宿舍	
	K 式房	箱式房	K 式房	箱式房
项目经理	单间	单间	1~2 人/间	单间
项目其他班子成员	2~3 人/间	2 人/间	2 人/间	2 人/间
普通管理人员	4 人/间	3~4 人/间	4 人/间	4 人/间
分包商管理人员	5 人/间	4 人/间	4~5 人/间	4 人/间
工人	—	—	6 人/间	4~6 人/间

2. 临时管网与道路

冷链物流园项目施工道路一般都会与正式道路重叠，前期应采用永临结合的方式修建环形道路。正式道路设计为混凝土道路时，可在适当增加配筋后作为施工道路，后期对局部区域进行修补后作为正式道路。当正式道路设计为沥青道路时，正式道路基层宜采用刚性基层设计，项目前期施工并作为临时施工道路使用，在后期室外工程阶段，完成道路面层施工。施工道路之前可先进行道路下管网施工，一方面道路下管网可作为临时排水设施，另一方面可减少后期道路反复开挖的工作量。

3. 围墙

冷链物流园项目场地开阔,一般位于城郊部位,正式围墙通常采用钢筋混凝土扩大基础+铁艺栏杆形式(图8-15),现场施工时可采取永临结合方式,提前分段修建正式围墙,降低成本投入。若项目位于人口密集城镇地区,则可采用正式围墙基础+装配式围挡形式。

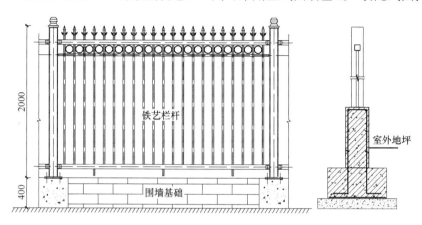

图 8-15 围墙标准节段及基础示意图

4. 大型设备

1)塔式起重机

塔式起重机主要应用于采用混凝土结构的多层结构单体施工,且单体建筑面积宜在 $5000m^2$ 以上,冷链项目单体建筑高度较低,所有塔式起重机一般可在独立高度下工作,布置位置相对自由,布置时主要考虑以下因素:

(1)塔式起重机尽可能覆盖所有建筑轮廓范围,减少塔式起重机盲区。

(2)塔式起重机 3t 吊重线应覆盖主要现场道路区域,保证钢筋原材卸车需求。

(3)综合楼单层面积较小,可与周边加工车间、冷库等共用塔式起重机,提高设备使用率。

(4)当塔式起重机基础需要打桩时,可利用建筑基础进行永临结合。

2)汽车起重机

汽车起重机主要应用于钢结构单体建筑及建筑规模 $5000m^2$ 以下小型混凝土结构单体施工,汽车选型时主要考虑吊装半径及钢结构吊重需求,一般冷链项目选择 25~50t 汽车起重机即可满足施工需求。

3)施工升降机

施工升降机主要应用于多层结构二次结构及装饰装修材料垂直运输,主要根据单层砌体、抹灰工程量进行选择,冷链物流园项目单体基本为多层结构,选择 SC100 或 SC100/100 货用施工升降机即可满足需求,冷库、加工车间单层面积较大需布置多台施工升降机时应分区进行布置,缩短材料运输距离。

5. 临时堆场

冷链项目一般占地面积大,可使用场地多,且一般不出现总平转换,材料堆场及加工厂无须进行位置转换。

1) 基础结构施工阶段

桩基施工时,如桩基础为管桩,则管桩堆场根据施工部位移动,堆场根据打桩机位置进行动态移动,临时堆场可设置在环形路旁边。如桩基础为旋挖钻,堆场主要为钢筋堆场及加工厂,钢筋堆场可用后期钢筋棚位置,加工好的钢筋笼可堆放在施工部位附近。

承台基础施工时主要为钢筋加工棚、堆场、模板架料堆场,如为钢筋结构冷库,一个单体一般设置一个钢筋加工棚及堆场;如为混凝土库,因钢筋量比较大,可设置一到两个钢筋加工棚及堆场,且需在塔式起重机覆盖范围内。模板架料堆场宜紧邻钢筋堆场设置,方便管理。

2) 主体施工阶段

钢结构库施工时,主要钢构件堆场随吊装位置进行动态布置,且需要在环形道路周边设置临时钢构件堆场。

混凝土库施工时,主要堆场为钢筋加工棚、钢筋堆场、模板架料堆场、安装库房等,此阶段堆场基本与基础施工阶段堆场一致,不进行大量调整。

3) 装饰装修施工阶段

此时主要钢筋堆场、模板架料堆场移除,移交装修单位作为装修堆场,保温板、防火板主要堆场基本为施工部位,原模板架料堆场可用于保温板及防火板临时周转堆场。

8.8 进度管理

8.8.1 进度计划管理体系

1. 计划编制

1) 由项目总工程师牵头,按照合同工期、公司要求节点及项目内部会议讨论确定总工期并编制总进度计划,总进度计划由技术总监交底。

2) 由技术总监牵头,根据总进度计划编制年度、季度进度计划并进行交底。

3) 由建造总监牵头,根据季度计划编制月、周进度计划并进行交底,明确各项工作责任人。

4) 由商务总监牵头,技术总监配合,根据总进度计划编制招采计划,并按招采计划组织实施。

5) 技术总监牵头,根据总进度计划编制深化设计计划并进行交底。

6) 各现场责任工程师根据月、周进度计划编制材料需求计划。

7) 项目质量总监根据总进度计划编制质量管理计划,明确各阶段质量管理要点。

8) 项目HSE总监根据总进度计划编制安全管理计划,明确各阶段安全管理要点,梳理重点危险源并制定安全管控措施。

9) 项目材料负责人需根据总进度计划进行分析,梳理各阶段材料需求,提前确定材料供应商,确保现场材料供应。

2. 计划落实

1)总进度计划、年度计划及季度计划编制交底完成后,由技术总监牵头,将总进度计划上墙,在建造总监、会议室、工程部、技术部进行上墙公示,便于进度计划查阅和实施。

2)月、周进度计划编制完成后,由建造总监牵头,组织进度计划交底并在会议室及工程部上墙公示,便于进度计划查阅和实施。

3)项目建造总监作为进度计划实施主要负责人,需对年、季度计划进行分析,梳理本年度施工各阶段分包组织、材料组织、劳动力组织、机械设备组织等各方面资源的需求情况,制定可行性资源组织方案,明确各区域负责人职责,确保施工进度。

4)项目建造总监应制定可行的计划管理措施,针对各分包施工进度进行管控,要求分包根据总承包方计划编制切实可行的进度计划,并对分包施工进度进行检查和审核,对进度滞后的分包应要求其提供切实可行的赶工方案并监督落实,确保进度可控。

5)项目商务总监应根据招采计划组织招采工作,为项目施工进度保驾护航。分包合同内应根据总进度计划明确各节点进度要求,并明确工期延误处罚条款。

6)项目技术总监应及时组织各分包开展深化设计工作,并对深化设计深度提出具体要求,同时检查各分包深化设计进度,做到深化设计前置,达到"先深化、后施工"的目标。

7)项目材料负责人应定时检查供应商材料预备是否满足现场施工需求,同时对加工时间长的材料及设备,应要求各责任工程师提前编制材料需求计划,确保材料和设备按时进场。

8)项目质量总监根据现场进度及时调整质量管控重点,确保现场质量管理可控。

9)项目安全总监应根据进度确定各项安全危险源实施管控,及时对现场作业人员进行交底,保证施工安全。

3. 计划延误预警

计划延误预警参考表 8-16。

计划延误预警　　　　　表 8-16

序号	计划类型	正常延误	一般延误	严重延误
1	总进度计划	10d	11~29d	30d
2	季度进度计划	7d	8~14d	15d
3	月度进度计划	3d	4~16d	7d
4	周进度计划	1d	2d	3d
5	重要节点计划	1d	2~4d	5d
6	预警信号	蓝色	黄色	红色

注明:

1)重要节点为总进度计划中关键线路部分,关键线路工作滞后会导致总工期延后,因此,关键线路工作需重点控制。

2）正常延误情况，建造总监在例会上汇报时应说明延误原因，并说明赶工措施。

3）一般延误情况，建造总监需在例会上对相关责任人（现场工程师）、分包负责人进行通报，并要求相关责任人（现场工程师）或分包责任人制定赶工方案报建造总监审批，建造总监应委派相关责任人（现场工程师）进行过程监督，确保方案落实情况。

4）出现严重延误情况，项目建造总监应组织各部门负责人、相关分包负责人开会讨论，找出延误原因进行分析，根据原因制定工序优化、后续工期缩短等措施方案，并由建造总监进行监督。同时根据延误情况对相关责任人（现场工程师）、分包负责人处以罚款。

5）对不可抗力因素、业主原因导致的工期延误情况，建造总监应在例会上说明原因，并制定后续施工措施，必要时需调整总进度计划。

8.8.2 分部分项进度计划分析

1. 设计及报建

此项只对 EPC 总承包参与的流程进行分析。

1）建设工程规划许可证办理

在建筑方案得到业主确认后，由设计院编制报规文件，报规文件一般包括总图及各单体图、效果图及报规说明书。报规文件一般会说明各个单体的建筑面积、建筑立面、建筑平面等指标，规划许可证办理时间一般为 7 个工作日，如因规划需修改，一般不超过 10 个工作日。

2）施工许可证办理

施工许可证办理是项目前期报批报建阶段最重要的环节，主要控制的是图纸审查手续。基础图一般在确认设计文件后 15d 内完成，全套图纸 30d 内完成。

一般图纸审查周期需要 15 个工作日。因冷链物流园均属于"短平快"项目，进场后便开始进行永临结合及桩基施工，桩基施工无法等待全部图纸审查完成，故此，可与设计院、业主及图审单位沟通先对基础图进行图审。图审工作可先进行线下审查及修改回复，线下审查及修改回复一般需要 10 个工作日，线下审查结束后进行系统线上审查，线上审查一般需要 5 个工作日即可完成。

图审合格后一般需要 15 个工作日便可完成施工许可证办理。

3）各报建报批阶段时间整理

报建报批阶段时间如表 8-17 所示。

报建报批阶段时间　　　　　　　　　　　　　　　表 8-17

报批建流程	前置条件	办理时长(d)	对接部门	备注
政府投资项目建议书	政府投资项目储备	5	发展改革部门	建设单位办理
建设项目用地预审意见（选址意见书）	政府投资项目储备	10	自然资源部门	建设单位办理

续表

报批建流程	前置条件	办理时长(d)	对接部门	备注
政府投资项目可行性报告研究	项目入库,项目建议书批复完成	10	发展改革部门	建设单位办理
环评、洪水、水土保持等评价（若必须）	随可行性报告研究编制	5~14	发展改革部门、生态环境部门、水利部等	建设单位办理
招标方式和招标范围核准	具备招标条件	5	发展改革部门	建设单位办理
政府投资项目初步设计概算审批	完成初步设计概算	5	发展改革部门	建设单位编制
不动产权证	项目选址完成；项目策划完成；项目投资书审批完成	10	自然资源部门	建设单位办理
建设用地规划许可证	不动产权证；用地划拨合同；地形图	10	自然资源部门	建设单位办理
建设工程验线	与工程放线同步进行	7	自然资源部门	EPC总包方配合
建设工程规划许可证	初步建筑设计方案；不动产权证；建设用地规划许可证；项目批复	10	自然资源部门	EPC总包方配合方案设计
施工图审查	施工图完成	15	住房和城乡建设部门	EPC总包方配合施工图设计,配合图纸审查
建筑工程施工许可证	场地条件具备、用地审批、双规证完成、图纸审查完成、施工组织设计完成、安全保障完成	15	住房和城乡建设部门	EPC总包方提供施工组织、制定安全保障措施
工程建设涉及城市绿地、树木审批	双规证、施工许可证、征得涉及小区同意	5	城管部门	EPC总包方配合建设单位协调
城市建筑垃圾处置核准	可在取得施工许可证之前完成	10	城管部门	EPC总包方配合建设单位协调,编制方案

2. 管道及道路

冷链物流园项目道路可采用永临结合的形式,以广东冷链项目为例,道路为统一做法,待总图确认后,便可开始道路及路下管网施工。

道路施工按照施工部署分区域、分段进行。但是为避免后期管网施工时破除道路,过路管及管网应在道路施工之前埋设,且前期可与设计院沟通,在进行管网设计时尽量避开永临结合区域道路。

道路施工主要分为路基压实及面层施工,路基分为回填及压实,与一般工效相同。主要采用机械为：挖机（由于前期场平完成,无需推土机或平地机）、压路机、运输车。

道路面层包括水泥稳定碎石层及混凝土面层,水稳料采用拌和站机械搅拌的方式,每班组每天可铺设约150m³。混凝土面层每天可浇筑大约250m³。

3. 桩基

冷链物流园项目结构桩多为预应力管桩,地基处理时多用到水泥土搅拌桩,预应力管桩施工工效为300m/(台·d),水泥土搅拌桩施工工效约为400m/(台·d)(如地质情况较差,工效会打折)。桩基施工工效如表8-18所示。

桩基施工工效参考表　　　　　　　　　　　　　表8-18

分项	工艺	参考工效（人工）	参考工效（机械）	设备型号	单位	说明
水泥土搅拌桩（湿法）	水泥浆	—	400	ZJ-50-120A水泥搅拌桩机	m/台班	水泥土搅拌桩试桩及出报告预计一周左右,静载试验在完成28d养护期后进行
预制混凝土管桩	钢筋混凝土预制桩锤击压桩	—	300	HD桶式柴油打桩机	m/台班	成桩后2~3d可以挖桩间土,7~10d桩基检测,一天检测一根

4. 基础

冷库基础均可使用木模板,工序与地上混凝土结构相同,基础施工工效如表8-19所示。

基础施工工效参考表　　　　　　　　　　　　　表8-19

分项	工艺	参考工效（人工）	参考工效（机械）	设备型号	单位
土方开挖	—	—	700~900	320挖掘机斗容1.2m³,渣土车配合	m³/台班
独立基础	钢筋绑扎	0.8~1.0	—	—	t/(人·d)
	模板支设	30~40	—	—	m²/(人·d)
	混凝土浇筑	—	30~40	汽车泵	m³/h
地脚螺栓预埋	定位焊接固定	56(5人一组)	—	—	根/工日
箱形柱安装	定位安装固定	8(5人一组)	—	25t汽车吊	根/(工日·台班)

5. 土方回填

土方回填工效如表8-20所示。

土方回填工效参考表　　　　　　　　　　　　　表8-20

分项	工艺	参考工效（人工）	参考工效（机械）	设备型号	单位
土方回填	—	—	1800~2300	2台挖机	m³/台班
土方压实	—	—	3000~4000	22t单钢轮,碾压6遍	m²/台班
垫层浇筑	混凝土浇筑	—	40~45	汽车泵,垫层按0.1m厚度计	m³/h

6. 混凝土主体

混凝土主体参考工效如表 8-21 所示。

混凝土主体参考工效 表 8-21

工作内容	工作效率	工作内容	工作效率
内架搭设	170m³/(人·d)	砌体	3m³/(人·d)
模板铺设	38m²/(人·d)	抹灰	65m²/(人·d)
钢筋绑扎	32m²/(人·d)（常规配筋）	腻子	75m²/(人·d)
混凝土浇筑	27m³/(人·d)，或者是一个班组一天 250m³	外墙抹灰	55m²/(人·d)

7. 钢结构主体

钢结构主体参考工效如表 8-22 所示。

钢结构主体参考工效 表 8-22

分项	工艺	参考工效（人工）	参考工效（机械）	设备型号	单位
地脚螺栓预埋	定位焊接固定	56(5人一组)	—	—	根/工日
H型钢柱安装	定位吊装固定	12(5人一组)	12根	25t 汽车起重机	根/(工日·台班)
箱型钢柱安装	定位安装固定	8(5人一组)	8根	25t 汽车起重机	根/(工日·台班)
H型钢梁安装	定位安装固定	20(5人一组)	20根	25t 汽车起重机	根/(工日·台班)
屋架梁拼安装	定位安装固定	1(5人一组)	1榀	25t 汽车起重机	根/(工日·台班)
屋面支撑及系杆安装	定位安装固定	45(3人一组)	—	—	根/工日
防火涂料施工	喷涂+刷涂	500	—	喷涂机	m²/台班
面漆施工	喷涂+刷涂	500	—	喷涂机	m²/台班
屋面及墙面檩条安装	定位安装固定	35(4人一组)	—	25t 汽车起重机	根/工日
压型钢板铺设+栓钉	铺设栓钉及钢筋绑扎	70	—	25t 汽车起重机转运	m²/工日
钢筋	绑扎	35	—	25t 汽车起重机转运	m²/工日
混凝土	浇筑	120	—	天泵	m³/工日

8. 防火墙

防火墙施工机械主要是剪刀升降车和登高车，全工序工效是 22m²/(人·d)。防火板工序为：安装龙骨→安装内板→安装防火棉→安装外板。

9. 保温板

保温板施工机械主要是剪刀升降车和登高车，全工序工效是 40m²/(人·d)。每块板的尺寸为 12m×1m，所以施工效率较防火板高。施工工序：安装龙骨（吊顶）→安装成品夹芯板。

10. 钢结构墙面板及屋面

钢结构围护的施工措施一般有登高车、吊笼梯。一组人员（6人）配一套设备，一天完成 180m²，平均每人每天完成 30m²。

钢结构屋面板共四道工序：屋面底板、屋面隔汽层、屋面保温板、屋面防水隔气层、屋面顶板。钢结构墙面板及屋面参考工效如表 8-23 所示。

钢结构墙面板及屋面参考工效　　　　　　表 8-23

分项	工艺	参考工效（人工）	参考工效（机械）	设备型号	单位
屋面底板安装	高空出板机出板	900（8人一组）	高空出板机	820	m²/8人
保温隔热层铺设	人工铺设	900（3人一组）	吊车辅助、塔式起重机辅助	—	m²/3人
屋面面板安装	高空出板机出板	800（8人一组）	高空出板机	470	m²/10人
天沟安装	—	100（3人一组）	吊车辅助	—	m/3人
墙面外板安装	吊装	180（6人一组）	登高车、吊笼梯	—	m²/8人

11. 冷库地坪

含架空层冷库地坪工序：结构原板清理→隔汽膜→挤塑板→防水卷材→防水卷材保护层→钢筋绑扎→混凝土浇筑→打磨＋固化。冷库地坪各施工工序的参考工效如表 8-24 所示。

冷库地坪参考工效　　　　　　表 8-24

分项	工艺	参考工效（人工）	参考工效（机械）
石粉摊铺	机械	—	压路机、推土机
加热地坪 PE 管	人工铺贴	800m²/(人·d)	1 天 3000m²
隔汽膜	人工铺贴	600m²/(人·d)	—
挤塑板，每层 50mm，共 4 层	人工铺贴	80m²/(人·d)	—
防水卷材	人工铺贴	300m²/(人·d)	—
钢筋绑扎	成品网片、3m×6m	120m²/(人·d)	—
	传统绑扎	80m²/(人·d)	—
冷库地坪＋耐磨骨料＋找平	人工浇筑＋激光找平机	每人每天 12m³，一组 11 人，混凝土浇筑、找平、金刚砂耐磨骨料，所有工序一天 600m²	激光找平仪 1 台、人工找平尺 2 把、磨光机 2 台

8.8.3 冷库工期模型

1. 桩基施工

以尺寸为 120m 长、60m 宽厂房为例，共分为四个区，桩基施工模型如表 8-25 所示。

冷库桩基施工模型　　　　　　　　　　　　　　　表 8-25

分项工序	工程量	人工	机械	施工时间(d)	完成时间	说明
试桩	3 根	3	1 台	试桩之间距离较远，按每天一根计算，共 3d	$T+3$	一般分部单位只愿投放 2 台机械，模型按 2 台计算
Ⅰ区打桩	a	6	2台流水施工	$a/300$	$T+a/300$	
Ⅱ区打桩	b	6		$b/300$	$T+(a+b)/300$	
Ⅲ区打桩	c	6		$c/300$	$T+(a+b+c)/300$	
Ⅳ区打桩	d	6		$d/300$	$T+(a+b+c+d)/300$	
桩检	1% 且不少于 2 根	—	—	1 根 1d	1) 如果抢工，建议在Ⅱ区施工完成就进行桩基检测；2) 按常规，需全部施工完成等到规范要求的天数检测后才能进行下一项工序	按桩基技术规范选择，7~25d

桩基施工先打桩后开挖；
做完桩基检测的时间为 T_1，监理同意后进行下一道工序；
a、b、c、d 的单位为 m

2. 基础施工

桩检合格后开始进行基础承台施工（表 8-26）。

冷库基础施工模型　　　　　　　　　　　　　　　表 8-26

区域	分项工序	工程量	工效	施工时间(d)	完成时间	说明
整体	土方开挖及清底	$x\mathrm{m}^3$	700	$x/700$	$T_1+x/700$	—
Ⅰ区	垫层混凝土施工	$y\mathrm{m}^3$	40	$y/40$ 且 <1	$T_1+x/700+1$	要求一天完成
	基础钢筋笼吊运、绑扎	m 个	1.2	$m/(1.2\cdot$人数$)$	$T_1+x/700+1+m/(1.2\cdot$人数$)$	钢筋笼提前制作
	基础支模	m 个	1.2	$m/(1.2\cdot$人数$)$	$T_1+1+m/(1.2\cdot$人数$)+2$	模板滞后 2d 计
	混凝土浇筑	—	$30\mathrm{m}^3$	1	$T_1+1+m/(1.2\cdot$人数$)+2+1$	每区要求 1d 完成，通宵
	短柱及挡土墙钢筋绑扎	m 个	6	$m/(6\cdot$人数$)$	$T_1+1+m/(1.2\cdot$人数$)+2+1+m/(6\cdot$人数$)$	—
	地脚螺栓、防雷接地预埋	m 套	7	$m/(7\cdot$人数$)$	$T_1+1+m/(1.2\cdot$人数$)+2+1+m/(7\cdot$人数$)+1$	钢筋绑扎开始后一天开始
	短柱模板支设	m 个	7	$m/(7\cdot$人数$)$	$T_1+1+m/(1.2\cdot$人数$)+2+1+m/(7\cdot$人数$)+1+1$	钢筋绑扎开始后一天开始
	短柱混凝土浇筑	m 个	50 个	1	$T_1+1+m/(1.2\cdot$人数$)+2+1+m/(7\cdot$人数$)+1+1+1$	每区要求 1d 完成，通宵

续表

区域	分项工序	工程量	工效	施工时间(d)	完成时间	说明
Ⅱ区	—	—	—	—	—	流水施工，月台部分钢柱直接在承台上生根，在Ⅲ区支模浇筑短柱时月台区完成首节钢柱吊装
Ⅲ区	—	—	—	—	$T_1+1+3\times m/(1.2\cdot 人数)+2+1+3\times m/(7\cdot 人数)+1+1+1$ 钢柱吊装时间远小于短柱施工时间，故不单独计算	

若因现场管控能力不高，不区分月台与冷藏区界限，基础施工阶段建议仍按Ⅰ～Ⅲ区部署

3. 土方回填

冷库土方回填施工模型如表 8-27 所示。

冷库土方回填施工模型　　　　　表 8-27

分项工序	区域	工程量	工效	施工时间(d)	完成时间	说明
土方回填	Ⅰ区	n	2000m³	$n/2000$	$T_2+n/2000$	考虑取土距离200m
	Ⅱ区					
	Ⅲ区					
土方压实	Ⅰ区	n	2000m³	1	—	一般滞后一天可以完成
	Ⅱ区					
	Ⅲ区				$T_2+n/2000+1$	
垫层浇筑（架空层）	Ⅰ区	—	—	1	—	一般滞后一天可以完成
	Ⅱ区					
	Ⅲ区				$T_2+n/2000+1+1$	
月台区一层顶钢梁安装	Ⅳ区	92根	13	7	在首节钢柱吊装完成后开始，在垫层浇筑完成前完成	—

注：1. 土方回填在短柱浇筑完成拆模后进行，此时月台区无短柱的型钢柱首节吊装完成；
2. 土方回填完成时间为 T_3；
3. 若垫层有功能性要求，可根据承台间距切缝。

4. 主体结构施工

以广东某冷链项目为例，共 55 根钢柱，12 榀，主体结构施工模型如表 8-28 所示。

冷库主体结构施工模型　　　　　表 8-28

区域	分项工序	工程量	人工	机械	施工时间	完成时间	说明
Ⅰ区	钢柱及柱间支撑安装	55根	焊工2名，安装工3名，指挥1名	25t/50t 汽车起重机1台	6	T_3+6	Ⅰ区垫层浇筑3d后开始，先地上焊接再吊装，工效从2根增加到12根

续表

区域	分项工序	工程量	人工	机械	施工时间	完成时间	说明
Ⅰ区	屋架梁拼安装	12榀	焊工2名，安装工4名，指挥1名	25t/50t汽车起重机1台	5	T_3+11	先地上焊接再吊装，工效从1榀增加到4榀
	屋面支撑、系杆安装	87根	3	25t汽车起重机1台	4	T_3+15	一组3人，一天22根
	屋面及墙面檩条安装	340根	3	25t汽车起重机1台	8	T_3+23	一组3人，一天40根
	防火涂料施工	5300m²	8	3台曲臂车/剪刀车＋喷涂机3台	5	T_3+7+28	待Ⅰ区钢结构通过隐蔽工程验收后开工，暂定7d
	面漆施工	3300m²	3	1台曲臂车/剪刀车＋喷涂机2台	5	T_3+40	待Ⅰ区防火涂料隐蔽工程验收后开工，暂定7d
Ⅱ区	钢柱及柱间支撑安装	44根	焊工2名，安装工3名，指挥1名	25t/50t汽车起重机1台	5	T_3+16	Ⅰ区屋架梁安装完成后开始
	屋架梁拼安装	10榀	焊工2名，安装工4名，指挥1名	25t/50t汽车起重机1台	4	T_3+20	—
	屋面支撑、系杆安装	70根	3	25t汽车起重机1台	3	T_3+23	Ⅰ区屋面支撑、系杆安装工存在5d窝工，可合理调整劳动力
	屋面及墙面檩条安装	272根	3	25t汽车起重机1台	7	T_3+30	Ⅰ区屋面及墙面檩条安装完成后开始
	防火涂料施工	4900m²	8	3台曲臂车/剪刀车＋喷涂机3台	5	T_3+40	Ⅰ区防火涂料施工完成后开始，同时进行钢结构隐蔽工程验收5d
	面漆施工	2900m²	6	2台曲臂车/剪刀车＋喷涂机4台	3	T_3+45	Ⅱ区防火涂料验收暂定2d
Ⅲ区	钢柱及柱间支撑安装	55根	焊工2名，安装工3名，指挥1名	25t汽车起重机1台	6	T_3+26	Ⅱ区屋架梁完成后开始
	屋架梁拼安装	12榀	焊工2名，安装工4名，指挥1名	25t汽车起重机2台	5	T_3+31	Ⅱ区屋架梁拼安装完成

续表

区域	分项工序	工程量	人工	机械	施工时间	完成时间	说明
Ⅲ区	屋面支撑、系杆安装	87根	3	25t汽车起重机1台	3	T_3+34	Ⅱ区屋面及墙面檩条安装完成后开始
	屋面及墙面檩条安装	340根	3	25t汽车起重机1台	7	T_3+41	—
	防火涂料施工	5300m²	8	3台曲臂车/剪刀车+喷涂机3台	5	T_3+49	Ⅲ区钢结构验收3d
	面漆施工	3300m²	6	2台曲臂车/剪刀车+喷涂机4台	4	T_3+55	Ⅲ区防火涂料验收暂定2d
Ⅳ区	二段钢柱安装	39根	5	25t汽车起重机1台	5	T_3+5	垫层浇筑完成后开始
	二层顶钢梁安装	90根	5	25t汽车起重机1台	6	T_3+11	—
	屋面钢梁安装	68根	5	25t汽车起重机1台	3	T_3+14	—
	一层防火涂料施工	1700m²	3	1台剪刀/曲臂车+喷涂机2台	4	T_3+4	防火涂料单位提前进场，开展月台一层的防火涂料施工，通过验收后开始砌体施工；开始制冷管道施工
	二层防火涂料施工	1600m²	3	1台剪刀/曲臂车+喷涂机2台	3	T_3+21	二层顶钢梁安装完成验收后施工，验收时间7d
	面漆施工	3300m²	8	曲臂车+喷涂机2台	4	T_3+26	—
	一层顶压型钢板铺设	1650m²	6	25t汽车起重机转运	3	T_3+3	与防火涂料分段错开施工
	一层顶钢筋绑扎	1650m²	10	25t汽车起重机转运	3	T_3+6	为了方便钢筋吊运，与二层顶钢梁安装错开，分段施工
	二层混凝土浇筑	250m³	8	天泵1台；若被上层钢梁挡住，则采用地泵	1	T_3+7	—
	二层顶压型钢板铺设	1650m²	6	25t汽车起重机转运	3	T_3+18+3	二层钢梁安装完成验收后，验收时间7d
	二层顶钢筋绑扎	1650m²	10	25t汽车起重机转运	3	T_3+24	—
	三层混凝土浇筑	250m³	4	天泵1台	1	T_3+25	—

续表

区域	分项工序	工程量	人工	机械	施工时间	完成时间	说明
Ⅳ区	屋面及墙面檩条安装	433根	4	25t汽车起重机2台	7	T_3+32	—
	三层防火涂料施工	1600m²	3	曲臂车+喷涂机2台	3	T_3+35	月台有制冷管道通过，需尽快交出工作面

注：冷藏区：最后的完成时间为 T_3+55；设，$T_4=T_3+55$；
　　月台区：最后的完成时间为 T_3+35；设，$T_5=T_3+35$。

5. 围护结构施工

冷库围护结构施工模型如表8-29所示。

冷库围护结构施工模型　　表8-29

区域	分项工序	工程量	人工	机械	施工时间	完成时间	说明
Ⅰ区	屋面底板安装	2363m²	8	高空出板机	3	T_5+7	—
	保温隔热层铺设	2363m²	3	25t汽车起重机1台	3	T_5+10	—
	屋面面板安装	2363m²	8	高空出板机	3	T_5+22	—
	天沟安装	144m	3	25t汽车起重机1台	2	T_5+18	—
	墙面外板安装	2880m²	6	25t汽车起重机1台	15	T_5+30	墙面与屋面同步施工
Ⅱ区	屋面底板安装	2363m²	8	高空出板机	3	T_5+10	—
	保温隔热层铺设	2363m²	3	25t汽车起重机1台	3	T_5+13	—
	屋面面板安装	2363m²	8	高空出板机	3	T_5+25	—
	天沟安装	144m	3	25t汽车起重机1台	2	T_5+20	—
	墙面外板安装	1800m²	6	25t汽车起重机1台	10	T_5+40	—
Ⅲ区	屋面底板安装	2363m²	8	高空出板机	3	T_5+13	—
	保温隔热层铺设	2363m²	3	25t汽车起重机1台	3	T_5+16	随屋面面板同时施工
	屋面面板安装	2363m²	8	高空出板机	3	T_5+28	—

续表

区域	分项工序	工程量	人工	机械	施工时间	完成时间	说明
Ⅲ区	天沟安装	144m	3	25t汽车起重机1台	2	T_5+24	随屋面面板同时施工
	墙面外板安装	2880m²	6	25t汽车起重机1台	15	T_5+55	—
关键工序Ⅳ区	屋面底板安装	2363m²	8	高空出板机	3	T_5+4	屋面檩条安装完成后开始,机械架设1d
	保温隔热层铺设	2363m²	3	25t汽车起重机1台	3	T_5+7	随屋面面板同时施工
	屋面面板安装	2363m²	8	高空出板机	3	T_5+19	合理工序应是等所有的保温层施工完成后开始施工面板,T_4+16
	天沟安装	144m	3	25t汽车起重机1台	2	T_5+21	—
	墙面外板安装	2880m²	6	25t汽车起重机1台	15	T_5+10	在T_5之后开始

6. 地坪保温施工

冷库地坪保温施工模型如表8-30所示。

冷库地坪保温施工模型　　　　表8-30

区域	分项工序	工程量	人工	机械	施工时间	完成时间	说明
Ⅰ区	地热PE管安装	2254m²	3	—	3	T_5+33	Ⅰ区墙面板施工完成后施工
	C20混凝土填充层	338m³	6	天泵	2	T_5+35	—
	水泥砂浆找平层	2254m²	6	—	3	T_5+38	可取消
	PE膜隔汽层	2254m²	3	—	1	T_5+39	—
	冷库防火板墙	1000m²	15	自行走升降平台	4	T_5+43	22m²/(人·d),机械准备多1d
	冷库保温板墙	3840m²	18	自行走升降平台	6	T_5+49	40m²/(人·d),机械准备多1d
	挤塑保温板	2254m²	12	—	2	T_5+51	—
	SBS防水卷材	2254m²	4	—	2	T_5+53	—
	水泥砂浆找平层	2254m²	6	—	1	T_5+54	—

续表

区域	分项工序	工程量	人工	机械	施工时间	完成时间	说明
Ⅰ区	钢筋混凝土耐磨层+地坪固化	2254m²	12	—	6+14+4	T_5+78	钢筋绑扎2d，混凝土浇筑1d，间歇14d，固化施工4d
Ⅱ区	地热PE管安装	2254m²	3	—	3	T_5+36	—
	C20混凝土填充层	338m³	6	天泵	2	T_5+38	—
	水泥砂浆找平层	2254m²	6	—	3	T_5+41	可取消
	PE膜隔汽层	2254m²	3	—	1	T_5+42	—
	冷库防火板墙	1000m²	15	自行走升降平台	3	T_5+46	Ⅰ区防火板完成后开始，T_5+43
	冷库保温板墙	3840m²	18	自行走升降平台	5	T_5+54	Ⅰ区保温板完成后开始，T_5+49
	挤塑保温板	2254m²	12	—	2	T_5+56	—
	SBS防水卷材	2254m²	4	—	2	T_5+58	—
	水泥砂浆找平层	2254m²	6	—	1	T_5+59	—
	钢筋混凝土耐磨层+地坪固化	2254m²	12	—	6+14+4	T_5+83	钢筋绑扎2d，混凝土浇筑1d，间歇14d，固化施工4d
Ⅲ区	地热PE管安装	2254m²	3	—	3	T_5+39	—
	C20混凝土填充层	338m³	6	天泵	2	T_5+41	—
	水泥砂浆找平层	2254m²	6	—	3	T_5+44	可取消
	PE膜隔汽层	2254m²	3	—	1	T_5+45	—
	冷库防火板墙	1000m²	15	自行走升降平台	3	T_5+49	Ⅱ区防火板完成后开始，T_5+46
	冷库保温板墙	3840m²	18	自行走升降平台	5	T_5+59	Ⅱ区保温板完成后开始，T_5+54
	挤塑保温板	2254m²	12	—	2	T_5+61	—

续表

区域	分项工序	工程量	人工	机械	施工时间	完成时间	说明
Ⅲ区	SBS防水卷材	2254m²	4	—	2	T_5+63	—
	水泥砂浆找平层	2254m²	6	—	1	T_5+64	—
	钢筋混凝土耐磨层+地坪固化	2254m²	12	—	6+14+4	T_5+88	钢筋绑扎2d，混凝土浇筑1d，间歇14d，固化施工4d
Ⅳ区	登车桥基坑侧壁及尾板槽	—	—	—	3	T_3	在土方回填前施工登车桥基坑混凝土，支模2d，浇筑1d
	C20混凝土填充层	338m³	6	天泵	2	T_3+1	紧接Ⅲ区之后施工
	水泥砂浆找平层	2254m²	6	—	3	—	可取消
	冷库防火板墙	1000m²	15	自行走升降平台	3	T_5+52	Ⅲ区防火板完成后开始，T_5+49；可考虑再引进一组队伍同步施工
	冷库保温板墙	3840m²	18	自行走升降平台	5	T_5+64	Ⅲ区保温板完成后开始，T_5+59；可考虑再引进一组队伍同步施工
	PE膜隔汽层	2254m²	3	—	1	T_5+65	
	挤塑保温板	2254m²	12	—	2	T_5+67	
	SBS防水卷材	2254m²	4	—	2	T_5+69	
	水泥砂浆找平层	2254m²	6	—	1	T_5+70	
	钢筋混凝土耐磨层+地坪固化	2254m²	12	—	6+14+4	T_5+94	钢筋绑扎2d，混凝土浇筑1d，间歇14d，固化施工4d
	滑升门	20个	6	吊车、叉车	7	T_5+101	制冷管道施工贯穿期间，与之一并结束

8.8.4 工序插入条件样板

工序插入条件样板如表8-31所示。

工序插入条件样板 表8-31

序号	工作名称	工序插入条件				
		合约、技术、资源、基础条件	前置工序		后续工序	
			序号	工作名称	序号	工作名称
0	开工	合约条件：项目合同签订/中标通知书/施工许可证办理。技术：足够技术力量支撑，开展设计及总平面策划。	—	—	1	水电接驳、场地控制点移交
					2	临建施工
1	水电接驳、场地控制点移交	合约条件：进场通知单/开工令。资源条件：测量、资料人员。基础条件：商务、技术、设计策划初稿完成	0	开工	3	地基处理施工
2	临建施工	合约条件：1）提前完成临建招标定标，临建劳务施工队招标定标；2）临建费用预算通过审批。技术条件：1）完成临建施工方案编制、报审通过（包含临建消防、临水临电等必要内容）；2）基础条件：临建场地移交完成。资源条件：临建材料、劳动队伍进场验收	0	开工	—	—
3	地基处理施工	合约条件：完成地基处理分包单位招标定标。技术条件：1）设计图纸确定；2）施工方案报审通过	1	水电接驳、场地控制点移交	4 平行工序	永临围墙、道路施工
					5	桩基施工
4	永临围墙、道路施工	合约条件：相关施工分包单位招标定标。技术条件：1）设计图纸确定；2）施工方案报审通过。基础条件：临水临电接通。资源条件：钢筋、混凝土、砖砂等材料确定分包商	3	水电接驳、场地控制点移交	—	—
5	桩基施工	合约条件：相关施工分包单位招标定标；钢结构单位定标，开始深化。技术条件：1）桩基设计图纸定版；2）桩基施工方案编制并报审通过；3）地质勘查报告；4）商务、技术、设计策划通过公司评审。基础条件：1）施工后完成桩基坑验槽；2）同步进行塔式起重机桩施工（如有）。资源条件：1）桩机（配套机械设备）进场通过验收；2）钢筋等进场；3）劳动力准备	3	地基处理施工	6	承台地梁施工

续表

序号	工作名称	工序插入条件			
		合约、技术、资源、基础条件	前置工序		后续工序	
			序号	工作名称	序号	工作名称
6	承台地梁施工	合约条件：混凝土主体劳务单位、水电安装单位招标定标；钢结构深化审核完成，开始排产（排产时间1个月，深化时间20d）。 技术条件：1）基础结构图纸定版；2）相应钢筋、混凝土、模板方案编制并报审通过。 基础条件：1）桩基检测通过；2）塔式起重机安装完成投入使用；3）堆场及加工棚按要求布置完成。 资源条件：结构施工材料进场并通过验收（钢筋、砌体、混凝土、劳务作业人员）	5	桩基施工	7	土方回填及刚性层施工
					8	钢结构厂房设备基础施工
					9	钢结构厂房钢柱、钢梁吊装
7	土方回填及刚性层施工	技术条件：各类做法图纸明确。 基础条件：回填区材料清理完成	6	承台地梁施工	10	混凝土结构厂房主体工程
8	设备基础施工	合约条件：相应施工分包单位已招标定标（防水单位等）。 技术条件：1）厂房使用单位确认施工图纸；2）相应施工方案编制并审核。 基础条件：场地满足施工设备进入	6	承台地梁施工	—	
9	钢结构厂房钢柱、钢梁吊装	合约条件：钢结构分包、安装单位已招标定标。 技术条件：1）设计图纸已确认；2）吊装方案完成编制并审核；3）杯口尺寸符合要求。 基础条件：承台强度达标。 资源条件：钢结构已完成预制	6	承台地梁施工	11	钢结构厂房金属屋面及墙板安装
10	钢结构防火涂料施工	合约条件：防火涂料分包、安装单位已招标定标。 技术条件：1）设计图纸已确认；2）涂料施工方案完成编制并审核；3）涂料检测符合要求。 基础条件：钢结构隐蔽工程验收达标。 资源条件：涂料资源、人员资源	9	钢结构厂房钢柱、钢梁吊装	11	钢结构厂房金属屋面及墙板安装
11	混凝土结构厂房主体工程					
11.1	结构层施工	技术条件：1）满堂架搭设方案完成编制并审核（专家论证）；2）主体结构图纸确定；3）各专业图纸确定。 基础条件：1）刚性层或楼板强度达标；2）水电安装及幕墙龙骨预埋工作同步进行。 资源条件：料具已进场	7	土方回填及刚性层施工	10.2	出屋面结构施工
11.2	出屋面结构施工	—	10.1	结构层施工	10.3	屋面工程施工

续表

序号	工作名称	工序插入条件				
		合约、技术、资源、基础条件	前置工序		后续工序	
			序号	工作名称	序号	工作名称
11.3	屋面工程施工	合约条件：防水、保温等队伍已招标定标。 技术条件：1）建筑用料做法图纸已确定；2）施工方案已编制并审核。 基础条件：1）屋面基础验收通过；2）屋面砌体施工完成。 资源条件：保温、防水等材料进场验收	10.2	出屋面结构施工	16	联合调试
11.4	主体室内工程（以常规三层厂房为例）					
11.4.1	室内模板支架拆除	工序插入：三层结构施工时开始拆模。 基础条件：顶板（大跨度）强度达标	10.1	结构层施工	10.4.2	二次结构施工
11.4.2	砌体结构施工	工序插入：楼层内材料清理后插入。 基础条件：1）垂直运输设备已完成；2）卫生间、电梯井等反坎施工完成，蓄水试验完成	10.4.1	室内模板支架拆除	10.4.3	门窗栏杆安装
					10.4.4	室内水电消防管线安装
					10.4.5	烟道安装
					10.4.6	电梯轨道梁、电梯门安装
11.4.3	门窗栏杆安装	工序插入：砌体施工完成后插入。 合约条件：相关单位完成招标定标。 技术条件：门窗深化设计完成。 基础条件：1）窗台砌体施工完成；2）建筑1m线移交。 资源条件：门窗栏杆等进场验收	10.4.2	砌体结构施工	10.4.7	抹灰施工
11.4.4	室内水电消防管线安装	工序插入：砌体施工完成。 合约条件：材料品牌、管线参数、分供商招标定标。 技术条件：1）机电、消防深化设计图纸确定；2）各专业确定各系统末端点位；3）精装修消防点位确认。 基础条件：砌体施工完成，并开好线槽。 资源条件：水电消防相关材料进场并验收	10.4.2	砌体结构施工	10.4.7	抹灰施工
11.4.5	烟道安装	合约条件：烟道供应单位确定。 工序插入：风井砌体施工完成。 资源条件：成品烟道进场验收	10.4.2	砌体结构施工	10.4.7	抹灰施工
11.4.6	电梯轨道梁、电梯门安装	合约条件：电梯设备招标采购完成。 技术条件：1）电梯施工方案编制报审并通过；2）电梯图纸深化完成。 基础条件：1）砌体结构施工完成，模板拆除完毕，各防护搭设完成；2）电梯井道、预埋件、预留洞验收合格；3）电梯机房设备基础及地面砂浆找平施工完成；4）电梯机房抹灰刮白完成；5）电梯机房门窗安装完成；6）提供电梯安装以及后期运行供电。 资源条件：1）电梯工程配件材料进场验收；2）作业人员进场	10.4.2	砌体结构施工	16	联合调试

续表

序号	工作名称	工序插入条件				
		合约、技术、资源、基础条件	前置工序		后续工序	
			序号	工作名称	序号	工作名称
11.4.7	抹灰施工	工序插入：砌体施工完成后。 基础条件：各类预埋管线已安装完成	—	—	10.4.8	室内防水地坪施工
11.4.8	室内防水地坪施工	工序插入：抹灰施工完成。 基础条件：场地清理完成移交	10.4.7	抹灰施工	10.4.9	吊顶找平、墙面腻子施工
11.4.9	吊顶找平、顶棚饰面施工	工序插入：吊顶找平完成。 技术条件：确定建筑用料做法。 资源条件：材料进场验收	10.4.8	室内防水地坪施工	10.4.10	墙面腻子施工
11.4.10	墙面腻子施工	工序插入：顶棚饰面完成。 合约条件：确定腻子材料品牌。 技术条件：建筑做法明确。 基础条件：室内墙体结构、地面施工完成；2）机电管线安装完成、线槽封闭，给水排水管、消防管试压、灌水试验完成，设备间设备安装完成；3）墙面基层处理完成	10.4.9	吊顶找平、顶棚饰面施工	10.4.11	地面饰面施工
11.4.11	地面饰面施工	工序插入：墙面腻子施工完成。 技术条件：建筑用料做法确定。 基础条件：场地已清理完成。 资源条件：饰面材料进场验收通过	10.4.10	顶棚施工	10.4.12	消防门、洁具等安装施工
11.4.12	消防门、洁具等安装施工	工序插入：地面饰面施工完成。 合约条件：完成室内门、柜体、洁具等物品供应商的招标定标。 基础条件：室内所有水电末端、墙面、顶棚装修完成。 资源条件：材料入场验收	10.4.11	地面饰面施工	16	联合调试
11.5	主体室外工程（以三层混凝土结构厂房为例）					
11.5.1	外墙抹灰腻子施工	工序插入：砌体施工完成后	10.4.2	砌体结构施工	10.5.2	外排水立管安装
11.5.2	外排水立管安装	技术条件：机电主体结构外排水立管深化完成。 基础条件：1）外墙抹灰腻子完成；2）机电安装管线、防雷接地等各专业一次预埋完成。 资源条件：支架、立管等材料进场通过验收	10.5.1	外墙抹灰腻子施工	10.5.3	幕墙/涂料施工
11.5.3	幕墙/涂料施工	合约条件：幕墙板、石材、涂料定标。 技术条件：1）根据项目施工部署，完成幕墙安装编制、审批（专家论证）；2）幕墙图纸深化完成。 基础条件：1）外架拆除；2）根据外立面分段先完成防护棚和吊篮安装，吊篮滞后防护棚一个结构层；3）幕墙、机电、土建各专业接口确认完成。 资源条件：材料进场通过验收、连接件试验验收	10.5.2	外排水立管安装	16	联合调试

续表

序号	工作名称	工序插入条件				
		合约、技术、资源、基础条件	前置工序		后续工序	
			序号	工作名称	序号	工作名称
12	钢结构厂房金属屋面及墙板安装	合约条件：屋面及墙板材料供应单位招标定标。 技术条件：1）屋面及墙板做法建筑图纸已确定；2）吊装方案已编制并审核。 资源条件：屋面及墙板相关材料进场验收（排产时间15d）	9	钢结构厂房钢柱、钢梁吊装	12	钢结构厂房装饰装修施工
13	钢结构厂房装饰装修施工	合约条件：相关分包单位及材料供应商招标定标。 技术条件：1）建筑做法确定；2）相关施工方案编制并审核。 资源条件：各类材料进场验收	11	钢结构厂房金属屋面及墙板安装	16	联合调试
14	室外工程					
14.1	室外工业污水处理池等深埋设备开挖、施工	合约条件：提前完成污水处理池等设备和室外工程劳务队伍招标定标。 技术条件：室外综合管线图定版。 基础条件：室外土方回填完成	10.5	主体室外工程	13.2	室外管沟管井、电缆沟及电缆井开挖砌筑
14.2	室外管沟管井、电缆沟及电缆井开挖砌筑	技术条件：1）室外综合管线图定版；2）室外工程深化图定版。 基础条件：室外土方回填完成	13.1	室外工业污水处理池等深埋设备开挖、施工	13.3	室外管道安装、电缆
14.3	室外管道安装、电缆井开挖砌筑	技术条件：室外综合管线图定版。 基础条件：室外管沟管井、电缆沟及电缆井开挖砌筑	13.2	室外管沟管井、电缆沟及电缆井开挖砌筑	13.4	室外永临道路恢复及面层施工
14.4	室外永临道路恢复及面层施工	工序插入：管沟回填后插入施工。 技术条件：路面面层做法确定	13.3	室外管道安装	13.5	室外园林（软景）施工
14.5	室外园林（软景）施工	技术条件：1）室外综合管线、园林市政工程图纸定版；2）各专业接口需求确认。 基础条件：室外综合管线安装完成，市政道路完成	13.4	室外永临道路恢复及面层施工	16	联合调试
15	大型设备安拆					
15.1	塔式起重机安拆					
15.1.1	塔式起重机基础施工	合约条件：提前完成塔式起重机招标定标。 技术条件：1）完成对应《塔式起重机基础方案》编制，并通过审批；2）完成现场平面布置。 基础条件：1）塔式起重机基础桩施工完成；2）塔式起重机型号确定。 资源条件：匹配资源进场并通过验收（塔式起重机基础节、钢筋、混凝土等材料验收，挖掘机等机械设备进场）	3	地基处理施工	14.1.2	塔式起重机安装

续表

序号	工作名称	工序插入条件				
		合约、技术、资源、基础条件	前置工序		后续工序	
			序号	工作名称	序号	工作名称
15.1.2	塔式起重机安装	技术条件：完成《塔式起重机安装方案》（专家论证）和《群塔防碰撞方案》编制，并通过审批；基础条件：1）塔式起重机基础施工完成，验收合格；2）底板施工前完成塔式起重机安装；3）完成吊车定位和行走路线规划及场地布置。资源条件：塔式起重机配件进场，吊车等机械设备及安装作业人员进场	14.1.1	塔式起重机基础施工	14.1.3	塔式起重机拆除
15.1.3	塔式起重机拆除	技术条件：完成《塔式起重机拆除方案》编制，并通过审批（专家论证）。基础条件：1）爬架拆除完成；2）吊车定位和行走路线规划及场地布置。资源条件：吊车等机械设备及安装作业人员进场就位	10.3	屋面工程施工	16	联合调试
			14.1.2	塔式起重机安装		
15.2		施工电梯/物料提升机安拆				
15.2.1	基础施工	合约条件：提前完成施工电梯招标定标。技术条件：1）完成《施工电梯基础方案》编制，并通过审批；2）施工电梯型号确定。基础条件：1）施工电梯定位；2）基础埋件预埋；3）吊车定位和行走路线规划及场地布置。资源条件：电梯基础预埋件等进场验收	7	土方回填及刚性层施工	14.2.2	施工电梯/物料提升机安装
15.2.2	施工电梯/物料提升机安装	合约条件：提前完成施工电梯/物料提升机招标定标。技术条件：1）完成相关设备方案编制，并通过审批；2）施工电梯型号确定。基础条件：1）施工电梯/物料提升机定位；2）基础预埋件预埋；3）吊车定位和行走路线规划及场地布置。资源条件：基础预埋件等进场验收	14.2.1	基础施工	14.2.3	施工电梯/物料提升机拆除
15.2.3	施工电梯/物料提升机拆除	技术条件：完成《施工电梯拆除方案》编制，并通过审批。基础条件：1）施工电梯定位；2）地下室顶板施工时完成基础埋件预埋；3）室内电梯完成安装。资源条件：电梯基础预埋件等进场验收	10.4.12	消防门、洁具等安装施工	16	联合调试
			14.2.2	施工电梯/物料提升机安装		
16	机电单系统调试（给水排水、强弱电、消防、通风空调等系统）	基础条件：各系统设备、管线安装完成	—	—	16	联合调试

续表

序号	工作名称	工序插入条件				
		合约、技术、资源、基础条件	前置工序		后续工序	
			序号	工作名称	序号	工作名称
17	联合调试	—	—	—	—	—
18	消防验收	—	—	—	—	—
19	竣工预验收	—	—	—	—	—
20	竣工验收及备案	—	—	—	—	—

8.8.5 工序穿插网络图

以某项目为例绘制工序穿插网络图，此项目包含一栋钢结构冷库及一栋混凝土框架结构加工车间，为典型冷链项目，本项目冷库建筑面积 $7593m^2$，加工车间建筑面积 $8122m^2$，冷库分为四个小区进行工序穿插，其中冷藏间分为两个，月台分为两个。加工车间分为两个小区进行工序穿插，冷库工序穿插网络图如图 8-16 所示。

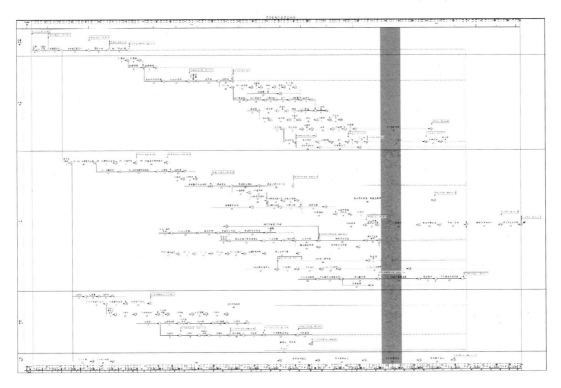

图 8-16　冷库工序穿插网络图

8.8.6 主要控制节点

以某项目冷库为例,冷藏间分为两个区,单区面积约 2500m^2,主要参考控制点如表 8-32 所示。

冷库主要参考控制节点　　　表 8-32

位置	节点名称	插入时间	最迟完成时间	混凝土结构厂房	钢结构厂房
设计及报建	总图设计	N	$N+5$	★	★
	规划许可证办理	$N+6$	$N+12$	★	★
	基础图设计	$N+13$	$N+22$	★	★
	全专业图纸设计	$N+23$	$N+42$	★	★
	图纸审查	$N+43$	$N+57$	★	★
	施工许可证办理	$N+58$	$N+72$	★	★
冷库	现场准备	$N+23$	$N+29$	★	★
	桩基施工	$N+30$	$N+65$	★	★
	基础处理(水泥土搅拌桩)	$N+48$	$N+80$	★	★
	基础施工	$N+63$	$N+101$	★	
	钢结构主体施工	$N+83$	$N+121$		★
	围护结构施工	$N+122$	$N+181$		★
	防火涂料施工	$N+163$	$N+180$	★	★
	防火板施工	$N+171$	$N+200$	★	★
	保温施工	$N+86$	$N+225$	★	★
	地坪施工	$N+206$	$N+229$	★	★
	外立面施工	$N+211$	$N+236$	★	★
机房	机房主体	$N+93$	$N+112$	★	★
	砌体及基础	$N+135$	$N+174$	★	★
	装饰及地坪	$N+175$	$N+197$	★	★
	制冷设备安装	$N+198$	$N+227$	★	★
	制冷管道安装	$N+186$	$N+260$	★	★
室外工程	室外管网	$N+180$	$N+204$	★	★
	室外道路	$N+205$	$N+234$	★	★
	园林绿化及附属设施	$N+235$	$N+284$	★	★

注:N 表示开工时间。

8.9 设计与技术管理

8.9.1 设计管理

1. 设计管理体系

广东冷链项目设计管理由建设方、总包方与设计方共同开展设计工作,同时引进其他专业设计分包单位配合项目需求。冷链项目群设计管理，应明确项目设计管理的组织框架，明确参建各方在设计工作中的职责和权利关系，保障项目设计工作顺利进行。

冷链项目设计管理由建设方负责明确项目建设主要指标，设计方则负责提供满足建设方需求的设计方案和调整工作。而总承包方是项目设计工作实施的牵头人和总协调人，负责项目整体设计控概工作，同时负责推进项目整体设计工作。

总承包设计管理由冷链指挥部指挥长牵头和负责，指挥部下设设计技术部、工程管理部、商务管理部和安装管理部。设计技术部负责项目推进与日常设计工作管理，工程管理部负责现场问题反馈与项目实施管理，商务管理部则负责项目成本与效益管理，安装管理部负责机电及制冷、保温等相关专项设计管理。在指挥长的统一协调下，督促各分包方按既定方案、计划要求，有序推进设计管理工作（图8-17）。

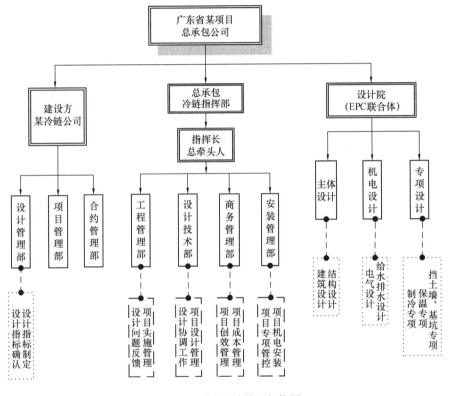

图 8-17 项目设计管理架构图

设计管理的组织架构是否合理取决于各参建方、各岗位的分工是否明确，各项工作是否能顺利开展，特别是建设方、总承包方是否过多地参与设计方案确定，是否影响专项设计进度。

2. 设计流程管理

科学规范与管理架构相适合的设计管理流程，是推动设计工作顺利进行的制度保证，是项目设计管理按计划推进的基本工作制度。广东冷链项目进场后，由冷链项目指挥部牵头，积极与建设方、设计方商洽，约定设计深化工作的管理流程图，并约定各方在设计流程执行过程中的职责和权利，确保设计过程中设计信息和图纸文件能传递顺畅，能有效推进设计过程中各专业、各技术要求的落实，从而为工程实施过程中工期、质量和成本有效控制提供保障。

广东冷链项目群采用指挥部统一管理，各项目联动的集散式管理模式。项目设计管理由建设方发出项目设计启动指令，前期由设计院根据建设单位的设计要求和交付标准提供设计方案，同时由总包单位根据设计方案与调研情况进行项目方案造价估算，待估算造价与项目总体指标方案基本稳定后，由总包单位牵头统一提交建设方进行审核、调整，形成正式的项目施工图控制价。项目施工图设计启动 5d 内，由建设单位根据交付要求提供设计任务书、设计交付标准和技术规格书等设计文件，同步设计院根据总包方要求进行施工图设计和必要的设计技术调整。施工图设计完成 10d 内，由总包方编制项目施工图预算，对超估算项进行必要的调整，并提前报备建设方，对项目施工图与预算审核，审核完成后进行图纸下发，并以此作为项目施工、结算的依据（图 8-18）。

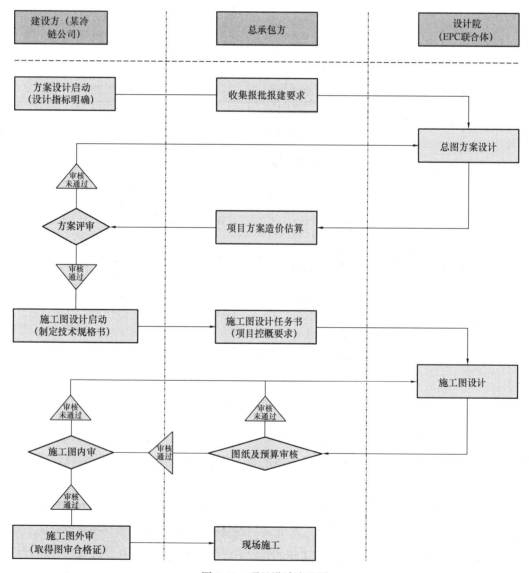

图 8-18　项目设计流程图

通过上述明确的设计管理流程，确定图纸设计、流转过程，明确图纸过程中各方的设计管理责任，确保图纸按时、按质完成。

3. 设计风险管理

设计风险管理是项目推进的必要手段，在项目启动开始前，对项目重要风险源进行识别，建立项目风险管理台账和职责分工；同时建立项目设计风险管理的工作指引，提高项目设计风险防范能力，保障项目设计顺利、有效实施。

广东冷链项目设计风险管理归口部门为设计技术部，主要负责人为设计总监，设计风险管理的主要动作包括风险识别、风险策划与风险管控（图8-19）。风险识别为设计总监根据项目需求，对业主与项目环境资料收集、分析，结合前期项目经验，建立项目风险报告；风险策划由总包单位各部门联动，确定项目风险化解措施及化解要求，化解措施包括技术措施、组织措施和被动承担措施；风险管控指根据风险应对、化解要求开展设计协调工作，在各化解措施推进过程中不断预警、纠正、上报、监督与总结，确保项目设计风险管控及时、有序。

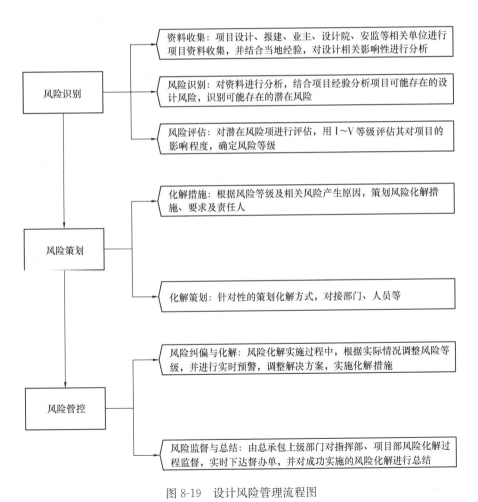

图 8-19 设计风险管理流程图

广东冷链项目主要管控风险为报建风险、控概风险与质量风险，报建风险主要涉及土地合法性、流程合规性与建设合规性；控概风险主要包括估算漏项、指标合理性与设计过度等；质量风险包括方案合理性和场地安全性。项目报建风险的主要责任人为工程管理部，控概风险的主要责任人为商务管理部，设计技术部为报建和控概提供主要技术支撑，明确调整技术要求，质量风险主要责任人为设计技术部。就责任而言，设计总监对整体设计风险管控，过程督促相应负责人落实风险管控要求。

4. 报批报建管理

报批报建是关系建设快速推进、合法施工的重要工作，明确报批报建管理流程、各方工作要求和责任，是保证报批报建快速合规、合流程的基本要求。报批报建管理主要包括报批报建流程梳理、工作推进要求和报规资料管理，流程梳理由建设方牵头、冷链指挥部主导，在县供销社的配合下，与各区县主管部门配合，梳理"四证"办理要求及区域性政策要求；报批报建工作推进主要由总包项目部负责，指挥部设计总监配合项目需求进行报规资料整理、报规文件解释。

报批报建管理的重点是梳理报建要求，特别是土地性质问题、规划问题，涉及部门众多，关系到规划局、住房和城乡建设局、高管局、村委会等相关部门协调工作，其沟通难度大。管理的关键点是对报批报建重难点梳理，明确各流程办理关键点，梳理策划难点及对策，例如项目土地证办理，设计总监对土地证办理所涉及的部门、资料整理，建立土地证办理销项管理表，明确办理要求、责任人、办理销项时间等，并在办理过程中协同项目对接相关部门，保障证件办理。

广东冷链项目是由广东省政府主导、广东供销社实施，各级地方政府对项目支持力度大，报建手续受阻力小。但所涉及问题复杂，执行难度大，管理上注意充分利用建设方的职权，发挥其主导作用，利用政府资源推进报建速度。

5. 设计进度管理

设计进度管理主要为规范项目推进进度，保障项目按既定设计目标完成设计推进工作，保障项目整体报建、施工进度需求，包括对主体设计进度与专项设计进度的整体计划把控与协调。设计进度管理流程包括设计计划编制、计划实施、计划纠偏和计划调整，管理措施包含设计启动会、进度协调周例会、月度汇报会、提资调度会以及商务约谈会等，管理部门包含设计技术部、项目管理部和商务管理部等。

广东冷链项目整体进度计划由冷链指挥部指挥长牵头，由项目管理部制定项目整体交付进度计划，由设计技术部根据现场进度及报批报建需求编制设计进度计划表（表8-33），并对相关设计方及分包方提供资源需求计划及要求，联动商务部落实设计分包进场及推进要求。由于冷链项目具有"广、散、小"的特点，项目群的集约化管理尤为重要，对建设方开发需求、运营需求的把控更为重要，全面掌握建设方建设计划，合理安排计划周期，提前启动设计，合理安排专项设计进场时间，是保障项目设计进度的重要举措。

项目设计进度计划表 表 8-33

事项	基本周期	前置条件	其他说明
总图设计	3～5d	—	确认周期控制在 5～7d
建筑方案设计	7～10d	建筑方案总图及要求明确	确认周期控制在 5～7d
成本估算核定	3～5d	—	注意环境需求
技术规格书制定	10～15d	建筑方案及成本明确	—
详细勘察报告	15～25d	建筑总图明确及初步报规	可与技术规格书同步
基础施工图	15～20d	建筑条件稳定	—
地上施工图	35～45d	—	从详勘报告完成起算
施工图内审	5～7d	—	—
成本预算核定	10～15d	—	施工图完成后起算
施工图外审	20～30d	图纸修改与报建完成	内审完成后起算

编制设计计划，设计合约规划梳理是关键；执行设计计划，管理协调是抓手。广东冷链项目指挥部设计总监根据现场施工进度安排、报批报建文件需求，同步联动商务管理部，提前进行设计招采，确保主体与专项设计同步进行。计划执行过程中，坚持"计划、执行、纠偏、调整"的循环工作方法，坚持各方联动、全面协作的工作要求，坚持统一目标轻易不动摇。

6. 设计质量管理

设计质量管理是保障图纸质量、精细设计的重要工作，是节约项目成本、减少返工浪费的必要工作，也是杜绝重大质量事故、实现安全建造的必需工作。质量管理须严格遵循设计合同、国家规范要求，以合理的设计技术为前提，通过设计定义文件和设计成果审查等手段，实现"安全可靠、经济合理、技术先进"的管理目标（图 8-20）。

广东冷链项目根据其相似性特点，由冷链指挥部牵头，联动建设方、设计方和咨询方，共同制定统一的技术规格书，明确各类主要单体的设计与交付要求。对于不同的单一项目，由指挥部设计总监牵头，根据统一的技术规格书制定项目设计任务书与交付标准，作为施工图设计的技术标准要求。施工图设计完成后，先由项目部层面进行一次施工图完整性审查，然后提交公司总部内审并修改，审查合格图纸发建设方审查确认，完全同意后发外部审查，外审合格后盖审查合格章供现场实施。

广东冷链项目由于上部结构形式比较简单，图纸审查的重点在于结构设计合理性、建筑构造经济性和场地边坡、挡墙设计完备性等。由项目部结合地方要求与场地条件进行完备性审查，确保基坑、边坡、海绵、绿建、装配式等设计内容的完整性，确保设计图纸能满足地区报规要求；由总包单位对设计方案的合理、合规性进行审查，主要包括基坑和边坡支护形式设计、基础设计、消防方案以及设计规范强调的执行情况；由建设方对设计图纸的经济性进行审查，主要包括建筑构造做法的经济性、机电设备的适配性等方面，避免过度设计，造成不必要的资源浪费。

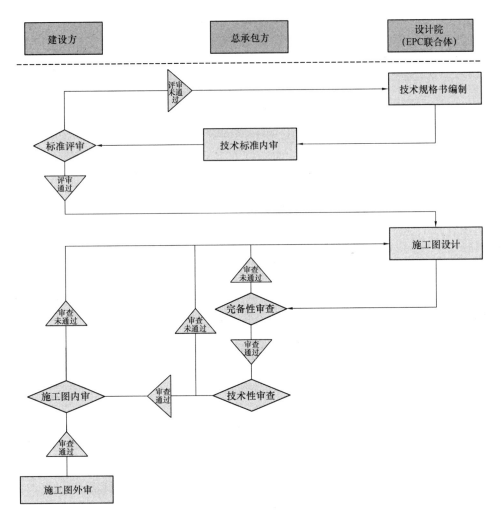

图 8-20 项目质量管理流程图

7. 设计造价管理

在项目设计的过程中，对项目设计造价控制管理是项目的重点工作任务之一，在保证项目质量、安全的前提下，按照"好钢用在刀刃上"的设计要求，合理化分配资金，实行差异化设计，实现项目成本控制目标和利润创造目标。

设计造价管理主要包含设计限额划分与设计限额实现两个方面，设计限额划分是根据项目特点对初步估算进行二次差异化分配，实现品质差异化设计；设计限额实现是设计过程中通过对设计图纸进行商务测算，落实限额分配要求，对不满足限额设计要求部分进行适当的图纸优化调整，对确无法匹配初期限额划分要求的，尚需进行限额指标划分二次调整。

广东冷链项目由于多项目形式统一，造价指标可统一参考。冷链项目由建设方牵头、总包方配合，对单项目经济指标进行统一估算，但估算指标在制定过程中缺少地勘、基坑及边坡挡墙设计，其指标的可靠性较差；造价指标确定后，施工图阶段由总包单位根据地勘条件、场地条件进行二次差异化划分，保障挡墙、基坑和基础等方面的必要造价成本需求，确保概算分配无漏项、无指标不合理项，通过配合设计任务书与交付标准的调整反提设计院；设计院通过图纸深化，达成二次差异化限额指标，对确无法完成的设计项，由总包单位牵头向建设方反馈，进行二次限额指标调整或总限额估价调整（图8-21）。

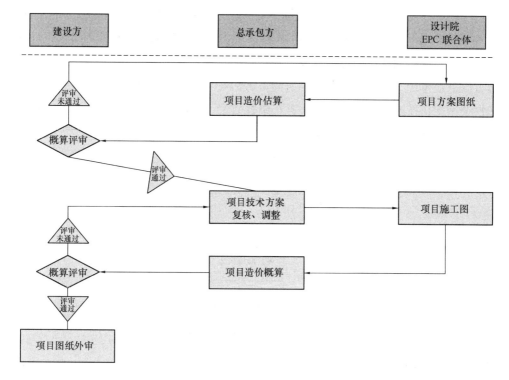

图 8-21　项目造价管理流程图

广东冷链项目造价控制的重难点在基础及挡墙部分，由于前期地质条件不明且场地条件有限，造成造价估算出现漏项或指标偏低情况。

项目施工图开始前，主要进行三部分工作：一是根据地勘资料细化技术方案，通过技术方案比较，优化基础、挡墙造价，缩小超概风险；二是通过优化交付标准，优化上部造价，调整二次限额划分；三是争取限额调整，增加遗漏部分限额费用。设计图纸过程中，总包单位商务管理部组织商务测算单位，配合对过程图纸进行造价测算，确保在正式图纸外审前完成测算工作，完成设计图纸调整。通过测算与设计调整不断循环，保证整体控概目标落地。设计技术方案比较、调整，关系整体造价和项目质量要求，方案比选应坚持"安全、合规"要求，不可有过多经济要求，也不可有过多主观要求。对争议较大的问题，可适当通过引进外部咨询单位、专家等措施解决。

8.9.2　技术管理

1. 技术管理体系

省级冷链骨干网的建设多为连续、集中开发，以广东省级骨干网开发为例，自2020年6月至2022年10月，共开发46个，建设项目较为分散，分布于广东省12个市、38个区县,针对省级骨干网项目大批量开发、建设用地分散的情况,由多个子项目组成的项目群的集约化技术管理变得尤为关键。

1) 体系设置

公司层面成立冷链指挥部,主要负责对接业主及设计院,分公司层面设计分公司技术中心冷链专项服务小组,负责冷链项目的后台技术支撑。项目层面以项目群为单位设计项目群技术部,负责项目群内各子项目的现场技术管理(图8-22)。

通过设立技术中心冷链专项服务小组的方式,将项目群主要的技术工作,如方案编制、总平计划编制交由技术中心冷链专项服务小组高效率、高质量地完成,可释放项目群技术管理压力,大幅度降低各子项目对技术人员的需求。

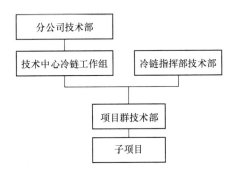

图 8-22 骨干网技术管理组机构图

2) 人员分工(表8-34)

省级骨干网建设技术管理分工 表 8-34

序号	组织机构	分工
1	技术中心冷链专项服务小组	后台技术支撑:主要技术风险预控与处理、临时措施、前期策划、部署优化、方案支撑、收尾结算、技术资料、竣工资料整理
2	冷链指挥部技术部	设计风险识别、设计管理、对接业主与设计院
3	项目群技术部	项目群内日常技术管理、风险识别与反馈
4	子项目	现场技术问题反馈

3) 项目技术人员配置

建立冷链项目标准子项目技术人员配置清单,通过各项目内子项目的规模、阶段,确定项目群技术部的人员需求,组建项目群技术部(表8-35)。

省级骨干网建设技术人员配置标准模型 表 8-35

子项目规模	项目阶段	总工程师/副总工程师	技术员
1亿元以下	征拆场平	0	0.3
	桩机土方与地基基础	0	0.5
	主体结构、初装修及室外工程	0	0.5
	设备安装、竣备阶段	0	0

续表

子项目规模	项目阶段	总工程师/副总工程师	技术员
1亿~2亿元	征拆场平	0	0.5
	桩机土方与地基基础	0.5	0.5
	主体结构、初装修及室外工程	0.5	0.5
	设备安装、竣备阶段	0	0
2亿~3亿元	征拆场平	0	0.5
	桩机土方与地基基础	0.5	1
	主体结构、初装修及室外工程	0.5	1
	设备安装、竣备阶段	0	0
3亿元以上	征拆场平	0.5	0
	桩机土方与地基基础	1	1
	主体结构、初装修及室外工程	1	1
	设备安装、竣备阶段	0	0

设备安装、竣备阶段项目现场不配备技术人员，项目技术人员调离后，后台配合竣工验收、结算相关工作。

2. 技术管理策划

项目技术管理策划工作主要体现为编制《技术管理实施计划书》，《技术管理实施计划书》是《项目管理策划书》的重要组成部分，是项目开始阶段编制的技术性文件，是用于指导项目技术管理工作的计划性文件。

1）准备工作

（1）资料收集

项目技术管理部门负责收集前期设计、合同文件、类似工程总结资料和工程所在地特定的规范标准，为项目《技术管理实施计划书》的编制做准备。

（2）任务分工

① 现场踏勘后，项目技术负责人召开技术策划编制分工会，进行任务分工安排。

② 项目相关业务部门负责提供《技术管理实施计划书》编制的相关数据、资料，技术管理部门负责组织编制。

2）编制

（1）项目技术负责人牵头组织，项目技术部门负责编制，并于工程承接进场后半个月内完成编制工作。由于冷链骨干网项目单体组成和结构类型相似，技术管理实施计划书建议由企业技术中心冷链专项服务小组联动企业总承包管理部门进行编制，对项目技术管理进行规划，提高技术管理工作效率。

（2）《技术管理实施计划书》主要内容涵盖：工程概况、报批报建与出图计划、施工部署与总平面布置、方案与交底计划、科技创效计划，具体内容如表8-36所示。

《技术管理实施计划书》主要内容明细　　　　　　　　表 8-36

序号	主要内容
1	工程概况及特点、合同要求、项目实施目标
2	合理紧凑的出图计划，根据骨干网项目特点及建造思路，梳理项目报批报建及施工图出图计划
3	科学实施总体施工部署，对深化设计及接口管理，人、材、机等资源的投入计划，总体施工流程及工序穿插，各阶段总平面布置，主要施工方法及措施等进行规划
4	梳理项目专项施工方案编制、审批、论证、交底、复核计划，并将总承包合同职责内各专业分包纳入管理范畴
5	依靠科技创新助推降本增效，针对项目特点，对技术管理风险进行分析，开展方案经济性比选及评价，制定科技创效计划

3）审核、审批

项目《技术管理实施计划书》编制完成后，由项目技术负责人组织项目内部评审；若项目体量大或技术管理难度大，则由企业技术部门组织进行评审。

4）调整与修改

(1)《技术管理实施计划书》审批通过后，当发生重大设计变更、施工进度、专项施工方案出现较大调整时，由项目技术部门修改后发起流程重新审批。

(2) 项目技术负责人负责组织《技术管理实施计划书》的执行。企业技术管理部门定期检查项目部《技术管理实施计划书》的执行情况。

3. 图纸与变更管理

1）图纸收发

设计院施工图纸收发由技术部门负责，2d 内发放至项目部相关责任部门及分包单位，同时做好对内、对外的收发文登记。

2）图纸会审

(1) 合同交底：公司市场部门、技术部门结合"合同条款、投标过程中存在风险，施工阶段应注意的事项"等对项目部进行交底，形成书面记录。

(2) 内部会审：根据合同交底，由项目技术负责人组织项目相关部门和分包单位熟悉施工图纸，进行内部会审并形成记录。

(3) 会审时间：正式图纸收到后，项目部在 15d 内组织方案（图纸）会审；对于方案（图纸）供应不齐全、不及时的项目，在方案（图纸）收到后 15d 内分阶段完成。

(4) 方案（图纸）会审主要内容：是否违背法律、法规、行业规程、标准及合约等要求；是否违反工程建设标准强制性条文规定；是否与常用施工工艺和技术特长相符合，可在会审中提出合理化建议；设计内容和工程量是否符合项目商务成本策划，必要时应在图纸会审中做相应变更引导；施工图纸设计深度能否满足施工要求，施工工艺与设计要求是否矛盾；材料、工艺、构造做法是否先进可行，专业之间是否冲突；施工图之间、总分图之间、总分尺寸之间有无矛盾；结合工程特点，针对项目的风险点、策划点、盈利点，提出合理、有效的技术措施。

（5）会审记录：项目技术部门根据设计交底、图纸会审意见及结论于图纸会审后 5 个工作日内形成正式图纸会审记录，由建设单位、设计院、监理单位、施工单位等签字、盖章后执行。正式图纸会审记录形成后，须报企业技术部门进行备案。

（6）会审交底：施工图纸会审记录正式文件形成后 3 个工作日内由项目部技术管理人员发至图纸持有部门及分包单位，项目技术负责人于 5 个工作日内组织专业人员（含分包单位）进行书面交底；图纸持有部门及时在所用图纸上标识，避免误用、误算、漏算或影响其他专业施工等；作废的图纸应盖作废章。

3）设计变更管理

设计变更是指项目自初步设计批准之日起至通过竣工验收正式交付使用之日止，对已批准的初步设计文件、技术设计文件或施工图设计文件所进行的修改、完善、优化等活动，包括设计变更单、技术核定单等。

（1）设计变更：设计变更包括设计变更通知书、设计变更图纸。主要分为两类：一类为总包项目部发起的变更，一般设计变更单由设计院出具、总包项目部审查后报监理审批。另一类为业主发起的变更，设计变更单由业主单位发出，经监理单位下发至项目部。

（2）技术洽商：当过程中存在图纸矛盾、勘探资料与现场实情不符、不能（便）施工、按图施工质量安全风险大、有合理的技术优化措施等情况时，项目部技术负责人负责提出技术洽商，经监理单位、设计单位、建设单位审核批准后实施。总承包项目技术设计部负责组织协调分包单位的变更洽商，避免专业间的变更洽商不协调影响总体施工。

（3）设计变更交底：工程洽商记录、设计变更通知书或设计变更图纸由项目技术部门统一签收认可，及时分发相应专业单位；项目技术负责人对工程部门、商务部门等相关部门和专业队伍进行设计变更、洽商记录交底，重点明确可能产生的影响，专业之间的衔接、配合等，形成文字记录；图纸持有人对变更洽商部位进行标注，明确日期、编号、主要内容等。

（4）图纸、图纸会审、设计变更、技术洽商发放

图纸、图纸会审、设计变更、技术洽商等技术文件须经项目技术负责人根据内容识别发放范围，批准后向分包单位、供方单位以及技术、生产、质量、安全、商务等部门相关人员有效发放，做好收发文登记，技术管理人员自存原件作竣工资料用。

（5）图纸、图纸会审、设计变更、洽商记录管理

图纸采用《项目施工图纸接收及发放（或回收）管理台账》进行管理。

图纸会审、设计变更、洽商记录采用《项目图纸会审、设计变更、洽商记录收发管理台账》进行管理。

4）竣工图管理

工程施工中应及时绘制基础、主体、装饰装修各阶段及各专业竣工图。竣工归档时竣工图应按单位工程，分专业和系统进行分类和整理。

(1) 竣工图分类

竣工图可分为利用施工蓝图改绘的竣工图、在底图上修改的竣工图、重新绘制的竣工图。

(2) 竣工图的要求

① 改绘竣工图的图纸应符合施工图有关规定（有设计审查专用章、设计院出图章、设计师专用章），且应是新图（氨熏蓝图或绘图仪绘制的白图），不得使用复印的图纸。应按照国家建筑制图规范绘制竣工图，使用绘图笔或签字笔及不易褪色的绘图墨水。

② 凡按施工图施工没有变更的，在施工图图签附近空白处加盖竣工图章并签署内容。凡一般性图纸变更且能在原施工图上修改补充的，可直接在原图上修改，并加盖竣工图章，在修改处应注明修改依据文件的名称、编号和条款号，无法用图形、数据表达清楚的，应在图框内用文字说明。涉及结构形式、工艺、平面布置、项目等重大改变；图面变更面积超过20%，合同约定对所有变更均需重绘或变更面积超过合同约定比例的，应重新绘制竣工图。重新绘制竣工图应按原图编号，图号末尾加注"竣"字，或在新图标题栏内注明"竣工阶段"。重新绘制竣工图图幅、比例、字号、字体，应与原图一致。并逐张加盖竣工图审核章。

4. 施工组织设计、方案管理

1) 施工组织设计管理

(1) 编制

① 编制人：施工组织设计应由总承包单位负责编制，分包单位应在总承包单位的总体部署下，编制其分包工程部分的施工组织设计或施工方案。施工组织设计应由总承包单位项目经理主持，项目技术负责人、项目技术部门负责编制，项目建造、质量、安全、商务等相关部门参与编制。上级技术部门有设置技术支撑中心的，施工组织设计由技术支撑中心编制。

② 编制依据：以政府单位批复的设计方案文本、设计图纸为基础，根据项目策划，结合工程合同及现场实际情况编制。

③ 编制内容：编制依据、工程概况、施工总体部署、施工方案编制审批及论证计划、施工进度计划、施工资源配置计划、施工现场平面布置、重要分部分项工程施工方案、总承包管理方案及主要保证措施等。

④ 编制时间：大型及以下规模项目的施工组织设计应在进场后 30d 内编制完毕；特大型项目的施工组织设计应在进场后 45d 内编制完毕；对于图纸供应不齐全、不及时的项目应结合投标施工组织设计和现场实际情况编写施工组织设计大纲，在收到图纸后 30 个工作日内分阶段编制施工组织设计。

(2) 审批

① 施工组织设计经过项目部内部评审后（3 个工作日内完成）报企业审核。

② 分包方施工组织设计经过分包单位技术负责人审核签字加盖公章后报总承包商审核。

③ 施工组织设计应逐级上报至总承包单位技术负责人审批并签认，再由项目部报送至

项目总监理工程师审批,没有实行监理的项目由建设单位的项目负责人或建设单位企业技术负责人审批。

④ 对于审批未通过,由原组织编制的部门于15个工作日内重新组织编写,并按程序重新发起审批手续,项目部应依据二次审批中的修改意见重新组织修改和反馈。

⑤ 施工组织设计审批完成后,由项目技术管理人员将施工组织设计发放到项目各部门,并报企业及业主单位技术部门存档,做好发文登记记录。

(3) 交底

施工组织设计经审批后,项目部技术负责人牵头向各专业建造师及项目全体管理人员进行交底。

(4) 实施

项目部按批准的施工组织设计组织实施,项目技术、质量、安全管理部门作为监督、检查施工组织设计执行的主控部门,复核施工组织设计的执行情况。

(5) 修改

当遇到下列情况时,对施工组织设计进行修改,由项目技术负责人重新组织编制,形成修改后的施工组织设计,重新经原审批单位批准后实施。

① 发生重大设计变更,必须对施工工艺或流程进行变更时。

② 当工期不能满足目标要求并出现重大偏差时(偏差度≥20%)。

③ 过程能力严重影响工程成本。

④ 施工过程中出现不可预见因素时。

⑤ 业主需求发生重大变化,且原施工组织设计相关措施不能适应时。

2) 施工方案管理

(1) 方案编制

① 编制人

工程施工前,根据工程的具体情况编制专项施工方案,对工艺要求比较复杂或施工难度较大的分部或分项工程极易出现质量通病的部位,必须编制作业指导书。施工方案由项目部技术负责人组织编制,并指定项目部相关人员参与编制。具体方案编制人员如表8-37所示。

施工方案作为建设项目技术管理最主要的部分,一般由项目技术人员编制,冷链骨干网建设项目技术方案高度相似,应充分发挥企业技术中心冷链工作组的职能,主要施工方案编制由技术中心冷链工作组完成。

施工方案编制人员一览表　　　　　　　表8-37

序号	方案类别	编制人员	是否可交于技术中心编制
1	测量方案	测量管理人员	是
2	试验方案	试验管理人员	是

续表

序号	方案类别	编制人员	是否可交于技术中心编制
3	临时水电方案	机电管理人员	否
4	大型设备选型、布置及基础施工方案	技术部门编制	是
5	危险性较大的分部分项工程施工方案/超过一定规模的危险性较大的分部分项工程	技术部门编制；项目部安全管理人员参与编制	是
6	内外架及料台施工方案	技术部门编制	是
7	防水、屋面、大体积混凝土等关键工序施工方案	技术部门编制	是
8	其他分项工程施工方案	技术部门编制	是
9	幕墙、保温、装修等专项施工方案	专业分包单位编制	否
10	大型机械设备的安拆方案	设备管理工程师组织，分包单位编制	否
11	应急预案	安全管理人员	否
12	防汛防台专项方案	安全管理人员	否
13	质量策划	质量管理人员	否
14	质量创优策划	质量管理人员	否

② 编制依据

施工组织设计、施工图纸、地勘水文资料、现场勘查资料及相关的法律法规、标准规范、技术规程、施工手册等。

③ 编制内容

施工范围、施工条件、施工组织、施工工艺、计划安排、特殊技术要求、技术措施、资源投入、质量及安全要求等。

④ 编制时间

施工方案在分项工程施工前30个工作日内（特殊方案45个工作日）编制完成。

（2）方案审批

① 施工方案经项目部内部评审（3个工作日内完成）后报企业审核（审批）；一般分项工程施工方案由项目经理审批（5个工作日内完成）；分包单位编制施工方案，经分包单位技术负责人审批后由项目部审核，并报企业及业主单位审批。超过一定规模的危险性较大的分部分项工程专项施工方案需组织专家论证。

② 施工方案在施工前15个工作日审批完毕。

③ 施工方案审批完成（专家论证完成）后，由项目技术管理人员将施工方案发放到项目生产部门、技术部门、商务部门、质量部门、安全部门等，并做好发文登记。

④ 自行施工部分需要专家论证的施工方案应在企业内部审核完成后，由项目技术部组

织专家论证。

⑤ 专业分包单位需要专家论证的施工方案应由分包单位审核，总承包单位审核完成后，由专业分包组织专家论证并将论证结果报总承包项目部备案。

⑥ 项目部应按专家论证意见进行修改完善，报企业及业主单位技术管理部门复核。如方案内容有原则性变更，应重新进行审批流程，并将修改完善后的方案报专家论证单位备案。

⑦ 专家论证应在施工前 10 个工作日内完成。

⑧ 专家论证方案范围：超过一定规模的危险性较大的分部分项工程，如冷链骨干网经常涉及的深度超过 5m 的深基坑工程，搭设高度 8m 及以上的混凝土模板支撑工程，浅圆仓滑模施工方案及采用新技术、新工艺、新材料、新设备可能影响工程施工安全，尚无国家、行业及地方技术标准的分部分项工程，以及地方规定需进行专家论证的专项方案。其专项施工方案由项目部编制，企业各部门评审，企业技术负责人审批后（或授权审批），项目部组织专家论证，企业派代表参加。有关范围可参照住房和城乡建设部《危险性较大的分部分项工程安全管理规定》超过一定规模的危险性较大分部分项工程划分范围。

（3）方案实施

① 项目生产负责人负责按批准的施工方案组织实施。

② 项目技术、质量和安全管理部门作为监督、检查施工方案执行的主控部门，复核施工方案的落实情况。

③ 经过审批的施工方案严格执行，不得随意变更或修改。施工过程中，方案确需变更或修改时，重新经原审批单位批准后实施，经过重新审批的方案重新组织交底。

5. 技术交底管理

1）范围

（1）技术交底分为施工组织设计交底，施工方案（作业指导书）交底。

（2）施工组织设计的交底范围

施工组织设计经审批后，按照谁编制谁交底的原则，由企业技术管埋部门、项目技术负责人向项目部管理人员进行交底。

（3）施工方案的交底范围

施工方案批准后，由方案编制人员向项目各相关生产管理人员进行一级交底。

现场生产管理人员负责向分包单位或劳务队伍的施工人员进行分项技术或特殊环节、部位二级交底。

分包单位或劳务施工队伍管理人员向班组操作工人进行三级交底。

2）形式

（1）施工组织设计采用一级交底，施工方案采用三级交底形式。

（2）施工组织设计的交底

交底内容主要为总体目标、施工条件、施工组织、计划安排、特殊技术要求、重要部位技术措施、新技术推广计划、项目适用的技术规范与政策等。

（3）施工方案（作业指导书）的交底

① 一级交底：施工方案批准后 7 个工作日内，由方案编制人员向项目各业务部门管理人员进行交底。其中专业分包单位编制的施工方案，由分包单位技术人员向项目管理人员进行交底。交底主要内容为：施工范围、施工条件、施工组织、计划安排、特殊技术要求、技术措施、资源投入、质量及安全要求等。

② 二级交底：现场管理人员负责向分包单位或劳务队伍的施工人员进行分项技术或特殊环节、部位交底。交底内容包括：具体工作内容、操作方法、施工工艺、质量标准、安全注意事项等。

③ 三级交底：分包单位或劳务施工队伍管理人员向班组操作工人进行三级交底。交底内容包括：具体工作任务划分、操作方法、质量标准、安全注意事项等内容。三级交底过程由项目现场管理工程师进行监督，并由本人实名签认，不得弄虚作假。

（4）交底形式

① 技术交底以书面或结合视频、幻灯片、样板观摩等方式进行，形成书面记录。

② 交底人应组织被交底人认真讨论并及时解答被交底人提出的疑问。

③ 技术交底表格按国家或地方工程资料管理规程规定执行。

④ 交底双方须签字确认，按档案管理规定将记录移交给资料员归档。

3）检查

项目部建立技术交底的台账或目录，企业过程中加强检查指导，保证内容、过程和形式的有效性。交底后须进行过程监控，及时指导、纠偏，确保每一个工序都严格按照交底内容组织实施。

6. 技术风险管理

冷链项目主要技术风险涉及基坑支护、基础、高支模、地坪、保温施工，主要技术风险项及处理措施如表 8-38 所示。

主要技术风险项及处理措施　　　　　　　　表 8-38

序号	风险部位	具体内容	处理措施	图片示意
1	基坑支护	基坑区域岩土情况差，采用放坡开挖导致边坡失稳	1）提前策划，做好基坑支护的深化设计，淤泥质土区域宜采用钢板桩或搅拌桩支护。 2）做好坑底、坑顶降排水，边坡周边 2m 严禁堆载及行车。 3）基坑施工时间定期进行现场巡视及监控测量，一旦发现失稳或监测数据超预警值，立即启动应急预案并上报有关单位。 4）合理组织地下结构施工，尽早完成结构施工及回填，缩短基坑暴露时间	

续表

序号	风险部位	具体内容	处理措施	图片示意
2	桩基施工	淤泥地质桩基础施工难度大,桩土关系复杂	1）桩基施工顺序需严格按照S形路线进行,保证先内后外、先深后浅的施工原则。 2）若为预制混凝土管桩,则需采用贯入度与设计桩长双控的方式作为收锤标准。 3）若基坑面积较大,需先开挖后打桩；若基坑面积较小,可先打桩后开挖,开挖过程中需严格按大放坡原则进行,粉质黏土坡度宜大于1∶3。 4）开挖过程中需监测桩基偏位情况,及时纠正不当开挖方式；若出现桩位错误且占位,用吊车拔出桩身	
3	基础施工	冷库动荷载一般较大,房心土方回填质量要求极高	1）土方分层碾压（积水排干,杂物等清理干净）。 2）液压振动夯对承台地梁周边不易夯实位置进行加强。 3）做好分层压实度检测。 4）碎石铺设碾压密实	
4	溶洞区域基础施工	冷链骨干网建设项目较为分散,部分区域存在溶洞	1）充分考虑溶洞发育情况,如概算充足,基础做法建议优化为大筏板或灌注桩。 2）如采用管桩施工,应静压成桩,选取不利条件施工设计试桩,并结合当地施工经验,组织当地专家论证收桩标准和静压力值。 3）在规范要求的检测数量基础上,扩大检测范围,验证成桩工艺	
5	高支坡	部分项目红线周边为山体高支坡,边坡设计是山体稳定管理要点	1）选用有资质的专业单位进行山体专项地质勘察和支护设计。 2）组织专家及审图单位对支护设计进行合规性及安全性审查	

续表

序号	风险部位	具体内容	处理措施	图片示意
6	高支模	冷链项目冷库、加工车间及制冷机房存在8m及以上高支模	1）建议5m以下支模架采用钢管或轮扣架，重点关注料具进场验收，确保杆件质量。 2）建议5m及以上高支模内架采用盘扣架体，禁止使用轮扣架。 3）对于截面较大的梁需验算是否需要设置独立支撑。 4）做好支撑架的检测	
7	外挑屋檐	部分项目综合楼屋面存在外挑屋檐，外挑屋檐模板支撑设计难度大	1）三层以上结构，建议悬挑型钢支撑架，结构悬挑长度大于1.8m的，建议采用双层型钢或多道拉结。 2）三层及以下结构从地面施作满堂架	
8	地坪	为控制概算，节约成本，冷库地坪未设计级配碎石或三七灰土过渡层，冷库地坪荷载大，开裂风险大	1）复核项目地坪地基承载力与设计地坪构造做法，确定地坪构造做法。 2）严格控制地坪三七灰土施工质量，做好其压实度检测	
9	地坪	冷库地面与基底岩土温差大，冷库投入使用后有冻胀风险	1）采用架空层的方法，首层地面设置1.5m左右架空层，隔离低温区与地下岩土。 2）在地坪构造层设置PE管，主动加热，防止冻胀	
10	成品保温工程	保温工程是冷库核心施工工艺，务必要求高密闭性、高保温性，杜绝出现冷桥、漏气、保温厚度不足的现象	1）施工之前需保证作业面干燥。 2）保温板檩条需提前组织验收、整改以便顺利安装保温板。 3）各类穿保温板的洞口均需按设计大样进行保温封堵、包边。 4）保温板之间的接缝需用密封胶封闭	

序号	风险部位	具体内容	处理措施	图片示意
11	现场发泡保温工程	不同于成品保温板，现场发泡保温要求进行基层清理、保持环境干燥、保证喷涂遍数	1）作业之前需保证封闭、干燥。 2）首层氰凝的喷涂需全覆盖，饱满	

8.10 合约与供应链管理

8.10.1 合约管理

1. 合约规划

合约规划是在项目前期，对整个项目从承接到完工以合约形式发生的成本支出进行模拟推演，划分合约包内容，规定合约包工作界面、招采计划、招采目标成本的管理活动。通过合约规划可以实现事前的策划，以指导后续采购计划的执行以及后续合同的签订。合约规划主要包括合约框架图、合约界面划分表、成本规划表、招采计划表及动态成本分析表五部分（表 8-39）。

"一图四表"主要内容　　　　　　表 8-39

合约规划	主要内容
合约框架图	明确发包思路及分包合约结构
合约界面划分表	明确工序交接、工作界面及相关责任主体
成本规划表	市场分供资源调研，测定采购成本控制价
招采计划表	通过工期计划倒排编制每个采购项的招采时间控制节点
动态成本分析表	动态分析项目分包预计总成本，事中控制变更成本

从项目管理角度来看，合约规划一是可以明确整个项目的发包思路，二是明确各种合同的工作界面，三是指导资金计划的编制，明确资金筹措要求和融资成本。从成本管控的角度来看，合约规划一是可以知道后续招采工作，二是能够解决多项目拆分难的问题，三是形成收入价—控制价—实际签订金额—合同动态成本—合同已发生成本—合同最终成本的全链条成本管控。

2. 合约规划编制

项目合约规划编制时间就项目类型不同存在一定的差异性（表 8-40）。对于工程总承包项目，合约规划根据合同条件、设计图纸、技术资料、进度计划等分阶段编制。设计阶段应明确各专业的设计内容、界面，同时识别需要提前介入配合设计的专业资源，配合开展设计优化、设计方案比选，当项目条件改变影响合约规划内容时，应对合约规划进行动态调整。对于施工总承包项目，集采的合约包直接引用集采结果，除集采以外的合约包，再制定相应的合约规划。

合约规划编制时间　　　　　　　　　　　　　　　　表 8-40

合约规划内容	工程总承包项目	施工总承包项目
合约框架图	设计阶段	项目策划阶段
合约界面划分表	设计阶段	项目策划阶段
成本规划表	项目策划阶段	项目策划阶段
招采计划表	成本测算阶段	成本测算阶段
动态成本分析表	实施过程	实施过程

工程总承包项目限额管理是关键动作，合约管理、成本管理均在限额控制的基础上展开，限额划分的前提是进行准确的需求分析和风险分析，以此作为合约划分及合约要素确定的依据。合约规划编制基本分为五步：第一步需求识别，一是识别合约范围，区分自行发包和非自行发包，确定差异化招采模式；二是识别工程交付标准，区分已确定和非确定，识别业主多层决策所致的需求变更风险；三是识别工程交付时间要求。第二步确定成本规划，确定成本控制上线，结合需求"切蛋糕"，以交付标准确定实施范围，通过限额设计、限额招采，避免超成本风险。第三步完成界面划分，以满足现场交叉作业及流水为前提，成本压降与现场实施最优为原则，划分界面，梳理规避责任盲区，避免返工及质量影响，控制工期风险、质量风险。第四步是内部需求提资，匹配总工期计划，考虑前置准备、工序穿插及验收质保等提资要求，招采前置控制工期风险。第五步是确定合约要素，包括工期节点、界面接口、付款方式、质量要求等，控制工期风险、质量风险、资金风险等要点。按以上步骤逐步输出合约框架图—成本规划表—合约界面划分表—招采计划表。

3. 冷链项目合约框架（以广东冷链项目为例）

依据主合同、合同清单、投标测算成本、设计图纸、项目特点、前期招采经验、前期项目反馈等，目前广东冷链项目共划分合约包 60 项，其中勘察设计类 2 项，专业服务类 2 项，土建类 42 项，机电安装类 14 项。具体合约规划划分如表 8-41 所示。

广东冷链项目合约规划划分　　　　　　　　　　　　表 8-41

序号	合同包名称	标段划分	招标方式	定标方式	主要工作内容
一、勘察设计类合同（2 项）					
1	地质勘查	1	业主发包	—	项目地质勘探，包括地质测绘、勘探、室内实验、原位测试等工作。为工程建设的规划、设计、施工提供必要的依据及参数
2	设计	1	联合体	—	项目桩基、结构、建筑、水电暖等图纸设计

续表

序号	合同包名称	标段划分	招标方式	定标方式	主要工作内容
二、专业服务类合同（2项）					
1	造价咨询	1	询价采购	合理低价法	项目造价咨询
2	后勤服务	1	集采	集采选用	项目后勤管理，大食堂、小卖部等
三、土建类合同（42项）					
1	临建工程	1	集采	集采选用	现场临时道路、临水临电等
2	主体综合劳务工程	1～2	集采	集采选用	项目主体结构、二次结构及外架安全防护工程
3	土方工程	1	公开招标	合理低价法	场内土方开挖、外运及回填、外购土回填等
4	桩基工程	1	公开招标	合理低价法	项目预制管桩沉桩、接桩、送桩、截桩头等
5	道路管网工程	1	公开招标	合理低价法	场内道路及室外雨水、污水、排水及电器管网等施工
6	钢结构工程	1	集采	集采选用	项目钢结构及相关部件制作、运输、安装、检测
7	钢围护工程	1	集采	集采选用	屋面板、通风器、墙面板等采购、制作运输、安装施工
8	防火涂料工程	1	集采	集采选用	防腐及防火施工的全部钢结构之面漆及防火涂料的供应及涂装
9	防水工程	1	集采	集采选用	项目楼地面、屋面、卫生间等防水施工
10	装修工程	1	公开招标	合理低价法	项目门窗、防火门、涂料腻子、精装修施工
11	地坪工程	1	集采	集采选用	项目厂房、加工车间等钢纤维、耐磨骨料、环氧地坪施工
12	防火墙工程	1	集采	集采选用	防火墙板、防火吊顶等材料采购、运输、安装、检查、保修等
13	永久围墙工程	1	集采	集采选用	项目永久围墙基础及造型栏杆施工
14	外墙砖工程	1	集采	集采选用	项目外墙文化砖施工
15	钢筋	1～2	集采	集采选用	钢筋供应及运输
16	混凝土	1～2	公开招标	偏态评标法	混凝土供应及运输
17	钢管、扣件租赁	1	集采	集采选用	外架钢管架料、扣件、顶托等租赁服务
18	盘扣租赁	1	集采	集采选用	满堂架盘扣材料租赁服务
19	轮扣租赁	1	集采	集采选用	满堂架轮扣材料租赁服务
20	烧结砖	1	公开招标	偏态评标法	项目烧结砖供应及运输
21	加气块	1	公开招标	偏态评标法	项目加气块供应及运输
22	砂石	1	公开招标	偏态评标法	砂石供应及运输
23	水泥	1	集采	集采选用	水泥供应及运输
24	废旧物资处理	1	集采	集采选用	废旧物资处理及运输
25	运输	1	集采	集采选用	组织运输车辆将货物运至指定地点
26	钢筋网片	1	集采	集采选用	项目外架钢筋网片供应及运输
27	挤塑板	1	集采	集采选用	项目屋面保温挤塑板材料供应及运输

续表

序号	合同包名称	标段划分	招标方式	定标方式	主要工作内容
三、土建类合同（42项）					
28	型钢	1	集采	集采选用	项目型钢供应及运输
29	止水钢板	1	集采	集采选用	项目止水钢板供应及运输
30	配电箱	1	集采	集采选用	配电箱供应及运输
31	电线电缆	1	集采	集采选用	电线电缆供应及运输
32	收验货系统	1	集采	集采选用	智能地磅配套收货系统安装与检修
33	吊索吊具	1	集采	集采选用	吊索吊具供应及运输
34	临建房屋	1	集采	集采选用	临建板房供应及回收
35	柴油	1	集采	集采选用	柴油供应及运输
36	袋装砂浆	1	集采	集采选用	袋装砂浆供应及运输
37	加气块	1	集采	集采选用	加气块供应及运输
38	塔式起重机租赁	1	集采	集采选用	项目塔式起重机租赁、安拆、维护及塔式起重机司机、指挥人工费
39	施工电梯租赁	1	集采	集采选用	物料提升机租赁、安拆、维护及司机人工费
40	汽车起重机租赁	1	集采	集采选用	项目汽车起重机租赁及司机、指挥人工费
41	随车起重运输车租赁	1	集采	集采选用	项目随车起重运输车租赁及司机、指挥人工费
42	设备操作人员	1	集采	集采选用	
四、机电安装工程类合同（14项）					
1	水电安装工程	1	公开招标	合理低价法	项目水电暖安装工程，包括电气弱电、电气照明、电气动力、给水系统、排水系统等
2	消防工程	1	公开招标	合理低价法	图纸设计范围内的所有系统安装工程材料供应、安装、调试、检测及验收移交等
3	电梯工程	1	公开招标	合理低价法	项目图纸设计内电梯供应、安装、调试、检测及验收移交等
4	园区大门工程	1	公开招标	合理低价法	项目园区大门材料供应、安装及验收移交等
5	园区路灯工程	1	集采	集采选用	项目园区路灯材料供应、安装及验收移交等
6	高低压配电工程	1	公开招标	合理低价法	项目高低压配电工程所包含的材料供应、安装、检测、深化设计、缺陷修复及验收移交
7	冷库专用灯具	1	公开招标	合理低价法	冷库灯具供应、深化设计、安装、调试、检测及验收移交等
8	冷库地面保温工程	1	集采	集采选用	项目地面保温材料供应、运输、安装、检测及验收移交等
9	冷库墙柱面及顶棚保温工程	1	集采	集采选用	项目墙柱面及顶棚保温材料供应、运输、安装、检测及验收移交等
10	制冷设备	1	集采	集采选用	冷库制冷设备供应、深化设计、安装、调试、检测及验收移交等

续表

序号	合同包名称	标段划分	招标方式	定标方式	主要工作内容
四、机电安装工程类合同（14项）					
11	冷库滑升门	1	集采	集采选用	冷库钢制滑升门供应、深化设计、安装、调试、检测及验收移交等
12	柴油发电机组	1	公开招标	合理低价法	冷库制冷设备供应、深化设计、安装、调试、检测及验收移交等
13	配电箱	1	集采	集采选用	项目机电安装配套电箱采购及运输
14	电缆	1	集采	集采选用	项目机电安装电线电缆采购及运输

8.10.2 供应链管理

1. 集采品类

以广东冷链项目为例，就主体综合劳务工程、钢结构工程、钢围护工程、制冷设备、冷库滑升门五个集采单项，从项目特点、招标采购要点、付款方式等方面的管理进行简述。

1) 主体综合劳务工程

省级冷链骨干网子项目，单个项目主体综合劳务工程产值为700万～1500万元，同批次项目开发时间集中，项目分散，施工过程工序穿插多，短时间劳动力及材料投入大。对分包单位管理力量及资金实力要求较高，适宜中型劳务或小型精英劳务队伍施工。

招标采购要点：劳务招标价格主要由人工班组费、辅材辅机、管理费（3%～5%）、其他税（教育附加税、印花税等）、保险费用、利润等组成。招标前需明确：①项目基本概况；②项目工期、质量、安全等要求；③甲供材情况；④垂直运输条件；⑤外架选型；⑥模板材料周转方案；⑦付款条件；⑧工作界面。

以广东冷链项目为例，主体综合劳务工程集采主要工作内容包括结构施工图纸、各种协议和设计变更内所有主体结构、二次结构、外架综合劳务工程。①模板、钢筋、混凝土主体（含承包范围内建筑材料、周转材料，如钢管、扣件、木模板、铝合金模板等材料的分类归堆、场内卸车、退场上车、转运、分类堆码，文明施工用工，建筑垃圾的清理、归堆上车），整个施工过程严格按照施工图纸和国家验收规范及施工组织设计要求实施，做到工完场清。②以施工图、设计变更为准，包含钢筋混凝土二次结构、初装修劳务分包工程：钢筋混凝土基础、混凝土垫层浇捣、二次结构、初装修劳务分包工程（含模板支拆、混凝土浇捣、钢筋制绑），混凝土为商品混凝土，固定泵输送，材料采用塔式起重机、施工电梯垂直运输。③地上、地下施工阶段的防护内容包括室内外"三宝""四口""五临边"等安全防护搭拆和施工期间日常维护、清理工作，现场CI标识牌的挂设；材料进退场装卸车、点数、看管、保养、量尺、堆码、料具维修保养、现场内承包工作内容用的材料转运（含场区内二次转运）、装卸、堆码等工作内容。

工程进度款支付比例为：每月10日前中标人申报当月所完成工程量报招标人进行审核，

招标人按公司关于工程款结算的程序予以结算，于次月30日前审核完毕后并支付工程款，每月支付工程款不超过当月已完工程量的80%，同时乙方按每月结算金额开具符合甲方要求的税务发票，且合同名称、发票名称与收款单位要保持一致。

2）钢结构工程

省级冷链骨干网子项目，单个项目钢结构工程产值为800万～1000万元。施工节奏紧凑，图纸深化、排产、吊装完成工期约60d。前期排产阶段资金要求高，后期吊装阶段要求吊装队伍实力强，适宜中型或大型专业钢结构分供商施工。

招标采购要点：钢结构制作安装工程招标价格主要由材料费、加工费、损耗、运输费、安装费、管理费、利润等组成。招标前需明确：①项目基本概况；②项目工期、质量、安全等要求；③工作界面、施工内容；④施工机械及施工措施是否包含在报价中；⑤钢结构具体的安装方案；⑥施工计划及劳动力需求；⑦计量规则、付款条件；⑧变更及调差方式。

以广东冷链项目为例，钢结构工程集采主要施工内容包括：钢柱、钢梁、支撑、系杆檩条、拉条、撑杆、隅撑、钢楼梯、雨棚、埋件、锚栓、楼承板、高强螺栓等全部钢构件，以及锚筋、锚板、劲板、肋板、吊耳、连接夹板、连接节点以及其他相关构配件等材料供应、加工制作、运输及安装工程。在工程范围内，分包人工作包括但不限于：按照总包合同文件及承包人要求提供材料采购（包括主材、所有辅材、焊材、连接构配件等），图纸深化设计，原材料检测，螺栓检测，楼承板检验证明，除锈，构件加工制作，防腐油漆（含底漆、中间漆）的供应与涂装，检测试验（无损检测、漆膜厚度检测等），构件编号、打包、运输，半成品及成品的装卸车，构件进场验收、堆放、加工缺陷修改、场内转运、人工搬运、翻身就位、施工测量，成品及半成品的预埋、拼装、焊接、吊装（含挂钩及摘钩）、安装、固定、校正，辅助安装材料（安装螺栓、吊耳、吊架、焊接垫板等）的供应、安装及施工，个别构件现场零星修改、除锈，焊接预留处及运输造成的底漆、中间漆损伤处的油漆供应及补涂、探伤、焊缝检测（包括加工厂和现场检测）、调试及验收、过程资料编制与移交，按要求进行现场开孔、切割、拆除工作所需机械设备及措施，为满足工程所需的一切材料保护措施、施工措施、技术措施、组织措施、安全文明施工措施等全部措施；承包范围内成品、半成品保护、现场协调配合、调试及验收、竣工及缺陷修复、竣工资料整理及出图、移交等一切为完成本工程所需的不可或缺的工作。

工程预付款支付比例为合同暂定金额的30%，在合同签订后15个工作日内，且在分包单位提供等额的预付款保函后支付，预付款不扣回。

工程进度款支付比例：根据业主拨付工程款的情况，在每月10日前，分包商根据已安装完成合格工程向总包商申报已完工程量月报，经总包商现场代表审查，并与分包人核定后，确定当月实际完成工程量，在次月底按审核合格工程量的55%（不含预付款）支付工程进度款。

合同履行期间，仅钢材可以调差，其他除钢材外的所有材料以及机械、人工等均不因市场价格波动、政策变化、法律法规调整以及其他任何因素变化而调整，合同约定可以调整价格的情况除外。调差风险系数为±3%，即涨跌幅在±3%以外（不含本数）按材差据实调整。前述调差仅对材料费（含税）进行调差，不计取损耗、加工费、管理费以及其他费用。钢材调差不因规范升级、钢材牌号改变而变化。

调价周期：合同工期内，根据该批钢材构件进场当月不含税价格，按月度进行调差。

钢材差调整公式：

当 $P_平 > P_0 \times 1.03$ 时：$C_调 = (P_平 - P_0 \times 1.03) \times Q$；

当 $P_平 < P_0 \times 0.97$ 时：$C_调 = (P_平 - P_0 \times 0.97) \times Q$；

式中：$C_调$——材料调差金额；

$P_平$——施工期广东省广州市造价信息管理部门发布的材料不含税信息价；

P_0——2021年11月广东省广州市造价信息管理部门发布的相应材料不含税信息价；

Q——施工期内完成的某材料的实际用量。

3）钢围护工程

广东冷链项目，单个项目钢围护工程产值为400万～500万元。施工工期为40～50d。前期排产阶段资金要求高，后期吊装阶段要求吊装队伍实力强，适宜中型或大型专业金属围护分供商施工。

招标采购要点：钢围护工程招标价格组成与钢结构工程类似。招标前需明确：①项目基本概况；②项目工期、质量、安全等要求；③工作界面、施工内容；④施工机械及施工措施是否包含在报价中；⑤钢围护具体的安装方案；⑥施工计划及劳动力需求；⑦计量规则、付款条件；⑧变更及调差方式；⑨品牌、色系要求。

以广东冷链项目为例，金属围护系统工程集采主要施工范围包括但不限于：所有屋面板、通风器、墙面板、雨棚、夹芯板墙面、彩钢板吊顶（含龙骨、吊杆等）、天沟、附加檩条及图纸上的其他内容。分包人工作应包括但不限于：按照施工蓝图、施工组织设计（包括各类专项方案）、现行规范、技术要求、验收要求、设计变更、总包合同文件及承包人要求，完成系统深化设计（须经项目部审核）、材料供应（主材、辅材及损耗）、加工、运输、卸货至指定地点、场内运输、安装、样板提供、送检、相关的检验试验及报告提供、安全文明施工等。

工程进度款支付比例为：根据业主拨付工程款的情况，在每月10日前，分包商根据已完合格工程向总包商申报已完工程量月报，经总包商现场代表审查，并与分包人核定后，确定当月实际完成工程量，在次月底按审核合格工程量的85%支付工程进度款。

合同履行期间，仅镀铝锌彩钢板卷和钢材可以调差，其他除镀铝锌彩钢板卷和钢材外的所有材料以及机械、人工等均不因市场价格波动、政策变化、法律法规调整以及其他任何因素变化而调整，合同约定可以调整价格的情况除外。调差风险系数为±3%，即涨跌幅在±3%以外（不含本数）按材差据实调整。前述调差仅针对材料费（不含税），不计取损耗、加工费、管理费以及其他费用。镀铝锌彩钢板卷和钢材调差不因规范升级、镀铝锌彩钢板卷和钢材牌号改变而变化。

调价周期：在合同工期内，根据该批镀铝锌彩钢板卷和钢材构件进场当月不含税价格，按月度进行调差。

镀铝锌彩钢板卷材差调整公式：

当 $P_平 > P_0 \times 1.03$ 时：$C_调 = (P_平 - P_0 \times 1.03) \times Q$；

当 $P_平 < P_0 \times 0.97$ 时：$C_调 = (P_平 - P_0 \times 0.97) \times Q$；

式中：$C_调$——材料调差金额；

$P_平$——施工期广东省广州市某网站发布的镀铝锌彩钢板卷材料 $0.5 \times 1200 \times C$ 不含税价格算术平均值；

P_0——2022年1月广东省广州市某网站发布的镀铝锌彩钢板卷材料 $0.5 \times 1200 \times C$ 不含税价格算术平均值；

Q——施工期内完成的材料的实际用量，镀铝锌彩钢板卷材按投影面积计算以"t"计量。

钢材材差调整公式：

当 $P_平 > P_0 \times 1.03$ 时：$C_调 = (P_平 - P_0 \times 1.03) \times Q$；

当 $P_平 < P_0 \times 0.97$ 时：$C_调 = (P_平 - P_0 \times 0.97) \times Q$；

式中：$C_调$——材料调差金额；

$P_平$——施工期广东省广州市所在地造价信息管理部门发布的材料不含税信息价；

P_0——2021年12月广东省广州市造价信息管理部门发布的相应材料不含税信息价；

Q——施工期内完成的材料的实际用量以"t"计量。

4）制冷设备

广东冷链项目，制冷设备采购单个项目合同额为400万～500万元，均由专业制冷设备制造商施工。

招标采购要点：制冷设备招标价格主要由材料费、加工费、运输费、管理费、利润组成。招标前需明确：①项目基本概况；②项目工期、质量、安全等要求；③工作界面、施工内容；④设备型号、功率等；⑤设备运输费用是否包含在报价中；⑥付款条件。

以广东冷链项目为例，制冷设备集采主要工作内容包括压缩机、冷凝器、贮液器、桶泵机组、冷凝蒸发器、热回收器、集油器、紧急泄氨器、空气分离器、油分离器、低压集油器、低压循环桶、气液分离器、冷风机、控制柜等制冷设备的集采，阀门、过滤网、液位表、压力计等配套设施集采及高温活塞并联机组的设备生产、运输及保修等；费用主要包含材料原价、运杂费和运输损耗费等，运输费用包括货物上车下车人力及机械资费。货到买方现场的下车人力及机械资费由卖方承担。

工程预付款支付比例为：本工程预付款为合同暂定金额的30%，在本合同签订后15个工作日内，且在分包单位提供等额的预付款保函后支付。

工程进度款支付比例为：卖方须在每月5日前将货物送达项目并办理验收，买方在验收完成的当月支付进度款至合同额的97%（支付进度款时将前期预付款扣回），剩余3%作为质保金。合同要求质量保证期满,且未发现任何产品质量问题后,买方1个月内无息支付。

5)冷库滑升门

广东冷链项目,冷库滑升门采购单个项目合同额为30万~40万元,均由专业制冷设备制造商施工。

招标采购要点:冷库滑升门招标价格主要由材料费、加工费、损耗、运输费、安装费、管理费、利润组成。招标前需明确:①项目基本概况;②项目工期、质量、安全等要求;③工作界面、施工内容;④设备运输费用、安装机械费用是否包含在报价中;⑤付款条件。

以广东冷链项目为例,冷库滑升门集采主要工作内容包括钢制保温滑升门、翻板式平台、海绵式门封等滑升门设备生产、包装运输及安装等,包含材料原价、运杂费和运输损耗费等。运输费用包括货物上车下车人力及机械资费。货到买方现场的下车人力及机械资费由卖方承担。

工程预付款支付比例为合同暂定金额的30%,在合同签订后15个工作日内,且在分包单位提供等额的预付款保函后支付。

工程进度款支付比例为:卖方须在每月5日前将货物送达项目并办理验收,买方在验收完成的当月支付至货款的50%作为进度款(支付进度款时将前期预付款扣回),货物安装或设备调试完毕,经验收确认并办理完退场手续后,买方向卖方支付至已供货款的95%,剩余5%作为质保金。合同要求质量保证期满,且未发现任何产品质量问题后,买方于1个月内无息支付。

2. 单项招采品类

1)桩基工程

广东冷链项目桩基主要为管桩和水泥搅拌桩。单个项目受项目地质影响较大,合同额为100万~1000万元。

招标采购要点:桩基工程招标价格主要由材料费、损耗、运输费、机械租赁费、人工费、管理费、利润组成。招标前需明确:①项目基本概况;②项目地质条件情况;③项目工期、质量、安全等要求;④工作界面、施工内容;⑤桩型、成孔方式;⑥计量规则、付款条件。

以佛山某个冷链项目桩基工程招标为例,主要工作内容包括沉桩、接桩、送桩、截桩头等图纸规范及现场项目管理人员要求施工的有关工作内容;根据地质条件选择引孔施工,相关费用包括人工费、材料费(另有说明除外)、机械费、常规检测费、专项施工方案编制费用,利润,除增值税之外的其他税金及附加费用等。

工程预付款支付比例为合同暂定金额的20%,在合同签订后15个工作日内,且在分包单位提供等额的预付款保函后支付,预付款不回扣。

工程进度款支付比例为:根据业主拨付工程款的情况,在每月10日前,分包商根据已安装完成合格工程向总承包商申报已完工程量月报,经总承包商现场代表审查,并与分包人核定后,确定当月实际完成工程量,在次月底按审核合格工程量的65%(不含预付款)支付工程进度款。

2）装饰装修工程

广东冷链项目常规装饰装修合同额较小，常规装饰装修包括门窗、栏杆、洁具、防火门、防火窗、涂料腻子、变形缝等，单个项目装饰装修合同额为300万～400万元。

招标采购要点：制冷设备招标价格主要由材料费、加工费、损耗、运输费、人工费、管理费、利润组成。招标前需明确：①项目基本概况；②项目工期、质量、安全等要求；③工作界面、施工内容；④门窗、玻璃等参数；⑤付款条件、计量规则。

以潮汕某个冷链项目装饰装修工程招标为例，招标范围为项目装饰装修工程，包含但不限于门窗工程、幕墙工程、楼地面工程、墙面工程、栏杆工程以及变形缝工程等清单描述、技术规范及技术规格要求、施工现场及图集规范要求的全部相关工作内容（如窗帘盒制作安装、各工作界面收口打胶等）；包含一切深化设计（不仅限于自身的深化设计，还包括与其他相关专业饰面、基层构件的收口连接等方面的内容，其技术指标和性能需满足设计和规范要求）、采购、制作、安装、维护；包含人工、检验测试、基层清理、放线定位材料、机械、管理、利润、增值税、安全、文明施工、工完场清、竣工验收、成品保护、保修等；包含但不限于一切为满足结构、消防、外观造型等要求的深化设计、检测试验、报审工作；包含为完成分包工程所需采取的一切措施费用（招标人不提供现场施工人员临时居住处、临时施工用水、用电接驳点）。

工程进度款支付比例为：根据业主拨付工程款的情况，在每月10日前，分包商根据已安装完成合格工程向总承包商申报已完工程量月报，经总承包商现场代表审查，并与分包人核定后，确定当月实际完成工程量，在次月底按审核合格工程量的80%支付工程进度款。

3. 资源管理

1）集采资源选用

（1）集采资源选用流程

冷链项目目前在执行集采36项，可根据项目实际需求，选用集采中标单位。填写《集采选用请示》，明确拟定集采单位、进场时间、合同额、合同清单、收入对比等，通过OA系统发起集采选用流程审批，报项目上级管理单位相关部门及分管领导审批后，由供应链管理部通知集采单位进场。

（2）资源准备时间

部分资源确定后，仍需一定的资源准备时间，以完成图纸深化、设备排产、运输、施工班组准备等工作。广东冷链项目主要资源准备时间见表8-42。

资源准备时间表　　　　表8-42

合约包内容	资源准备时间（d）	备注
主体劳务	5	劳务班组及前期材料准备
桩基工程	5	机械及管桩材料准备

续表

合约包内容	资源准备时间（d）	备注
钢结构工程	22	图纸深化周期7d，钢结构排产周期15d
钢围护工程	7	图纸深化周期3d，排产周期4d
装饰装修工程	5	
制冷设备工程	80	生产周期70d，运输周期10d
冷库保温工程	30	
冷库滑升门	30	生产及运输周期30d

2）资源管理、评价与应用

冷链项目施工周期短，工序穿插多。部分供应商如永久围墙、防火墙等施工周期一个月，常规季度分供商考核，无法直观地掌握各单位的现场实际履约状况，不适用于此类项目。为更好掌控现场履约状况，协调项目生产资源履约问题，针对冷链项目，分包考核周期调整至每半个月一次，及时淘汰不良分供商，培育熟知冷链项目建设特点、适应项目开发节奏的核心分供资源。此外，按照项目分布，绘制冷链项目资源分布图，建立冷链产品线核心资源库。

在资源的使用上，根据分供商在手产值、综合实力、材料周转需求、资源考核评价结果等因素结合地域集中便于管理的原则完成集采分配，快速完成群体性项目资源匹配，保障项目快速履约。

8.11 质量管理

8.11.1 质量管理体系

项目经理部建立由项目指挥长领导，项目经理、建造总监、技术总监、质量总监中间控制，专职质量员检查的二级质量管理体系，形成出项目指挥长到各施工方、各专业单位的质量管理网络。

8.11.2 质量管理重点、难点

如表8-43所示。

质量管理重难点分析及对策表　　表8-43

序号	质量重点	质量管理重点分析	对策
1	工程测量	此类工程一般为面积较大的单体厂房，对工程测量精度要求较高	派遣施工经验丰富、业务精湛的测量人员负责工程测量工作，并邀请专业人员对项目测量进行研究分析，制定合理的测量方案，严格对工程平面、高程、垂直度、构件尺寸、吊装定位进行控制

续表

序号	质量重点	质量管理重点分析	对策
2	钢结构测量、焊接质量控制	单层面积大,屋面部分为不规则斜屋面,钢柱标高多,大跨度桁架多,测量控制有一定的难度;焊接量大,焊接质量要求高;高空作业多	1)配备视距远、清晰度高、误差小的高精度测量仪器;轻钢屋面采用高精度全站仪对控制点进行三维坐标控制;对大跨度屋面进行变形计算,采取预调、预偏措施。 2)严格按焊接工艺评定做好焊接试验;加强焊接前、焊接中和焊接后的预热、层间温度和保温等技术措施控制;在地面上最大限度地进行构件组合,减少高空焊接量;制定合理的焊接顺序。 3)吊装时,钢柱上设置安全爬梯,节点处设置操作平台或挂设安全网;安全带采用双扣双保险式;对大型构件吊装编制详细的专项方案
3	大面积地坪	地坪混凝土易产生收缩和干缩裂缝,平整度控制难度大;不均匀沉陷产生裂缝	1)严格控制混凝土原料质量配比、水灰比、胶凝材料坍落度等参数,减少混凝土收缩。 2)应采用强夯等地基处理技术加固土体,房心回填严格分层回填夯实,减少地基沉降量。 3)根据招标文件及图纸要求,综合类似项目大面积地坪施工经验,事先做好地坪施工策划工作
4	制冷设备安装	制冷设备安装质量决定了冷库使用质量,制冷设备设计复杂,管路众多,预留预埋作业量大	1)制冷设备管道特点是敷设空间小,管道密,阀门多,大多数管道同设备相连接,管道的正确排列是管道安装中重要一环,管道布置应统一安排。设计阶段优化设备管线路径、布置位置等,必要时,可通过BIM技术优化管线排布,减少线路交叉,从而降低质量风险。 2)合理排布工序,保证各工序之间无冲突,减少设备或管线安装过程中的交叉作业,减少设备、管线损坏的风险。 3)设备及管线安装前,应提前检查管线是否有锈蚀、是否按要求进行防锈处理,设备机械是否合格、是否有损坏等,同时应复核相关的设备基础是否满足图纸及设备厂家要求。 4)施工过程中指派专业人员驻场,提供施工过程专业指导,安装完成后进行设备整体调试。 5)做好设备成品保护工作
5	保温工程	板材之间的拼缝密封处理会影响保温效果,保温工程施工质量为冷库项目施工质量控制重点	1)安装前做好放线工作,保证保温板材准确性。 2)注意板材转角处斜切,保证转角处板材密封性。 3)相邻两块板材拼接时,满涂密封胶,保证库板拼接处形成密闭的空气隔热带,打胶要均匀,不能间断。 4)每安装5~10块板都要用经纬仪测量,如有偏差,及时进行调整。避免累计误差过大,造成板倾斜等不良影响
6	钢结构与土建交接节点质量控制	冷库一般多为钢结构厂房,局部为钢筋混凝土及砌体填充墙,多有钢结构与土建结构的交接节点,该类节点影响厂房结构安全,为质量控制要点	1)设计阶段对钢结构杆件及墙体位置进行优化,尽量减少或避免出现墙体与圆柱形钢结构构件交接或砌体墙下方无梁体支撑等情况。 2)设计优化减少钢结构与混凝土结构或二次结构的直接连接节点,避免钢筋大面积与钢结构焊接,降低质量风险。 3)做好图纸会审工作,重点筛查钢结构与混凝土结构、填充墙结构的交接节点大样图是否齐全。 4)做好钢结构基础预埋工作,派专人对钢结构螺栓预埋进行现场指导与验收,避免预埋件数量缺失、位置偏移等现象。 5)做好混凝土二次结构的钢筋焊接,焊接施工提前介入,保证焊接质量

8.11.3 质量保证措施

1. 工程技术质量控制要点与标准

1) 测量工程质量保证措施

（1）测量人员业务素质的保证

冷链物流园单层面积大，测量精度高，需要严格按照组织机构配备数量足够、资质合格的测量人员。施工单位具有大量优秀的测量人才，根据选拔要求抽调合格的测量人员进驻，必要时就先进仪器的操作等方面进行上岗前的专题培训，以更高的业务素质适应工程测量工作。在人员安排上，通过固定的测量施工人员减小测量精度的人为误差。

（2）测量仪器精度的保证

在测量仪器的选用上充分考虑测量精度的高要求，选用具有世界先进水平的同类设备，并在进场前对仪器设备重新进行检定。

（3）平面控制网的保证

平面控制网设置方式、精度标准应满足规范要求。针对不同部位、不同用途建立不同精度标准的平面控制网，以满足现场施工要求。

（4）高程传递的保证

主体结构沉降将是影响标高控制的主要因素，为保证有一个固定的高程基准，在现场建筑物外围不受沉降影响的位置布设一圈闭合的水准路线，沿现场道路在场地四角各布置一个水准点。选点时结合不同施工阶段的平面布置情况，保证相邻两点间具有良好的通视条件，同时注意做好对水准点的保护。

2) 钢结构施工质量保证措施

钢结构施工质量直接影响到冷链厂房的结构安全及使用寿命，故从钢结构的材料、加工、焊接、拼装、涂装等过程均要严格把控施工质量。

（1）钢结构焊接工程（表 8-44）

一、二级焊缝的质量等级及缺陷分级　　　　表 8-44

焊缝质量等级		一级	二级
内部缺陷超声波探伤	评定等级	Ⅱ	Ⅲ
	检验等级	B 级	B 级
	探伤比例	100%	20%
内部缺陷射线探伤	评定等级	Ⅱ	Ⅱ
	检验等级	AB 级	AB 级
	探伤比例	100%	20%

注：探伤比例的计数方法应按以下原则确定：
(1) 对工厂制作的焊缝，应按每条焊缝计算百分比，且探伤长度应不小于 200mm，当焊缝长度不足 200mm 时，应对整条焊缝进行探伤；
(2) 对现场安装的焊缝，应按同一类型、同一施焊条件的焊缝条数计算百分比，探伤长度应不小于 200mm，并应不少于 1 条焊缝。

(2) 钢结构紧固件连接工程（表 8-45）

钢结构紧固件连接工程质量控制项　　　　　　　　　　　表 8-45

序号	内容
1	钢结构连接螺栓、铆钉、自攻钉、拉铆钉、射钉、锚栓、地脚锚栓等紧固标准件及螺母、垫圈等标准配件应具有质量证明书或出厂合格证，其品种、型号、规格及质量应符合设计要求和国家现行有关产品标准的规定
2	高强度螺栓连接，必须对构件摩擦面进行加工处理
3	处理好摩擦面的构件，应有保护摩擦面措施，并不得涂油漆或污损
4	高强度螺栓板面接触应平整
5	高强度螺栓应自由穿入螺栓孔，不应气割扩孔
6	永久型普通螺栓紧固应牢固、可靠，外露丝扣不应少于 2 扣
7	高强度螺栓接头在整个施工过程中，摩擦面和连接副应保持干燥整洁，不应有飞边、毛刺、焊接飞溅物、焊疤、污垢，除设计要求外摩擦面不应涂漆，紧固作业完成后及时用防锈（腐）涂料封闭

(3) 钢零件及钢部件加工工程

① 钢材应具有质量证明书（出厂合格证），其品种、型号、规格及质量应符合设计要求和国家现行标准的规定。

② 切割

气割的允许偏差（mm）如表 8-46 所示。

气割的允许偏差（mm）　　　　　　　　　　　表 8-46

项目	允许偏差
零件宽度、长度	±3.0
切割面平面度	0.05t，且不应大于 2.0
割纹深度	0.3
局部缺口深度	1.0

注：t 为切割面厚度。

机械剪切的允许偏差（mm）如表 8-47 所示。

机械剪切的允许偏差（mm）　　　　　　　　　　　表 8-47

项目	允许偏差
零件宽度、长度	±3.0
边缘缺棱	1.0
型钢端部垂直度	2.0

③ 矫正和成型（表 8-48）

钢材矫正后的允许偏差（mm） 表 8-48

项目		允许偏差
钢板的局部平面度	$t \leqslant 14$	1.5
	$t \geqslant 14$	1.0
型钢弯曲矢高		$L/1000$ 且不应大于 5.0
角钢肢的垂直度		$b/100$，且双肢栓接角钢的角度不得大于 $90°$
槽钢翼缘对腹板的垂直度		$b/80$
工字钢、H 型钢翼缘对腹板的垂直度		$b/100$，且不应大于 2.0

④ 边缘加工（表 8-49～表 8-51）

边缘加工的允许偏差（mm） 表 8-49

项目	允许偏差
零件宽度、长度	± 1.0
加工边直线度	$L/3000$，且不应大于 2.0
相邻两边夹角	± 6
加工面垂直度	$0.025t$，且不应大于 0.5

A、B 级螺栓孔的允许偏差（mm） 表 8-50

序号	螺栓公称直径螺栓孔直径	螺栓公称直径允许偏差	螺栓孔直径允许偏差
1	10～18	0.00 −0.18	+0.08 0.00
2	18～30	0.00 −0.21	+0.21 0.00
3	30～50	0.00 −0.25	+0.25 0.00

C 级螺栓孔的允许偏差（mm） 表 8-51

项目	允许偏差
直径	+1.0/0.0
圆度	2.0
垂直度	$0.03t$，且不应大于 2.0

（4）钢结构组装工程

组装前，零部件的连接接触面和沿焊缝边缘每边 30～50mm 范围内的铁锈、毛刺、污垢、冰雪等必须清除干净。

组装时的点固焊缝长度宜大于 4.0mm，间隙宜为 500～600mm，点固焊缝高度不宜超过焊缝设计高度的 2/3。

型材的拼接，应在组装前进行；构件的组装应在部件组装、焊接、矫正后进行，以便减少构件的残余应力，保证产品的制作质量。

构件的隐蔽部位应提前进行涂装。

桁架结构的杆件装配时要控制轴线交点，其允许偏差不得大于3mm。

装配时要求磨光顶紧的部位，其顶紧接触面应有75%以上的面积紧贴，用0.3mm的塞尺检查，其塞入面积应小于25%，边缘间隙不应大于0.8mm。

拼装好的构件立即用油漆在明显部位编号，写明图号、构件号和件数，以便查找。施工时依据《钢结构工程施工质量验收标准》GB 50205—2020中的规定进行偏差控制。

(5) 钢构件预拼装工程

预拼装应有适当的工具和胎具（如定位器、夹具胎架等），以保证预拼装有足够的精确度。拼装时不应使用大锤锤击，检查预拼装质量时应拆除全部临时固定和拉紧装置。

标识：预拼装检查合格后应根据预拼装结构标注中心线、控制基准线，必要时应安置定位器。

(6) 钢结构涂装工程

① 防腐涂料施工过程的质量控制

在涂涂料前必须对钢结构表面进行除锈，除锈和涂底层涂料工作应在质量检查部门对制作质量检验合格后进行。

钢结构表面进行处理达到清洁度后一般在4~6h内涂第一道涂料。

当涂刷厚度设计无要求时，一般宜涂刷四至五遍，两组分涂料混合搅拌均匀后经过一定熟化时间才能使用，配置好的涂料不宜存放过久，使用时不得添加稀释剂。干漆膜总厚度，室外为150 μm，室内为125 μm。其允许偏差为−25 μm。每遍涂层干漆膜厚度的允许偏差为−5 μm。

标记检验：涂层完毕后，应在构件上按原编号标注。重大构件应标明重量、重心位置和定位标记。

② 防火涂料施工过程的质量控制

钢结构表面应根据表面使用要求进行除锈防锈处理，无防锈涂料的钢结构表面除锈等级应不低于 St_2 级。

打底料应对无防锈涂料的钢结构表面无腐蚀作用；与防锈涂料应相容，不会产生皂化等不良反应且有良好的结合力。

严格按配合比加料和稀释剂（包括水），搅拌均匀，稠度合适。

薄型防火涂料每次喷涂厚度不应超过2.5mm，超薄型防火涂料每次涂层不应超过0.5mm，厚涂型防火涂料每次涂层宜在5~10mm。涂层总厚度应达到由防火时限选用的产品规定的厚度。

对易受振动和撞击的部位，室外钢结构幅面较大或涂层厚度较大（大于35mm）时应采取加固措施。

3) 保温工程施工质量保证措施

冷链物流园基本功能为冷鲜运输，保温性能高对于冷链厂房是基本要求，保温工程的施工质量，决定了冷链厂房的使用价值，是施工质量把控的重点环节。保温工程最主要的材料为冷库板材，故冷库板材的材料、拼装施工及成品保护是保温工程的质量控制要点。

(1) 厂家加工的冷库板到场后，进行实物与资料核对，把好四道验收关（品种、规格、数量、质量），凡不符合要求者全部进行退货处理。

(2) 安装过程中板材要轻拿轻放，严禁野蛮作业，切割口处要去毛刺，防止划伤板面和施工人员。

(3) 板缝打胶要由专业枪手操作，胶面要平滑、流畅。

(4) 彩钢连接件在生产时折死边，把彩钢切口折叠藏起，防止钢板在潮湿环境下生锈，连接件在安装过程中要用经纬仪控制水平和垂直度。

(5) 彩钢连接件固定用拉锚钉，间距为300mm。连接件固定完成后，在连接件两侧涂玻璃胶，胶嘴要细，多余胶清理干净，保证板面清洁。

(6) 库板表面缝一般采用弹性硅酮玻璃胶，为了保证冷库在低温和常温时产生收缩和膨胀，库板板缝应控制在3~8mm，在表面的塑料膜撕掉后，清理板缝内的杂物，然后在缝内涂玻璃胶，玻璃胶表面涂成凹型，并把表面多余的玻璃胶清除干净，保证库板表面清洁。

(7) 安装吊顶板时，施工人员必须穿软底鞋，且不得聚集在一起。在顶板上行走频繁的地方应设置临时模板，避免集中荷载。

(8) 冷库板现场保护

冷库外观要求十分严格，故对来料的外板、门窗的保护必须认真、仔细，确保做到以下要求：

根据现场实际情况作详细规划绘制构件堆放平面布置图，遵循墙板安装就近原则，按吊装顺序合理布置，次要构件做到同规格、同型号堆放。

吊装底部用硬质垫板衬底，不允许抽取，以防板与板之间拉坏表面。堆放位置预先平整压实，用软质泡沫垫块垫于最下层板的下面，垫起高度离地面200mm，不允许直接接触地面，以防潮及排水。

墙板卸货堆放好后，未安装前应用简易围栏隔离，设置明显警示标志，防止损坏。

在板安装时，安装位置场地预先平整压实，从板材集中堆放地至安装位置必须由人工搬运，以防机械搬运二次损坏板面，搬运时六人同时立放搬运，轻拿轻放，禁止人在板上踩踏。

卸货时尽可能将不同构件卸在各自就近的预先设置好的堆放场地，各种构件标识清楚，便于集中管理，尽量减少在安装过程中的二次搬运的距离。

场地内构件应将图纸设计名称编号等标识信息设置在构件两端醒目处，便于查找。不同类型结构构件不宜叠放在一起。

构件堆放时，需有一定的间隙。配件必须集中、分类堆放，并用简易围栏隔离，以免弄乱和遗失。

2. 成品保护措施

在冷链厂房施工中，对一些正在施工的部位或已施工完成的工程要进行及时有效的保护，防止造成损坏，影响工程质量。成品保护的总体措施须做到以下五点：

1）设专人负责成品保护工作。

2）现场钢材、水泥、防水材料等半成品须放置于有盖仓库内，并加以支垫。成品需分类、分规格堆放。

3）做好工序标识工作：在施工过程中对易受污染、破坏的成品、半成品标识"正在施工，注意保护"的标牌。采取护、包、盖、封防护各项措施，视不同情况，分别对成品进行挡板、栏杆隔离保护，用塑料布或纸包裹、斑马布覆盖，或对已完工部位进行局部封闭。由专门负责人经常巡视检查，发现现有保护措施损坏的，要及时恢复。

4）制成品堆放场地应平整、干净、牢固、干燥、排水通风良好、无污染，所有成品应按方案指定位置进行堆放，运输方便。制成品堆放地应做好防污染、防锈蚀措施，成品上不得堆放其他物件。

5）工序交接全部采用书面形式，由双方签字认可，由下道工序作业人员和成品保护负责人同时签字确认，并保存工序交接书面材料，下道工序作业人员对防止成品的污染、损坏或丢失负直接责任，成品保护专人对成品保护负监督、检查责任。

8.12 安全管理

8.12.1 安全生产管理目标

过程中严格按照当地建设委员会有关安全文明施工的各项标准和规定进行施工，确保在施工过程中，无重伤、无死亡、无坍塌、无中毒、无火灾、无重大机械事故、无重大社会影响事件。

8.12.2 安全管理组织机构

项目部成立以项目经理为第一责任人，项目 HSE 总监、行政总监、项目技术总监、项目建造总监共同组成的项目安全管理领导小组。项目日常安全事项由安全管理领导小组牵头，各职能部门参与，安全管理责任分解到位，职能岗位落实到人，形成纵向到底、横向到边的全覆盖的项目安全管理体系。

8.12.3 安全管理特点、难点

如表 8-52 所示。

安全管理重难点分析及对策 表 8-52

序号	安全管理重点	重难点分析	对策
1	深基坑支护	当厂房或周边配套设施结构设计存在地下室结构，项目必须进行边坡支护，超过3m属于深基坑，超过5m属于超危大工程。基坑支护工程及基坑支护临边防护为安全管理重点	1) 车辆及施工机械选型时，选用自重较小的车辆或机械。 2) 合理安排工期，尽量保证晴天进行土方施工以及大型机械设备转运工作。 3) 合理安排工期，现场按照"开挖一段，施工一段"原则进行土方强夯施工及基坑支护施工。 4) 土方回填至设计位置时，用钢筋及警戒带在上口线内侧3m位置设置警示，以避免大型设备及车辆驶入。 5) 做好土方转运规划，严禁下层土方回填时，在上层土方放坡的下口线进行开挖。 6) 方案中明确监测方法及频次，请第三方监测单位进行检查，定期复核。 7) 基坑监测发现变形达到预警值时，及时对基坑进行加固处理，若有条件回填，及时进行土方回填；基坑形变、周边位移过大时应成立专项小组，增加监测频率，连续监测，检查降水井设备等是否正常运行。同时与设计院沟通，制定相应方案。 8) 施工过程中做好监督与巡查工作，保证基坑周边临边防护的完整性。 9) 制定相应的惩罚制度，强调"谁拆除，谁恢复"原则，拆除前，务必与项目部进行报备
2	大跨度钢结构吊装	厂房结构多采用钢结构作为主体结构，且多数厂房面积较大，保证内部空间，多采用大跨度钢结构，大跨度钢结构吊装属于危大或超危大工程	1) 钢结构吊装前，必须做好汽车起重机路线规划及周边区域的施工部署，保证钢结构吊装时周边环境的安全，汽车起重机作业时，下方应拉设警戒带，严禁无关人员靠近。 2) 汽车起重机进场前，汽车起重机司机、钢结构安装工人必须持证上岗，且必须经过项目部的安全教育与安全技术交底。 3) 吊装作业前，机电部必须对吊装所用到的吊索吊具、大型机械进行进场验收，不符合要求的材料或设备严禁进场。 4) 吊装过程中，必须由项目部管理人员进行旁站监督，保证现场起吊过程安全，吊装现场要做到信号清晰、注意力集中
3	室外及主体施工交叉作业	冷库厂房项目在施工策划时，多采用室外道路永临结合的施工部署，室外道路及管网提前插入施工，与结构施工形成交叉作业，协调管理难度较大	1) 合理划分施工流程作业分区，尽早安排场区道路施工，先形成部分环路及堆场，保证主体结构施工的作业条件。 2) 做好施工组织交底，明确流水划分。 3) 优化室外道路及管网，减少过路管线，提高道路施工效率，压缩永临结合道路施工工期，减少交叉作业风险。 4) 做好大型机械协调管理，保证交叉作业时，大型机械之间维持在安全距离以外，减少交叉。 5) 提前硬化材料堆场，做好材料堆场布置，避免室外道路材料堆场与主体结构材料堆场之间相互重合，规划好材料运输路线，减少交叉
4	消防管理	钢结构施工作业过程中，多采用焊接作业，易发生火灾，同时，钢结构施工过程中所用到的乙炔瓶、保温岩棉等，均属于易燃、可燃物，消防管理为安全管理重点	1) 建立动火作业审批制度，动火作业前必须进行申请，动火作业时必须由安全员进行旁站监督，动火作业区域必须放置灭火器。 2) 存放易燃易爆物品，应按照防火有关要求，经项目部审批后，方能存放；易燃易爆物品严禁露天存放，必须入仓，且设专人进行看管，严格执行收发、回仓登记手续。 3) 必须严格遵守焊、割作业"十不准"规定。 (1) 焊工必须持证上岗，无特种作业安全操作证的人员，不准进行焊、割作业。 (2) 凡属一、二、三级动火范围的焊、割作业，未经办理动火审批手续不准进行焊割作业。

续表

序号	安全管理重点	重难点分析	对策
4	消防管理	钢结构施工作业过程中，多采用焊接作业，易发生火灾，同时，钢结构施工过程中所用到的乙炔瓶、保温岩棉等，均属于易燃、可燃物，消防管理为安全管理重点	（3）焊工不了解焊、割现场的周围情况，不得进行焊、割作业。 （4）焊工不了解焊件内部是否安全时，不得进行焊、割作业。 （5）各种装过可燃气体、易燃液体和有毒物质的容器，未经彻底清洗，或未排除危险之前，不准进行焊、割作业。 （6）用可燃材料作保温层、冷却层、隔声、隔热设备的部位，或火星能飞溅的地方，在未采取切实可靠的安全措施之前，不准焊、割作业。 （7）有密闭管道、容器，不准焊、割作业。 （8）焊、割部位附近有易燃易爆物品，在未作清理或未采取有效的安全措施前，不准焊、割作业。 （9）附近有与明火作业相抵触的工种在作业时，不准焊、割作业。 （10）与外单位相连的部位，在没有弄清有无险情，或明知存在危险而未采取措施之前，不准焊、割作业

8.12.4 安全生产管理措施

1. 现场各阶段主要生产安全措施

1）钢结构安装阶段

冷链项目施工过程中存在机电安装、地坪施工等与钢结构交叉作业，为确保钢结构施工安全，在施工前需在作业区周围拉设安全警示带，安排专人看守，禁止垂直交叉作业，禁止无关人员进入施工区域。同时，施工前对所有施工人员进行安全技术交底。

（1）吊装作业注意事项

① 所有构件安装施工人员必须接受项目管理部安全部的安全技术交底和技术部的技术交底后，方可参加吊装作业。特殊工种（如起重工、电工和焊工等）必须持证上岗，严禁无证人员从事相关特殊作业。

② 施工人员进入现场时，必须按要求佩戴安全帽，系好安全帽带，严禁疲劳作业和酒后作业。

③ 施工人员上、下钢柱进行解钩和校正时，必须穿防滑鞋，同时将安全带系挂在旁边的防坠器上，防止人员上、下钢挂梯时发生坠落事故。

④ 吊装作业时，吊装区域必须使用安全警戒带进行隔离，清除其他与工作无关人员，并设置专人看护。

（2）钢构件堆放

① 堆场区域构件应按照分类的原则分区堆放。

② 同类型的构件堆放时，应做到"一头齐"。

③ 不同构件堆之间的净距不应小于1.5m。

④ 构件与地面以及构件层之间应设置垫木以便于吊运绑钩。

⑤ 腹板高度小于等于 500mm 的构件堆放时不应超过 2 层，腹板高度大于 500mm 的构件堆放时严禁叠放并应有相应的防倾覆措施。

⑥ 构件堆场区域应分别设材料标识牌及警示标识牌，非相关专业施工人员禁止入内（图 8-23、图 8-24）。

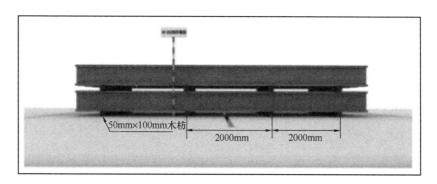

图 8-23　构件堆放正面示意图

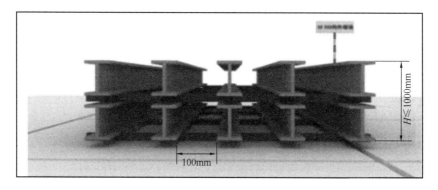

图 8-24　构件堆放侧面示意图

⑦ 腹板高度大于 1000mm 的构件堆放时，必须设置支撑措施。

⑧ 腹板高度超过 2000mm 的构件绑钩时，应设置登高措施供绑钩人员上下，严禁直接翻爬构件。

2) 主体结构施工阶段（表 8-53）

主体结构施工阶段危险源识别对照表　　　　　　表 8-53

阶段	类型	危险源等级	应对措施
钢筋绑扎	倒塌 机械伤害	Ⅲ	1) 绑扎大型基础及地梁等钢筋时，应设附加足够承载力的钢骨架或马镫。 2) 钢筋网与骨架未固定时严禁人员上下
木工加工	机械伤害	Ⅱ	1) 电刨、电锯必须加装防护罩，防止木屑崩伤眼睛。 2) 机床开动前进行检查，锯条、刀片等切削刃具不得有裂纹，紧固螺栓应拧紧，机床上不得放有木料或工具
	火灾	Ⅲ	木工作业区域严禁烟火，施工现场严禁吸烟

续表

阶段	类型	危险源等级	应对措施
架体搭拆	架体倒塌	Ⅳ	1）严格执行安全管理制度，架体搭拆前必须进行安全技术交底，尤其注意剪刀撑、抱柱及其他整体性拉杆随架子高度的上升及时搭设，以确保整体稳定。 2）模板拆除前，先拟定拆模顺序和方法，应先拆侧墙板，后拆底板；先拆非承重部分，后拆承重部分，严禁猛撬、硬砸及大面积撬落或拉倒
架体搭拆	高处坠落	Ⅲ	1）在高处安装、拆除模板时，应搭设工作平台，无工作平台处作业，应选择稳妥可靠的立足点，必须正确使用安全带，并指定安全监护人。 2）按要求搭设好高处作业上下专用梯或马道，严禁施工人员攀爬架杆上下
竖向吊运钢结构施工	起重伤害物体打击高处坠落	Ⅳ	1）起重机操作人员必须持证上岗，严禁未经培训人员操作起重机。 2）起重工作区域内无关人员不得停留或通过，在伸臂及吊物的下方严禁任何人员通过或逗留，作业时设置警戒区域，安排专人看管。 3）起吊物品需要捆扎牢靠，零散物品要用吊篮起吊
群塔协调作业	塔式起重机相互干涉碰撞	Ⅲ	1）低塔让高塔，低塔在转臂前应先观察高塔运行情况再进行作业。 2）后塔让先塔，在两塔机塔臂作业交叉区域内运行时，后进入该区域内塔机要避让先进入该区域内塔机。 3）轻车让重车，两塔机同时运行时，无负荷塔机应主动避让有载荷塔机
道路	交通事故	Ⅱ	园区限速、车辆进出场严格申请

2. 消防管理

1）消防安全管理措施（表 8-54）

消防安全管理措施　　　　　　　　　　　　　　　　　　　表 8-54

序号	管理制度	实施方案
1	制定消防安全管理制度	1）建立消防检查制度：每周五上午由业主、总包单位、监理单位组织各分包和总包相关部门参加消防大检查。 2）建立消防巡逻制度：安全监督管理部组织日常的消防巡逻，建立分包参加的日消防巡查小组，填写日检查记录。 3）建立动用明火管理制度：项目部各部门、分包、班组及个人，凡因施工需要在现场动用明火时，必须事先向项目部提出申请，经安全监督管理部批准，办理用火手续后方可用火。 4）建立消防奖罚制度：设置消防专项奖金，定期对各分包单位进行考核，奖优罚劣
2	制定教育与培训计划	1）各级管理人员入场前进行防火安全教育，经考试合格后方可入场。 2）分包单位需经总包消防安全考核合格后方可入场。 3）总包安全监督管理部负责组织总包职工与分包队伍每季进行一次的消防安全教育。由总包安全监督管理部牵头与市、区各消防单位进行每年一次的消防实战演习
3	签订总分包消防责任协议书	1）分包单位进场时与总包单位应签订消防保卫协议书，明确双方应承担的消防责任，落实分包消防责任制，督促分包建立消防保证体系。 2）总包应对分包单位实施消防监督检查，明确分包单位的消防责任区域，对分包方存有的隐患、违章，有权对其进行处罚并监督整改
4	组建义务消防队	组建义务消防队。总包单位负责统一管理及协调，各分包单位进场后均应设立义务消防队，消防队人数不应少于项目部进场施工人数的 30%

2）施工现场防火措施（表 8-55）

施工现场防火措施　　　　　　　　　　　　　　　　　　表 8-55

序号	事项	防火措施
1	可燃材料堆场防火	1）可燃材料堆场严禁吸烟及动用明火。 2）可燃材料堆场、制作场不准堆放易燃易爆物品及危险物品。 3）夜间作业不得使用无防护灯罩碘钨灯照明。 4）下班前必须将木屑、零星木块等清除干净并切断电源。 5）必须配备相应的消防灭火器材
2	危险品仓库防火	1）严格执行公安部《仓库防火安全管理规则》。库房包括门窗设置必须牢固。 2）配备相应的值班巡逻力量，认真执行值班、巡逻制度。易燃易爆物品必须单独设置仓库存放，配备足够的消防器材。 3）各种材料应分类分规格存放整齐。 4）仓库管理人员离库时，应随时关窗、断电、锁门。 5）管理员应认真执行各类物资器具的收、发、领、退、核制度，做到账、卡、物相符。 6）提货单、凭证、印章有专人保管，已发货的单据应当场盖注销章。 7）仓库内严禁用碘钨灯取暖，不准私烧火炉、电炉，严禁火种进入。 8）仓库通道禁止堆放障碍物，保持消防道路畅通。 9）按标准配备足够的消防器材，经常进行防火安全检查，发现危险隐患，必须及时采取措施，予以消除。 10）仓库内严禁吸烟和带有火种的人进入。仓库附近动火须经审批。下班前应作巡视检查、关窗、断电、锁门，根据需要安排值班人员
3	灭火器材配备	1）临时搭设的建筑物区域内应按规定配备消防器材。一般临时设施区，每 $100m^2$ 配备两只 10L 灭火机；大型临时设施总面积超过 $1200m^2$ 的，应备有专供消防用的太平桶、积水桶（池）、黄砂池等器材设施；上述设施周围不得堆放物品。 2）临时木工间、油漆间及木、机具间等，每 $25m^2$ 应配置一支种类合适的灭火机；油库、危险品仓库应配备足够数量、种类合适的灭火机

第9章 冷链骨干网智慧运维技术

9.1 技术背景

随着我国经济的进步以及消费升级,人们对生活质量的要求也在相应提高,对食品质量以及食品安全也提出更高要求,且随着食品种类的丰富以及运输距离的增加,冷链物流正迎来蓬勃发展,且国家级以及省市级层面都相继出台了支持冷链物流发展的政策,各企业都迅速布局冷链物流产业。在互联网、大数据、物联网等信息技术迅速发展下,冷链物流产业也迎来快速变革,智慧冷链物流孕育而生。

当前智慧冷链物流主要体现在以下三个方面:一是通过现代信息和传感器等技术,运用物联网进行信息交换与通信,实现对货物运输、仓储、运送等流程的有效控制,从而降低成本、提高效益、优化服务;二是通过应用物联网技术和完善的配送网络,构建面向生产企业、流通企业和消费者的社会化共同配送体系;三是将自动化、可视化、可控化、智能化、系统化、网络化、电子化的发展成果运用到物流系统。总之,即运用物联网和现代某些高新技术构成的一个自动化、可视化、可控化、智能化、系统化、网络化的社会物流配送体系。

当前我国冷链物流智慧化建设主要存在以下五方面问题:

1) 冷链物流服务商的数字化、智慧化手段较差。条形码技术、全球定位技术、移动通信技术和其他现代化企业管理及物资管理制度等物流管理软件应用不够广泛。

2) 第三方冷链物流企业发展不足。各环节第三方冷链物流企业软硬件发展不均衡,冷链物流管理系统水平不一,冷库物流信息各自为战,形成信息孤岛,难以做到物流信息的有效传递及流通,导致管理效率低下。

3) 物流智慧化标准有待完善。缺乏有效的物流智慧化标准、指南等,阻碍了物流智慧化建设进程。

4) 专业人才缺乏,研究相对落后。缺乏专门的研究机构,企业研究和投入更少,严重制约冷链物流的发展。

5) 全过程监管薄弱。新冠病毒在低温下易存活且具有高度传染性,目前已发生多起因冷链物流导致的新冠病毒局部传播事件,由于冷链物流企业全流程监管薄弱,给病毒溯源分析带来巨大挑战。

9.2 冷链骨干网智慧运维简介

本章节通过分析目前在发展和管理中存在的问题，进行系统性归纳总结，结合物联网技术，探索出一套冷链物流智慧运维管理方案，主要由省级骨干网大数据运维平台、物流园作业系统平台、物流园监控系统、货物可追溯技术构成。

1) 通过建设冷链物流省级骨干网运维平台实现信息流互相沟通，打破信息孤岛，提升数据信息化能力、流通能力，通过数据分析处理提供多种处理方案，便于全方位、多层次的迅速、有效管理及决策。

2) 通过搭建物流园作业系统平台，提升冷链物流运输、仓储、配送等各环节信息化管理水平、流通效率，将采集的数据实时更新至冷链物流骨干网数据，根据数据反馈，实时调整库存阈值，更好实现储位管制、货物质量溯源、进出仓状况跟踪等功能。

3) 通过搭建物流园监控系统，可实现园区、仓储、运输的自动化管理，实现作业人员、车辆数据跟踪，实现门禁防盗、环境温湿度的自动化管理，通过作业系统和监控系统的集成，实现货品的全过程跟踪，提高客户满意度，可作为运输计划和路线优化的基础数据。

4) 通过搭建货物可追溯系统，实现信息的融合、查询、监控，保障货品品质，为货物运输、仓储、配送提供全过程的基础数据，可作为合理决策的依据，在保证货品安全的同时，降低人工溯源成本，提高客户满意度。

9.3 省级骨干网大数据运维平台

对于冷链物流省级骨干网运维平台的建设，主要有以下四个方面：

1) 能按照"统筹规划、统一标准、资源共享、重点突破、高质服务"的指导方针，建成兼具开放性和独立性的骨干网运维平台，具备先进性、实用性和经济性的特点。

2) 能充分利用冷链物流信息资源，为服务商等提供冷链物流运输市场信息和相关服务，实现冷链物流运输的信息化管理，能协调、管理货物运输过程所产生的信息流，保障信息流在骨干网间互相流通，从而保证货物运输高效率完成，大幅度提高运输的效率、质量和效益。

3) 骨干网运维平台能实现对各冷库物流全过程（仓储、运输等）的监控与管理，有效地对骨干网冷库车源、货源等进行整合与重组，实现数据互联互通与过程智慧调度，发挥冷链物流最大潜能。

4) 骨干网运维平台能对过程数据及历史数据进行分析与处理，从而提供多种相关统计报表，便于对不同冷库运行状态进行分析和统计，便于骨干网运维平台进行全方位、多层次的管理和迅速、有效的决策。

9.3.1 平台系统架构

平台系统架构主要由具有强大的数据运算和智能分析能力的软件架构，实时响应的大数据中心云计算基础设施平台的硬件架构，严密的防病毒系统、入侵检测系统等的安全架构组成（图 9-1）。

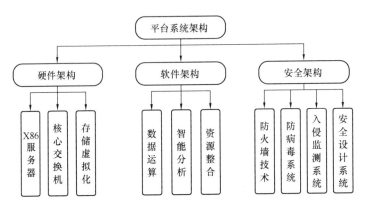

图 9-1　平台系统架构图

1. 平台软件架构

骨干网运维平台通过大数据强大的数据运算和智能分析能力将骨干网冷库海量的各类信息按地域、时间、类别、紧急程度等进行分类，通过骨干网运维平台大数据提供按需信息组合、资源分配、按条件优化运输路线等服务，实现为骨干网冷库提供高可靠性的信息服务，以及物流数据的统一调度与管理。

大数据能提供超大规模、高可靠、高安全、低成本的数据存储，强大的数据智能分析和信息资源整合能力；轻松实现信息数据的应用和共享；各方可随时获取自己所需要的信息，获得计算和加工后的智能分析结果，并将运用到物流的各个环节中；为形成虚拟化物流服务提供技术支撑。

2. 平台硬件架构

采用基于 X86 架构的服务器作为大数据中心云计算基础设施平台，云计算技术对硬件资源进行虚拟化，屏蔽掉硬件产品上的差异以及对每一种硬件资源提供统一的管理逻辑和接口，服务器虚拟化可以使单一物理服务器运行多个虚拟服务器，且服务器虚拟化为虚拟服务器提供了能够支持运行的硬件资源。存储虚拟化的引入，使得存储管理更加统一，管理效率提高。同时，资源的使用率也得到提高（图 9-2）。

采用双路冗余方式部署核心交换机，以形成双机热备份结构。其次，在以互联网接入为主体接入方式的基础上，设计基于 MPLS VPN 的专网接入，以确保某些不便使用互联网来进行数据交换的单位能够通过专网接入使用信息系统进行数据交换，且通过防火墙设备的访问控制策略，配合负载均衡交换机的配置，在保证安全性的同时，实现对互联网和专网的对外服务。

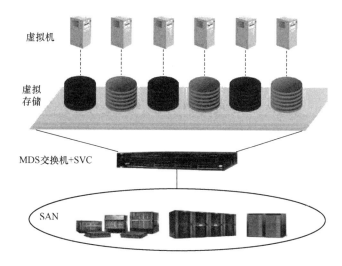

图 9-2 云储存技术原理

针对远期升级，当核心业务处理区随着业务量的增长和访问数的增加提出更高的要求时，只需增加数据层的数据库服务器，通过数据库的负载均衡功能即可满足业务量的需求。至于应用层由于使用了负载均衡器作为系统的接入，所以可以非常方便地增加应用服务器的数量以满足要求，并且可以做到对用户而言全透明而不影响应用的运行。网络方面主要表现为可靠性和高性能，未来的扩充是通过增加网络交换机与原有交换机作冗余和负载均衡来完成。一方面提高系统的可用性，另一方面也可以提高业务处理能力。网络安全方面主要由防火墙来保证，扩充时增加相应设备即可。

3. 平台安全架构

采用 CA 证书和以 USBKEY 为中心的身份认证技术保证只有合法用户才能进入平台，通过访问控制技术保证用户不会越界访问数据和功能。利用传输加密技术来防止整个冷链物流过程中的传输数据在通信线路上被窃听、泄露、篡改和破坏，从而保证数据的一致性和完整性。利用 PKI 系统提供的数据签名服务和安全审计，对电子订单、电子合同进行数字签名和事后检查，以保证电子交易的可追踪和防抵赖，保障交易的信用。

1) 防火墙技术：采用防火墙系统，主要实现访问控制、网络信息检查、非法入侵拦截、异常情况告警等功能。从互联网入口进入信息平台的用户，可以被防火墙有效地进行类别划分，对于要求进入信息平台的访问者进行用户的授权认证，拦截没有用户权限的访问者试图进入部网，设置在网络出入口的防火墙系统不仅可以对访问者进行权限认证，同时可以实现按照被访问权限划分的访问路由控制，保证对网络服务器的访问是安全的，可以有效防止非法访问，保护核心服务器主机上的数据，提高网络的安全性。

2) 防病毒系统：通过防病毒服务器对所有的客户端进行查杀病毒的设置，从而保证所有的扫描引擎正确地配置和定时查杀病毒。同时，防病毒服务器能够定时从网上下载最新的病毒库，并将病毒库分发到网络的所有客户端，从而保证本地的病毒库始终与最新的版本保持同步，另外，这种操作模式也减少了人工操作的工作量。

3）入侵检测系统：防火墙构成网络安全的屏障，还不能完全满足安全防御的需求，因为某些攻击，如 DDoS 攻击、木马攻击等，是利用防火墙已开放的端口，如 Web 访问的 80 端口，防火墙不能有效地抵御类似攻击，也不能阻挡封装的攻击或基于某种应用的攻击。网络入侵检测系统（IPS）通过在共享网段上侦听采集数据，分析可疑的入侵行为。

4）安全审计系统：安全审计系统能帮助用户对安全网的安全进行实时监控，及时发现整个网络上的动态，发现网络入侵和违规行为，详实记录网络上发生的一切，提供取证手段。作为保证网络安全的一种十分重要的手段，安全审计系统包括识别、记录、存储、分析与安全相关行为有关的信息。

5）漏洞扫描系统：漏洞扫描对计算机系统或者其他网络设备进行安全相关的检测，以找出安全隐患和可能被黑客利用的漏洞。漏洞扫描是保证系统和网络安全必不可少的手段。面对互联网入侵，如果能够根据具体的应用环境，尽可能早地通过网络扫描来发现安全漏洞，并及时采取适当的处理措施进行修补，就可以有效地阻止入侵事件的发生。

9.3.2 平台主要功能

1. 电子数据交换、决策分析功能

实现报检、许可证申请、结算、业务往来等与信息平台连接的各方间的信息交换，所有需要传递的数据都与大数据中心平台相连，要传递的信息先传递到大数据中心平台，再由信息平台根据电子数据中的接收方转发到相应单位。可对信息数据建立冷链物流业务的数学模型，并通过对数据的分析，帮助管理人员鉴别、评估和比较物流战略和策略上的可选方案。

消息交换：支持 UN/EDIFACT（EDI、eb）、ANSIX 12、Cargo-IMP（Cargo Interchange Message Procedures）、ME、Microsoft Excel、Text in CSV-format（Comma Separated ValuesFile）、SMS。

编码数据交换：支持 ASCII（American Standard Code for Information Interchange）、ISO 8859-1、《信息交换用汉字编码字符集 基本集》GB 2312—1980、ISO 10646、HKSCS（Hong Kong Supplementary Character Set）、Big5。

身份识别数据交换：支持 DUNS（Data Universal Numbering System）、GLN（Global Location Number）、GTIN（Global Trade Item Number）、SSCC（Serial Shipping Container Code）、SITC（Standard International Trade Classification）。

通信协议：支持 HTTP、SMTP、FTP、TCP/IP。

信息安全协议：支持 SSL、TLS（Transport Layer Security）、LDAP、XML、XML Signature、S/M1ME、PKI（Public Key Infrastructuer）、EBMS、SOAP（Simple Object Access Protocol）。

系统集成标准协议：支持 EBMS、SOAP、UDDI、WSDL。

2. 冷链货物全程跟踪功能

骨干网各冷库监控系统对货物与车辆的状态和位置进行跟踪，状态和位置等数据通过数

据传输网络储存在大数据中心数据库中，各方可通过呼叫中心或 Web 站点、App、微信小程序等方式获得跟踪信息。

3. 货物库存管理功能

利用运维平台大数据中心对骨干网各冷库入库、出库、在库等数据进行整合及分析，实现实时查看及管控，使骨干网冷库能在满足各方服务的条件下达到最佳库存（图 9-3）。

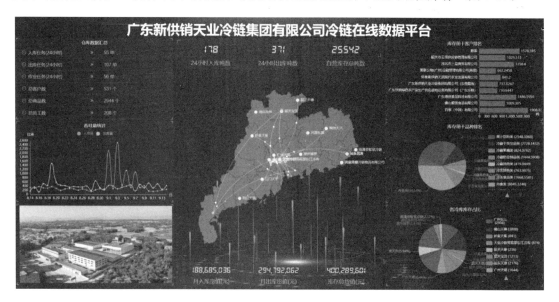

图 9-3　骨干网运维平台系统界面

4. 企业应用集成功能

可有效地实现与电子政务、电子商务、其他区域物流信息平台等对接，实现同构和异构平台的信息传递、资源共享。

9.4　冷链物流园作业系统

对于冷链物流园作业系统需求，主要有以下两个方面：

1）仓储需求：在货物进厂时查验货物信息，并根据库存信息、货物品质等作出是否进仓安排；货物进仓时每一种物料只能有一个散数箱或散数箱集中在一个栈板上，暂存时自动警示，尽量做到储位管制；拣料依据消耗顺序来做，做到依信号指示拣料，拣料时最好做到自动扫描，并实现自动扣账，以及及时变更库存信息告知骨干网数据中心以及冷库本地管理中心，设置货物库存阈值；仓库依据工令备拣单发料，做到现场工令耗用一目了然，使用自动扫描系统配合信息传递；盘点遵循散板、散箱、散数原则，货物分级分类，从而确定各类货物盘点时间；货物出现质量问题时，应具备货物质量溯源能力，获得货物进出仓状况。

2）运输需求：准确把握冷链物流运输系统中运输货物、运输人员、运输车辆的信息采集，实现运输设备及运输货物温度的实时管控；通过数据传输网络，将采集的实时数据发送至冷链物流骨干网数据中心以及冷库本地管理中心,由骨干网数据中心对信息进行统一处理;实现对异常车辆、异常订单的调度处理,并重新规划线路;能向消费者宣传冷链物流运输的安全性,树立良好品牌形象,并通过互联网等平台,提供货物运输数据的查询及验证服务,同时向监管部门提供食品溯源的参考信息。

9.4.1 智慧仓储管理系统

1. 系统架构

系统采用纯 B/S 架构,使用浏览器即可访问和操作,具备强大而全面的基础资料配置功能,能灵活科学设置用户权限,支持多货主、多供应商、批次属性化、仓储多样化管理,支持条形码、RFID 等移动手持设备,能实现合理的货品上架策略,且系统提供多种格式数据报表,实现仓储货物入库、库存管理、拣货出库、发运管理的高效可视化(图 9-4~图 9-6)。

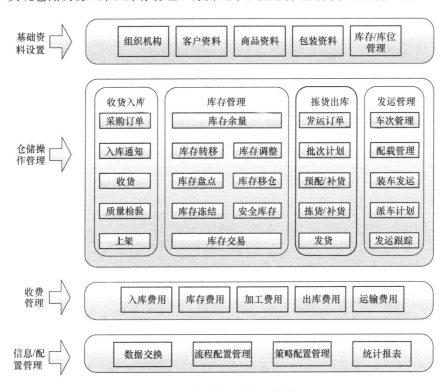

图 9-4 仓储管理系统架构图

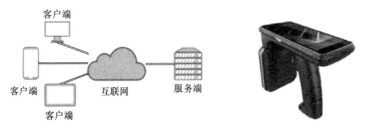

图 9-5 B/S 架构　　　　图 9-6 移动手持设备

2. 货物查询分析功能

由计算机网络传送的订单资料按照电子资料交换标准格式文件，将资料形态转换成数据文件格式，订单输入后，由系统核查在客户指定的出货日期是否能如期出货，所进行的核查包括读取库存资料、拣货能力、包装能力、运输设备能力、人力资源等。订单一经确认即被接收，即可转入待出货订单文件中，对库存作临时记录（图9-7）。当查核结果表明无法依订单如期配送时，可由客服人员跟客户协调，是否将货品分批交货，或将整批订单延迟交货，而后由客服人员将协调结果通过订单资料建文件系统进行修正或重新键入。

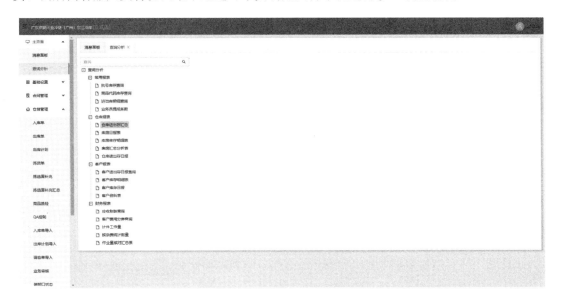

图 9-7　订单查询分析管理界面

3. 库存管理功能

1）仓库信息：包含仓库的名称、位置、容量、库龄、责任人等一些基本情况。同时应把现有的仓库视频监控录入该系统中。

2）库分区：根据实际需求对每一库区按业务要求分区，并进行库分区统一编码。各分区间可以根据存量需求变化在面积与空间上重新定义仓储系统。

3）仓库储位：储位用五维坐标定义，通过五维坐标定位系统，使得储位在整个物流中心具有唯一性。平面仓库以托盘为基本储位单元，达到与立体仓库的表达趋于一致。

4）可视化管理：系统提供仓库分区与储位的逻辑分布图，并对每个分区标示出使用比例，用鼠标点击某个储位，列出此储位的所有库存清单。图形化显示和数据库进行联动，数据库的容量变化后，可以通过图形及时反映出来。

5）入库管理：入库计划下达到仓库管理系统，入库进货管理员需根据计划下达模块中的任务在现场打印出相关条码。可按照如下规则编码：产品编号＋入库日期＋数量＋厂家。仓库管理人员按照要求将不干胶的条码标签粘贴在包装的既定位置，并用手持条码枪扫描产品包装上的条码，同时扫描货位条码（如果入库任务中指定了货位，则采集器自动进行货位核对），采集完毕后把数据上传到系统中，系统自动对数据进行处理，数据库中记录此次入库的品种、数量、入库人员、质检人员、货位、产品生产日期、班组等所有必要信息，系统并对相应货位的产品进行累加（图 9-8）。

图 9-8　入库管理界面

6）出库管理：产品出库时仓库管理人员凭系统下达的出库任务单作业，系统将根据先入先出原则，从存储的数据中找出相应产品数据下载到采集器中，制定出库任务，到指定的货位，先扫描货位条码（如果货位错误则采集器进行报警），然后扫描其中一件产品的条码，如果满足出库任务条件则输入数量执行出库，并核对或记录下运输单位及车辆信息（以便以后产品跟踪及追溯使用），否则采集器可报警提示，保管人员核对所采集数据，自动生成出库单（图 9-9）。

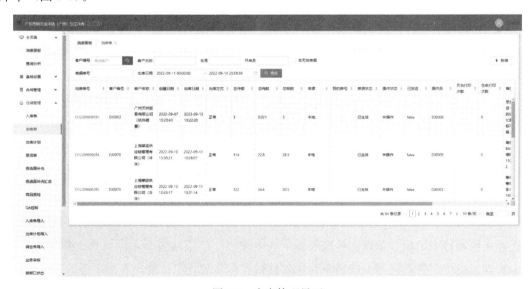

图 9-9　出库管理界面

9.4.2 智慧运输管理系统

1. 系统架构

系统充分运用传感器、采集器、Zigbee 模块、监控主机、GPS 模块、上位机软件和手机监控软件等技术，搭建智能化运输系统，通过采集器采集传感器及 RFID 标签数据，管理运输车辆、司机、货物等信息，然后通过 Zigbee 模块发送数据到主机平台，主机接收传感器的数据，并获取位置、时间、速度等信息，最后通过 GSM、GPRS 传输到物流监控中心，实现司机、货物、车辆的可视化管理、动态管理，保证信息互传共享（图 9-10～图 9-12）。

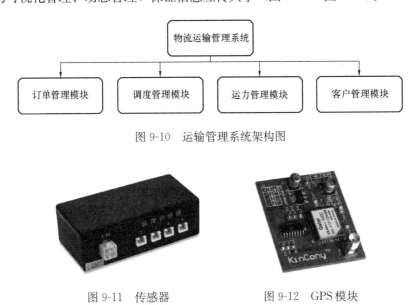

图 9-10　运输管理系统架构图

图 9-11　传感器　　图 9-12　GPS 模块

2. 客户管理功能

客户管理模块主要功能有注册用户、更新用户信息、修改用户登录密码、注销用户、查询用户信息（图 9-13）。注册用户：当需要增加系统用户时，可以由管理员注册新用户。更新用户信息：普通用户可以更新自己的个人信息，如自己的联系方式等，不能更改自己的所在站点等信息；管理员可以更新用户的各种信息。修改登录密码：普通用户只能更改自己的登录密码，管理员可以更改自己的和普通用户的密码。注销用户：当部分员工不再使用本系统时，管理员可以注销该用户。查询用户信息：可以根据职工号、所在站点查询用户信息，查询初步结果以表格显示，可以查看某个用户的全部信息。

3. 运力管理功能

运力管理模块包含承包商管理、司机管理、车辆管理。承包商管理包括新建承运商、新建下级承运商、修改承运商、启用/停用、导入/导出等基本功能，实现对承运商合同、司机信息、车辆信息的管控；司机管理包括新增司机、启用/停用、绑定/解绑承运商、批量导入等基本功能，实现对司机基本信息、接单情况的实时管理（图 9-14）。

车辆管理包括增加车辆、删除车辆、更新车辆信息、查询车辆等基本功能，以及车辆实

图 9-13 客户管理界面

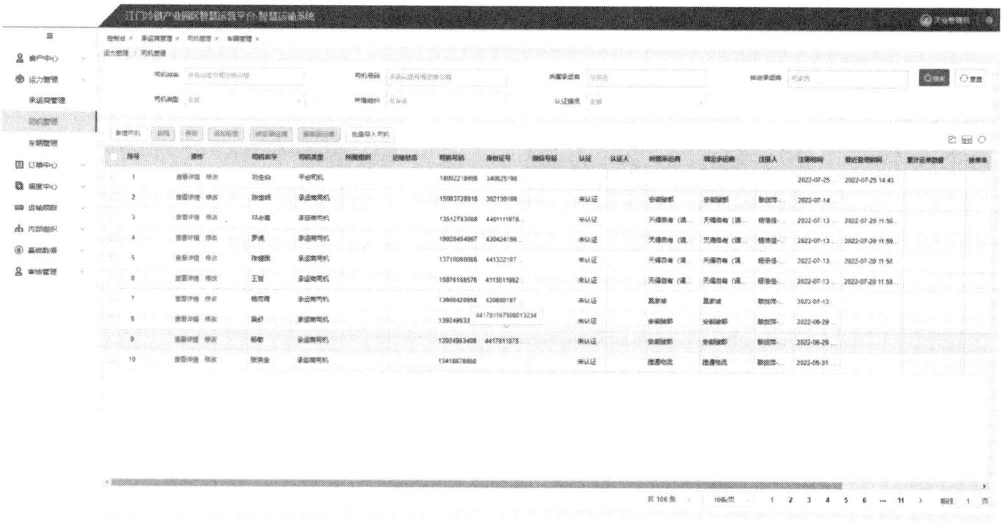

图 9-14 运力管理界面

时跟踪和车辆状态管理功能；车辆状态包括是否可用，在途中或在某个站点，方便配送决策时安排运输车辆；车辆状态更新：车辆状态包括不可用、在途中、所在站点号（当车辆停在某个站点时，记录该站点编号为当时的车辆状态）。报警信息输出及查询：当车辆偏离计划的行车路线时，车辆运行的图标由绿色变成红色，并且给出报警信息，可以根据日期或车辆编号查看报警信息。

4. 调度管理功能

调度管理包括订单调度、中转管理、线路管理、线路策略管理、站点管理、历史查询等功能，订单调度能实现多维度查询及拆段、指派承运商等功能；中转管理能及时下达中转站、中转方式、转出司机、转出车辆等信息；线路管理及策略管理能对订单选择合适的最佳运输路线，节约运输成本，保证运输安全；站点管理包括增加站点、删除站点、更新站点信息、查询站点信息、查找站点，更新站点信息：站点信息发生变动时，管理员可以更新站点信息，查询站点信息：用户可以根据站点编号、站点名称查询站点（图9-15）。

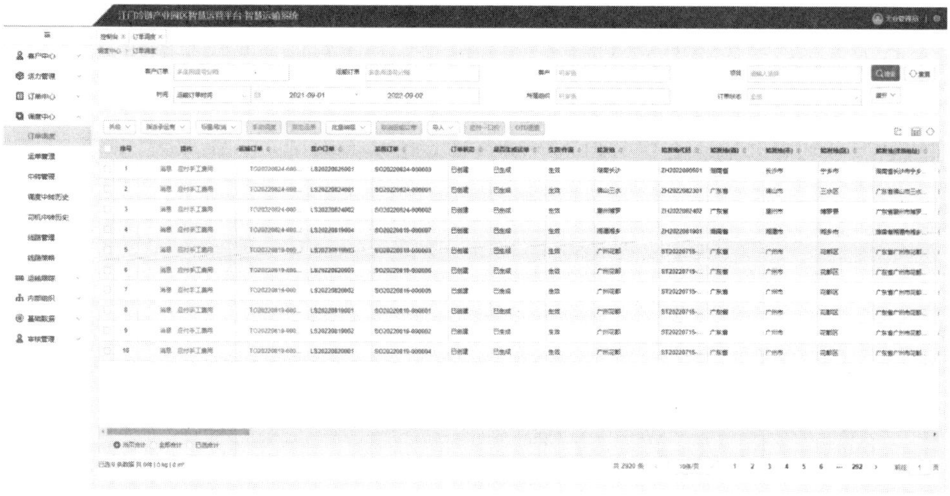

图9-15 调度管理界面

5. 订单管理功能

订单管理模块包括订单创建、锁定/解锁、作废/取消、拆单、生成运输单以及多维度查询等功能。将待发送订单加入相应的物流中，也可以通过删除某批物流中的部分订单来调整物流；货物运输过程中，当车辆从某个站点出发时，记录发送信息；当车辆到达某个站点时，记录接收信息；安排车辆：根据物流中货物的体积和重量，以及可以调度的车辆情况，为物流安排合适的车辆；查看运输路径：客户可以根据订单号查看货物的运输路径，结果显示在地图上（图9-16）。

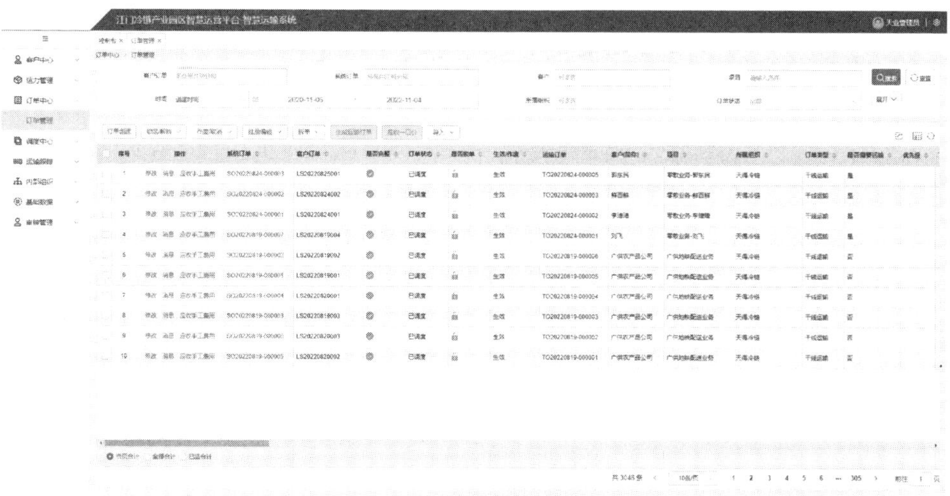

图9-16 订单管理界面

9.4.3 智慧仓储货架系统

1. 货架系统概述

冷链的建设、维护成本以及仓储、配送中的运营成本是限制冷链物流园发展的关键，而货架系统作为整个冷库系统的主体部分，对冷链物流系统的规划布局影响较大，综合考虑冷库空间利用率、能耗、出入库效率及货物类别进行货架系统选型，确定拣选方式，常规货架有横梁式、驶入式、穿梭式、窄巷道式、全自动立体式等类型，具体如表9-1所示。

常规货架系统特点 表9-1

货架种类		结构稳定性	空间利用率	存取工具	存取方式	存取效率
普通横梁式货架	单深度横梁货架	高	较低	电动平衡重叉车	100%可选性	较低
	双深度横梁货架	高	较高	电动平衡重叉车	先进后出	较低
驶入式货架（贯通式货架）		较薄弱	高	剪刀叉车	先进后出	较高
穿梭式货架		高	高	台车	先进先出/先进后出	较高
窄巷道货架		高	高	特窄通道专用车	100%可选性	较高
全自动立体货架		高	高	有轨巷道堆垛机	100%可选性	高

2. 货架系统选型

1) 单深度横梁货架

单深度横梁货架一般由柱片（立柱）、横梁、斜撑及自锁螺栓等组成（图9-17）。单深度横梁货架有以下特点：

图9-17 单深度横梁货架示意图

（1）结构简单，可任意调整组合，进出仓库不受货物顺序限制。

（2）安全可靠，承载力强、抗冲击性强。

（3）性价比高，造价成本低，安装和操作方便。

（4）可有效提高仓储高度，提高空间使用率。

（5）适合各类型货品存放。

2) 双深度横梁货架

双深度横梁货架是相对于单深度横梁货架的一种改进，其构造组成相似，区别在于双深度横梁货架采用四组货架并立排放（图9-18）。双深度横梁货架有以下特点：

（1）仓库利用率提高。比单深度横梁货架的存货量增加一倍，仓库利用率可达42%。

（2）配套剪刀式叉车，才能存取货物。而单深度横梁货架只要普通叉车即可作业。

（3）叉车通道需要3.3m左右。

（4）货物采用先进后出的存取方法。

(5) 适用于取货率较低的冷库。

3) 驶入式货架

驶入式货架主要由立柱、牛腿、贯通梁、顶背梁、顶背叉等组成（图 9-19）。驶入式货架有以下特点：

(1) 仓库利用率达 80% 以上。平衡重及前移式叉车可驶入货架中存取货物。

(2) 货架可以任意排列。可按货品尺寸要求调整横梁高度，满足不同仓储尺寸要求。

(3) 货物采用先进后出的存取方法，货物周转速度和效率较低。

图 9-18 双深度横梁货架示意图

(4) 稳定性较为薄弱，货架高度不宜过高，一般在 10m 以内，以 4 层、3~5 列为宜。

(5) 适用于食品、化工、烟草、冷库等行业产品单一、存储量大的货物存储。

4) 穿梭式货架

穿梭式货架是由货架、台车组成的高密度储存系统（图 9-20），货架系统组成类似驶入式货架系统。穿梭式货架有以下特点：

(1) 高密度存储，仓库利用率高。

(2) 工作效率高，大大减少作业等待时间。

(3) 作业方式灵活，货物的存取方式可以先进先出，也可以先进后出。

(4) 安全系数高，减少货架与叉车的碰撞，提高安全生产率。

(5) 对照明要求相对低。

图 9-19 驶入式货架示意图

图 9-20 穿梭式货架示意图

5) 窄巷道货架

窄巷道货架（图 9-21）的叉车搬运通道较为狭窄，组成主体为横梁式货架结构，为目前在建钢结构冷库使用较多的货架。窄巷道货架有以下特点：

(1) 存货量大，货物进出较为频繁且对货物有较高的拣选要求。

图 9-21　窄巷道货架示意图

（2）货物 100% 可选性，叉车可随时存储任一托盘货物。

（3）仓库可使用净高较高，大于 8m 以上。

（4）物料存取须采用特窄通道专用叉车。

（5）对通道上照度的要求相对较高。

6）全自动立体货架

全自动立体货架主要由高层货架、有轨巷道堆垛机、输送机系统、AGV 系统、自动控制系统、仓库信息管理系统及其他辅助设备组成的复杂的自动化系统（图 9-22）。全自动立体货架有以下特点：

（1）存储货架高度较高，一般 5m 以上，最大可达 40m，充分提高存储面积及空间。

（2）货物采用先进先出的存取方法。

（3）货物流向跟踪。物料是通过条形码技术进行处理，可实现物料流向的跟踪。

（4）及时处理呆滞物料。物料出入库自动建账，在一定时期内搜索没有操作的物料并进行处理，方便而快捷。

（5）仓库作业的机械化及自动化程度高，加速物资周转，降低储存费用。

自动化立体仓库的主体部分，以高位立体货架为主（图 9-23），高度可达 30m 以上，实现密集型存储。另外，立体货架多采用横梁式货架的结构，结构稳定性强，存取速度更快捷。

图 9-22　全自动立体货架示意图

图 9-23　高位立体货架示意图

有轨巷道堆垛机是用于自动存取货物的设备，无须人工操作，能短时间在高层货架间存取货物。有轨巷道堆垛机有不同的结构形式，分为单立柱和双立柱形式（图 9-24、图 9-25）。

输送机系统为立体库的外围设备，是将货物运输到堆垛机上，或者是将货物从堆垛机上移走。输送机种类非常多，比如链条输送机、升降台、分配车、提升机等（图9-26）。

图 9-24　单立柱堆垛机　　图 9-25　双立柱堆垛机　　图 9-26　输送机系统示意图

3. 智能货架控制系统

采用集成化物流计算机管理控制（WMS）系统，应用激光定位、红外通信、现场总线控制、条形码扫描、RF系统等先进技术（图9-27）。

图 9-27　货架控制系统架构图

WMS系统可以与ERP系统信息交换，功能齐全，性能可靠，真正起到了连接生产与消费的桥梁作用。针对货品进货区、补货区、货架缓存区、货架存储区、拣货区及出货区等六个区域进行货架系统管理，通过对立体库货架、堆垛机、输送机、穿梭车（RGV）、自动引导运输车（AGV）、机械臂、传送带等设备的状态进行信息监控，支持自动化货位管理、库存动态管理、信息实时查询、设备状态实时追踪等集成功能应用，实现从入库到出库的全过程信息监控（图9-28）。

图 9-28　货架控制系统示意图

9.5　冷链物流园监控系统

对于冷链物流园监控系统需求，主要有以下四个方面：

1）园区监控需求：能对不同用户角色设置不同访问权限，实现差异化管理，访客能提前预约，并提前审核审批，实现自动化门禁，即实现人员进出、车辆进出的自动化管理，能对园区各方位实时监控，并可及时进行调阅。

2）仓储监控需求：能实现对储存货物仓库中的环境温度、湿度等参数进行实时采集和储存，并将各检测点的数据统一显示出来，如果储存过程中某环境参数超出产品规定阀值，系统将会报警。如在发生火灾时，自动报警系统及喷淋装置开始运作，实现仓库的及时灭火。能实时监控室内光照情况，照明设备能保证库内光强。实现门禁防盗和库内区域环境防盗，保证货物安全。

3）运输监控需求：可以及时、准确地了解车辆的当前位置和状态，实现动态地对车辆进行调度和配载，能有效减少返程空载和运能利用不足的情况，当物流车辆发生故障或意外时，可以及时地调度车辆和人员实施维修和接驳运输，实现对运输作业的监控和考核，通过物流作业系统和车辆监控系统的集成，从物流车辆的当前位置得出货品的当前位置，从而实现货品的全程跟踪，提高客户的满意度，实现对运输作业的监控和考核，包括是否超速驾驶或疲劳驾驶，是否按照计划路线行驶等，能采集物流车辆执行运输计划的相关数据，为运输计划优化和运输路线优化提供基础数据。

4）货物可追溯需求：能采集各环节数据，并存储于数据库中，实现各环节货物数据的共享，实现货物品质管理、货物品质追溯、汇总统计分析等。当产品出现问题时，能迅速进行溯源分析，确定出现问题的环节，找到尚未销售的问题产品。

9.5.1 园区管理系统

1. 系统架构

园区管理系统主要由人员进出管理模块、车辆进出管理模块、园区视频监控模块、用户角色管理模块、访客预约管理模块等组成（图9-29）。

图9-29 园区管理系统架构

2. 人员进出管理功能

人员进出管理模块主要由人员进出园验证及人员进出园记录功能组成，可实现冷链园区内员工及外部人员进出的自动化管理，并对进出人员基本信息进行可追溯记录（图9-30）。

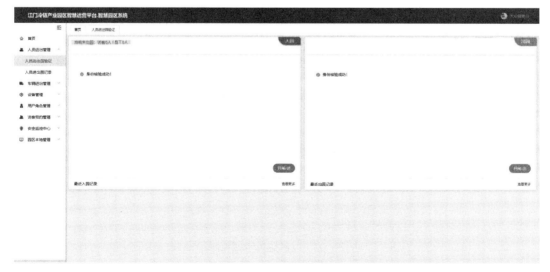

图9-30 人员进出管理界面

3. 车辆进出管理功能

车辆进出管理模块主要由车辆进出园验证、车辆进出园记录及车辆管理功能组成，通过可添加/删除员工车辆档案及运输车辆白名单，实现冷链园区内车辆进出的自动化管理，对进出车辆基本信息进行可追溯记录，防止停车场车辆占用，可对停车场车辆增加特定白名单。

4. 园区视频监控功能

园区视频监控可通过目录树形式选择园区四个监控方位同时展示在显示屏上，并可根据需要随时切换监控点位；园区监控也可根据需要，增设不同监控点位，设置不同监控场景，并通过园区CAD图及三维全景图展现监控点位布置情况，点击监控点位即可显示实施监控画面（图9-31）。

图9-31　园区监控管理界面

5. 用户角色及访客预约管理功能

可新增/删减员工、管理员工基本信息，并对不同级别员工权限进行设置，访客预约管理可提前对访客进行审核审批，记录来访事由及其他基本信息，记录访客进场园时间（图 9-32）。

图 9-32　用户管理界面

9.5.2　仓储监控系统

1. 系统架构

仓储监控系统系统主要由感知模块、数据处理模块、无线通信模块、供电模块组成，实现了仓储温湿等环境信息的实时监控、采集与传输（图 9-33）。

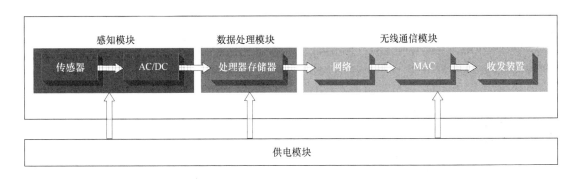

图 9-33　仓储监控系统架构

基于传感器节点、Zigbee 模块的 WSN 无线传输网络的仓储环境监控系统，其中仓储环境信息采集传感器节点分布在仓库的不同位置，传感器节点间通过无线通信方式构建起一个无线传感器网络，实现对仓库环境信息的采集与传输。

无线传感网络中的每一个传感器节点可以根据不同的环境监控需要，同时集成一种或多种性能的传感器，从而对温度、湿度、烟雾与光照等多种环境信息进行一体化采集。

传感器节点首先对感知区域内的环境的各种物理信息进行采集，并将其转换为数字信息，随后对采集到的冗余、杂乱的数字信息进行处理、储存，不同传感器节点可通过无线传输网络完成节点间的数据交换，并将处理后的数据进行节点间的共享与交互，为保障传感器节点网络长期稳定运行，应保证更低的元器件功耗、更加合理的通信协议设计。

传感器节点具有低造价、低功耗、小体积、可靠性好、扩展性强、针对性高等特点，传感器节点的应用实现了仓储多种环境信息的实时化监控、过程查询、事后追溯等功能。

Zigbee 模块遵循 IEEE802.15.4 的国际标准，并采用 Zigbee 技术，是一种信息短距离无线传输的通信技术，相较于 Bluetooth、UWB 等技术，采用 Zigbee 技术的仓储监控系统具有以下优点：①网络稳定性好。其具有自组织性，每个传感器节点都能在无人操作的情况下自动完成网络组建及数据传输任务，当监控系统中的某些传感器节点失灵或新增某传感器节点时，网络中其他节点会自动进行调整，保证系统的整体使用功能。②网络容量大。可形成 6 万余个节点的大型监控网络，充分满足仓储的全方位、高质量监控。③快速响应。新接入节点响应时间及休眠节点激活时间都在 15ms 左右，实现瞬时响应。④网络安全性高。具备强悍的防盗取、密码加密安全功能，有效保护仓储数据安全。⑤低功耗。⑥低成本。

图 9-34 仓储监控管理

2. 环境监测及预警功能

仓储监控系统中汇聚节点作为无线传感器网络的协调者（图 9-34），主要负责普通传感器节点与任务管理节点（如监控中心）之间的信息汇聚与传输任务，一方面接收并执行管理节点发来的配置与管理命令，另一方面负责汇聚并处理传感器节点采集的检测数据。冷库本地监控中心的 PC 通过以太网接口与数据汇聚节点进行对接，然后将信息利用数据库进行存储、显示、分析，实现仓库环境信息的可视化管理，也可以通过仓储环境监控系统对不同区域内的仓储环境实施监控，一旦某区域内的某项参数超过报警阈值，系统会自动报警，工作人员可直接前往报警区域进行处理，且还可对环境监控的历史数据（历史环境参数曲线、报警次数等）进行查看，以便对该区域内货品储存情况进行了解，货品一旦出现问题，可根据环境监控的历史数据对出现的问题进行追责。

9.5.3 运输监控系统

1. 系统架构

运输监控系统主要由 GPS 全球卫星定位系统、车载终端、无线运营商的通信网络和监控中心四个部分组成，实现车辆全流程监控，提高车辆使用效率，保证过程运输安全（图 9-35）。

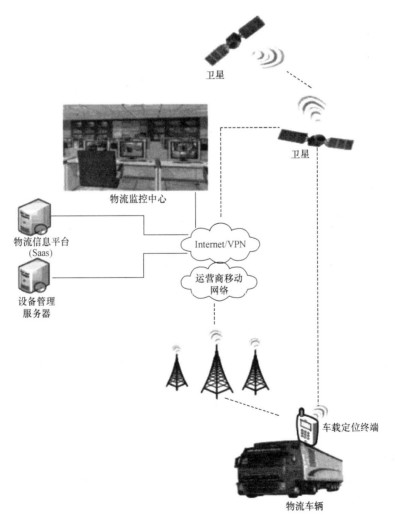

图 9-35　运输监控系统架构

1）车载终端

车载终端系统由表示层（微处理器、车载微机、GPS采集模块、通信模块及嵌入式操作系统）、系统服务层（事件处理和指令的解析、硬件的抽象和控制）、应用逻辑层（支持修改的业务应用）和基础架构层（操作界面和操作功能）组成，车载终端具有采集GPS定位信息，通过无线运营商的通信网络与监控中心进行通信，异常监控和报警、手动报警、接收调度信息，并显示、发送车辆状态信息等功能（图9-36）。

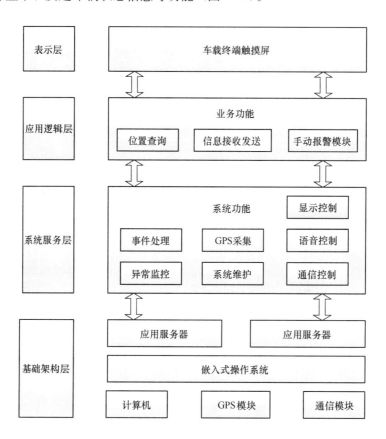

图9-36 车载终端系统架构

2）监控中心

监控中心由表示层（操作界面）、应用逻辑层（业务应用和系统管理）、系统服务层（各系统模块中提取的公共模块和部服务）、通信接入层（通信网关）和基础架构层（通信、网络、主机服务器、操作系统）组成（图9-37）。其主要是接收和处理各物流车辆返回的定位信息，并在各监控终端和大屏幕的GIS电子地图上实时显示各物流车辆的当前位置、状态等信息，实现物流车辆的定位监控，并在此基础上，实现物流车辆的指挥调度、救援、各项指标数据统计和考核等功能。监控中心可以根据冷链物流企业的组织结构，划分为冷库本地分监控中心和骨干网大数据中心主监控中心。分监控中心的功能是主监控中心功能的子集，只是在实现方式上，主监控中心采用GIS技术，分布在各地的分监控中心使用WEB、GIS

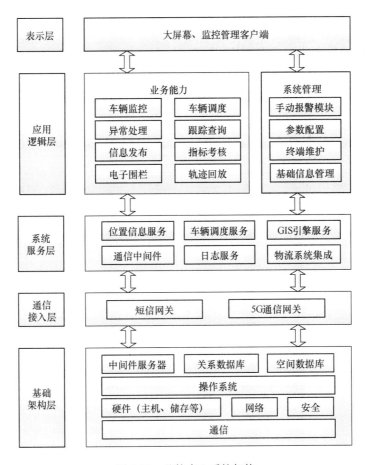

图 9-37 监控中心系统架构

技术。

2. 货物运输监控与预警功能

在货物放入冷链车之前，RFID 标签以及传感器会被安装到物流车上，待装运出发后，开始持续记录物品所处环境的温度与气味等数据。系统控制读取的时间，每隔几分钟控制读取数据，以文字、表格或者曲线的表现方式通过 GPRS 发送到物流中心的终端。

当温度等出现异常时，发出声光报警提醒跟车人员，并及时发送短信报警给冷库本地管理中心及骨干网大数据中心相关人员。当温度达到预设的报警点时，发出警报，把事故压至萌芽状态（图 9-38、图 9-39）。

将多个冷藏车温度等数据存储在服务器中，做长期保存记录，并且可用多种方式查看历史数据，如曲线、数值等，可将历史数据以多种方式导出，如 Excel、Word、Pdf 等，可使用多种报警方式，如：短信报警、电话报警等。

3. 运输车辆监控功能

在显示方式上，通过 GIS 技术直观地显示车辆的当前位置，选定目标车辆后，可以在属性框中显示出车辆当前的各种状态，或者切换到新界面上显示车辆的详细信息和其他相关

图 9-38 运输中温度监控界面

图 9-39 预警信息界面

信息，如载货信息（图 9-40）。在监控数量上，可以对单个目标锁定跟踪，或者同时跟踪多个目标；在监控方式上，可以由电子地图直接选定监控目标，或者通过查询条件进行选择跟踪。当物流车辆发生故障或意外时，可以及时调度车辆和人员实施维修和接驳运输，且支持轨迹回放功能；可实时查询车辆定位信息（包括所在的经度、纬度等信息）、车辆状态信息（包括正在执行任务、空闲、空载等任务状态）、车辆使用信息（包括核定载重、核定空间容积等信息）、车辆载货信息（运输计划、订单编号等信息）。

图 9-40 运输车辆监控

9.6 货物可追溯技术

9.6.1 技术原理

货物可追溯系统,利用 RFID 的追踪溯源技术并依托网络技术及数据库技术,实现信息融合、查询、监控,为货物控制提供全过程合理决策,实现货物安全预警机制。

9.6.2 全流程追溯功能

1. 生产环节

从原料产地到加工厂的每批次原料都夹带一个 RFID 标签,该标签上主要记录货物的相关信息,如产出地区、运出时间、运送批次等,这些信息与企业自身部署的信息系统数据库相联系。生产加工结束后,在该标签上还应当写入该节点的加工信息,然后将货物装箱打包,放在带有 RFID 标签的托盘上,以待运输和入库。

2. 仓储环节

入库、出库时通过扫描粘贴在托盘上的 RFID 标签,系统能够清楚地获知托盘上货箱甚至单件货品的标记、发出地、储运历史、目的地、有效期及其他信息。通过自动扫描 RFID 标签可以对产品库存量实现精确监控。

3. 配送调度环节

在进入配送环节时,托盘通过一个阅读器读取托盘上所有货箱上的标签内容。系统将这些信息与发货记录进行核对,以检测出可能的错误,然后将 RFID 标签更新为最新的货物配送目的地和状态,确保了精确的配送控制,可确切了解目前有多少货物处于转运途中、转运的始发地和目的地,以及预期的到达时间等信息。

4. 货物追溯

采集生产、仓储、运输、配送等环节的 RFID 标签信息数据并上传到货物可追溯数据库中,根据可追溯数据库内容查询追溯货物全过程信息。当货物出现问题时,可根据货物 RFID 标签储存内容,迅速确定出现问题的环节和问题货物的范围,利用 RFID 读写器在仓库中迅速找到尚未销售的问题产品,以及商家利用 RFID 技术确认货物是否是问题货物及是否在召回的范围内,并且在把信息加入 RFID 标签的同时,通过网络把信息传送到产品可追溯数据库中,商家可通过把货物的 RFID 标签内容和产品可追溯数据库中的记录进行比对有效地帮助识别假冒产品。